Großkommentare der Praxis

Löwe-Rosenberg

Die Strafprozeßordnung und das Gerichtsverfassungsgesetz

Großkommentar

25., neubearbeitete Auflage

herausgegeben von

Peter Rieß

Fünfter Band

§§ 296–373 a

Bearbeiter:

§§ 296–303: Ernst-Walter Hanack
§§ 304–311a: Holger Matt
§§ 312–332: Karl Heinz Gössel
§§ 333–358: Ernst-Walter Hanack
§§ 359–373a: Karl Heinz Gössel

De Gruyter Recht · Berlin

Erscheinungsdaten der Lieferungen:

§§ 296–303	(6. Lieferung):	September 1998
§§ 304–311a	(27. Lieferung):	Dezember 2003
§§ 312–332	(25. Lieferung):	Mai 2003
§§ 333–358	(12. Lieferung):	Mai 1999
§§ 359–373a	(5. Lieferung):	November 1997

ISBN 3-89949-144-0

Bibliografische Information Der Deutschen Bibliothek

Die Deutsche Bibliothek verzeichnet diese Publikation in der Deutschen Nationalbibliografie; detaillierte bibliografische Daten sind im Internet über http://dnb.ddb.de abrufbar.

© Copyright 2003 by De Gruyter Rechtswissenschaften Verlags-GmbH, D-10785 Berlin

Dieses Werk einschließlich aller seiner Teile ist urheberrechtlich geschützt. Jede Verwertung außerhalb der engen Grenzen des Urheberrechtsgesetzes ist ohne Zustimmung des Verlages unzulässig und strafbar. Das gilt insbesondere für Vervielfältigungen, Übersetzungen, Mikroverfilmungen und die Einspeicherung und Verarbeitung in elektronischen Systemen.

Datenkonvertierung/Satz: WERKSATZ Schmidt & Schulz GmbH, 06773 Gräfenhainichen
Druck: Druckerei H. Heenemann GmbH, 12103 Berlin
Bindearbeiten: Lüderitz & Bauer GmbH, 10963 Berlin
Printed in Germany

Die Bearbeiter der 25. Auflage

Dr. **Werner Beulke**, Professor an der Universität Passau

Dr. **Reinhard Böttcher**, Präsident des Oberlandesgerichts Bamberg a. D., Honorarprofessor an der Universität München

Olaf Boll, Präsident des Landgerichts Konstanz

Ottmar Breidling, Vors. Richter am Oberlandesgericht Düsseldorf

Dr. **Hans Dahs**, Rechtsanwalt, Honorarprofessor an der Universität Bonn

Dr. **Ulrich Franke**, Oberstaatsanwalt beim Bundesgerichtshof

Dr. **Karl Heinz Gössel**, Professor an der Universität Erlangen-Nürnberg, Richter am Bayerischen Obersten Landesgericht a. D., München

Dr. **Walter Gollwitzer**, Ministerialdirigent im Bayerischen Staatsministerium der Justiz a. D., München

Dr. **Kirsten Graalmann-Scheerer**, Generalstaatsanwältin in Bremen, Honorarprofessorin an der Hochschule für Öffentliche Verwaltung in Bremen

Dr. **Ernst-Walter Hanack**, Professor an der Universität Mainz

Dr. **Hans Hilger**, Ministerialdirektor im Bundesministerium der Justiz a. D.

Dr. **Daniel M. Krause**, LL.M., Rechtsanwalt in Berlin

Dr. **Klaus Lüderssen**, Professor an der Universität Frankfurt am Main

Dr. **Holger Matt**, Rechtsanwalt in Frankfurt am Main

Dr. **Peter Rieß**, Ministerialdirektor im Bundesministerium der Justiz a. D., Honorarprofessor an der Universität Göttingen

Dr. **Gerhard Schäfer**, Vors. Richter am Bundesgerichtshof a. D.

Dr. **Wolfgang Siolek**, Vors. Richter am Oberlandesgericht Celle

Günter Wendisch, Generalstaatsanwalt a. D. in Bremen

Thomas Wickern, Oberstaatsanwalt in Düsseldorf

Inhaltsübersicht

DRITTES BUCH

Rechtsmittel

Erster Abschnitt.	Allgemeine Vorschriften	§§ 296–303
Zweiter Abschnitt.	Beschwerde	§§ 304–311a
Dritter Abschnitt.	Berufung	§§ 312–332
Vierter Abschnitt.	Revision	§§ 333–358

VIERTES BUCH

Wiederaufnahme eines durch rechtskräftiges Urteil abgeschlossenen Verfahrens §§ 359–373a

Hinweis

Die Bandtitelei (S. I bis VIII) wird vor die Kommentierung Vor § 296 (6. Lieferung) eingebunden.

Der Verlag

ZWEITER ABSCHNITT

Beschwerde

Vorbemerkungen

Schrifttum. *Amelung* Rechtsschutz gegen strafprozessuale Grundrechtseingriffe (1976); *ders.* Entwicklung, gegenwärtiger Stand und zukunftsweisende Tendenzen der Rechtsprechung zum Rechtsschutz gegen strafprozessuale Grundrechtseingriffe, FG 50 Jahre Bundesgerichtshof 911; *Amelung/Wirth* Die Rechtsprechung des Bundesverfassungsgerichts seit 1990 zum Schutz der materiellen Grundrechte im Strafverfahren StV **2002** 161; *Ellersiek* Die Beschwerde im Strafprozeß (1981); *Ferdinand* Das Rechtsmittel der Beschwerde im deutschen Strafprozeß (1908); *Giesler* Der Ausschluß der Beschwerde gegen richterliche Entscheidungen im Strafverfahren (1981); *Hohmann* Gegenvorstellung – Stiefkind des Strafverfahrens? JR **1990** 10; *Kaiser* Die Beschwer als Voraussetzung strafprozessualer Rechtsmittel (1993); *Kley* Die außerordentliche Beschwerde (1999); *Laser* Das Rechtsschutzsystem gegen strafprozessuale Zwangsmaßnahmen, NStZ **2001** 120; *Lemke* Gegenvorstellung gegen rechtskräftige, die Strafaussetzung widerrufende Beschlüsse, ZRP **1978** 281; *Matt* Zur (weiteren) Beschwerde nach §§ 304, 310 StPO, NJW **1991** 1801; *Matt* Zu Problemen der Haftbeschwerde und des Haftprüfungsantrags, JA **1991** 85; *Matt* Die Gegenvorstellung im Strafverfahren, MDR **1992** 820; *Radtke* Zur Systematik des Strafklageverbrauchs verfahrenserledigender Entscheidungen im Strafprozeß (1994); *Rüping* Der Grundsatz des rechtlichen Gehörs und seine Bedeutung im Strafverfahren (1976); *Schroth* Der Rechtsschutz gegen strafprozessuale Grundrechtseingriffe, StV **1999** 117; *Schuler* Das Rechtsmittel der sofortigen Beschwerde im Strafverfahren (1931); *Schwentker* Der Ausschluß der Beschwerde nach § 305 StPO (1990); *Seier* Das Rechtsmittel der sofortigen Beschwerde gegen strafprozessuale Nebenentscheidungen (1980); *Trepper* Zur Rechtskraft strafprozessualer Beschlüsse (1996); *Weidemann* Die Stellung der Beschwerde im funktionalen Zusammenhang der Rechtsmittel im Strafprozeß (1999); *Wendisch* Anfechtung von Beschlüssen, die Verhaftungen oder die einstweilige Unterbringung betreffen, FS Dünnebier 239; *Werner* Strafprozessuale Gegenvorstellung und Rechtsmittelsystem, NJW **1991** 19; *Wittschier* Das Verbot der reformatio in peius im strafprozessualen Beschlußverfahren (1984); *Wölfl* Die Gegenvorstellung im Strafprozeß, StraFo. **2003** 222; *Wronker* Die Beschwerde im Strafverfahren (1922); *Zimmermann* Über das Rechtsmittel der Beschwerde GS **36** (1884) 603.

Übersicht

	Rdn.		Rdn.
1. Geltungsbereich der §§ 304 ff	1	c) Weitere Beschwerde	30
2. Sondervorschriften	4	d) Untätigkeitsbeschwerde	31
3. Zweck, Wesen und Verfahren der Beschwerde gem. der §§ 304 ff	6	e) Außerordentliche Beschwerde	32
		f) Haftbeschwerde	36
		g) Kostenbeschwerde	40
4. Entscheidung des Beschwerdegerichts		6. Abgrenzung zu anderen Rechtsbehelfen	
a) Befugnisse des Beschwerdegerichts	12	a) Beschwerde gegen staatsanwaltliche Entscheidungen	41
b) Verschlechterungsverbot	13		
c) Teilanfechtung	16	b) Anfechtung von Justizverwaltungsakten	44
d) Örtliche Zuständigkeit	19	c) Gegenvorstellung	47
e) Sachliche Zuständigkeit	20	d) Berufung, Revision und Einspruch gegen Strafbefehl	48
5. Arten der Beschwerde	26		
a) Einfache (unbefristete) Beschwerde	27		
b) Sofortige Beschwerde	28	7. Umdeutung von Rechtsbehelfen	49

Vor § 304   Drittes Buch. Rechtsmittel

	Rdn.		Rdn.
8. Rechtskraft und nachträgliche Änderung oder Aufhebung von Entscheidungen	55	a) Beschwerde bei prozessualer Überholung	68
9. Justizgewährungsanspruch und Rechtsschutzgarantie		b) Verfassungsrechtlicher Rechtsschutz gegen Akte richterlicher Gewalt	76

Alphabetische Übersicht

	Rdn.		Rdn.
Abhilfe	8, 9, 29	Nachträgliche Abänderung	15, 18, 34, 55 bis 67
Außerordentliche Beschwerde	32 bis 34, 64		
Aussetzung der Vollziehung	10	Nachträgliche Feststellung der Rechtswidrigkeit	68 bis 75
Begründetheit einer Beschwerde	6, 8, 12, 31		
Beschränkung der Beschwerde	16, 17, 18	Prozessuale Überholung	7, 27, 68 bis 75
Beschwerdefrist bei sofortiger Beschwerde	7, 28	Rechtliches Gehör	12, 64, 74
Beschwerdegericht	9, 10, 12, 13, 18, 21, 71	Rechtsbehelf	1, 35, 36, 38, 41 bis 54
Beweisverwertungsverbot	70, 71, 73	Rechtskraft	55 bis 67
Devolutivwirkung	9, 37	Rechtsschutzgarantie gem. Art. 19 Abs. 4 GG	68 bis 75, 76, 77
Dienst- und Fachaufsichtsbeschwerde	41		
Formelle Rechtskraft	34, 56 bis 61, 63	Sofortige Beschwerde	2, 5, 7, 8, 11, 22, 28, 40, 47, 56, 57
Fürsorgepflicht des Gerichts	35, 49	Suspensiveffekt	10
Gegenvorstellung	35, 47, 51, 52, 56, 58, 60, 64, 65, 66, 67	Teilanfechtung	16, 17, 18
		Umdeutung	35, 49 bis 54
		Untätigkeitsbeschwerde	31
Grundrechtseingriff	70, 71, 72	Verschlechterungsverbot	13, 14, 15
Haftbeschwerde	11, 12, 21, 36 bis 39, 50, 51, 60	Verwirkung	27
		Weitere Beschwerde	3, 21, 30, 39
Justizgewährungsanspruch	76 bis 78	Wiederaufnahme	56, 57, 58, 62
Justizverwaltungsakte	1, 44 bis 46		
Kostenbeschwerde	5, 40	Zulässigkeit einer Beschwerde	6, 7, 9, 27, 30, 31, 37, 39, 68
Materielle Rechtskraft	13, 34, 56, 57, 62	Zuständigkeit	19 bis 25, 50, 65
Mündliche Verhandlung	11		

1   **1. Geltungsbereich der §§ 304 ff.** Grundsätzlich ist die Beschwerde das einschlägige Rechtsmittel gegen richterliche und gerichtliche Beschlüsse und Verfügungen. Die Beschwerde richtet sich allein gegen den Inhalt richterlicher Entscheidungen und nicht gegen das Verhalten eines Richters (einschlägig ist hier die Dienstaufsichtsbeschwerde; vgl. auch die Ausschließung und Ablehnung von Richtern gem. §§ 22 ff)[1]. Die Beschwerde ist möglich gegen alle richterlichen Maßnahmen, die keine Justizverwaltungsakte (vgl. § 23 EGGVG) darstellen und nicht als Urteile mit der Berufung oder der Revision oder mit anderen Rechtsbehelfen (z. B. Einspruch gegen einen Strafbefehl) anfechtbar sind. Die §§ 304 ff regeln im wesentlichen, aber nicht abschließend, die Zulässigkeit und das Verfahren der Beschwerde.

---

[1] Vgl. dazu LR-*Hanack* Vor § 296, 89.

Zu unterscheiden sind nach der StPO zunächst die (**einfache**, unbefristete) **Beschwerde** **2**
mit einem sehr weiten Anwendungsbereich in allen Verfahrensabschnitten des Strafprozesses und die (fristgebundene) **sofortige Beschwerde** (§ 311), die nur in den an anderer gesetzlicher Stelle ausdrücklich vorgesehenen Fällen – allerdings auch nach den allgemeinen Regeln der §§ 304 ff – zur Anwendung kommt.

Die sog. **weitere Beschwerde** eröffnet in dem engen Bereich des § 310 ausnahmsweise **3**
eine nochmalige Instanz zur Überprüfung der ergangenen Beschwerdeentscheidung. Auch hier gelten im übrigen die allgemeinen Regeln der §§ 304 ff.

2. Sondervorschriften. Im zweiten Abschnitt des dritten Buches ist das Rechtsmittel **4**
der Beschwerde nicht abschließend geregelt. Sondervorschriften finden sich beispielsweise zur Untersuchungshaft in den §§ 117 Abs. 2, 118 Abs. 2, 120 Abs. 2, 124 Abs. 2 sowie zum Vollstreckungsverfahren in § 453 Abs. 2 S. 1 und 2 oder zur ausnahmsweisen aufschiebenden Wirkung der Beschwerde[2]. In anderen Gesetzen, die das Strafverfahren betreffen, kann ebenfalls das Rechtsmittel der Beschwerde im Sinne der §§ 304 ff eröffnet werden, beispielsweise in den §§ 56 Abs. 2 S. 3 GVG (unentschuldigtes Fernbleiben von Schöffen), 159 Abs. 1 S. 3 GVG (Bundesgerichtshof als Beschwerdegericht bei Rechtshilfe), oder die „sinngemäße" Anwendung der Vorschriften, z. B. bei der Erinnerung gem. § 11 Abs. 2 S. 4 RpflG. Im übrigen gibt es eine Vielzahl von Vorschriften, die den Anwendungsbereich der Beschwerde ausdrücklich ausschließen oder einschränken[3].

Nochmals ist grundsätzlich darauf hinzuweisen, daß gem. § 311 Abs. 1 die sofortige **5**
Beschwerde nur in den gesetzlich ausdrücklich vorgesehenen Fällen zur Anwendung kommt und insoweit die Zulässigkeit und Fristgebundenheit dieses Rechtsmittels in diesen (Sonder-)Vorschriften – neben den §§ 304 ff – begründet wird[4]. **Fälle der sofortigen Beschwerde** sind beispielsweise in folgenden Vorschriften geregelt[5]: im Wiedereinsetzungsverfahren § 46 Abs. 3, bei Unterbringung zur Begutachtung § 81 Abs. 4, bei Untersuchungshaft im Zusammenhang mit Kautionsverfall § 124 Abs. 2, beim Ausschluß eines Verteidigers gem. § 138d Abs. 6 S. 1, in § 59 Abs. 1 JGG zur Anfechtung der (Nicht-)Aussetzung einer Jugendstrafe oder in § 73 Abs. 2 JGG die Anfechtung einer Unterbringung zur Beobachtung, im Gesetz über die Entschädigung für Strafverfolgungsmaßnahmen § 8 Abs. 3 StrEG, im Rechtspflegergesetz § 11 Abs. 1 und 2 RPflG, in § 100 Abs. 2 S. 3 BRAGO, bei Kostenentscheidungen gem. § 464 Abs. 3 sowie im Wiederaufnahmeverfahren § 372; im Strafvollstreckungsverfahren bei nachträglichen Aussetzungsentscheidungen § 453 Abs. 2 S. 3, Aussetzungsentscheidungen über Strafrest § 454 Abs. 3 und andere Nachtragsentscheidungen im Strafvollstreckungsverfahren (§ 462 Abs. 3), auch im Vollstreckungsverfahren des Jugendrichters gem. § 83 Abs. 3 JGG oder § 88 Abs. 6 S. 3 JGG oder bei Widerruf der Aussetzung der Jugendstrafe gem. § 59 Abs. 3 JGG. Nicht unumstritten ist die Einordnung der Beschwerde gegen Ordnungsmittel gem. § 181 GVG[6].

3. Zweck, Wesen und Verfahren der Beschwerde gem. der §§ 304 ff. Die Beschwerde **6**
ist das **Rechtsmittel gegen richterliche und gerichtliche Beschlüsse und Verfügungen** mit

---

[2] Vor § 304, 10; § 307, 2 ff.
[3] Dies ist als Zulässigkeitsvoraussetzung (Statthaftigkeit) zu prüfen, dazu § 304, 17 ff.
[4] Dazu umfassend bei § 311, 3 f.
[5] Aufzählung der gesetzlich bezeichneten Fälle der sofortigen Beschwerde bei § 311, 5.
[6] Vgl. BGH NJW **2001** 3275, 3276 (Fall Schill: zumindest mit der Mindermeinung vertretbar, keine sofortige Beschwerde anzunehmen mit der Folge der Abhilfemöglichkeit gem. § 306 Abs. 2 und bei Nichtabhilfe eine Dreitagesfrist zur Vorlage; vgl. die Kritik von *Schaefer* NJW **2002** 734 f); für die h. M. LR-*Wickern* § 181 GVG, 2 f; *Schiemann* NJW **2002** 112 f jeweils mit weit. Nachw.

dem Ziel, die Aufhebung oder Änderung der angefochtenen Entscheidung oder den Erlaß einer unterbliebenen Entscheidung zu erreichen. Die **Zulässigkeit einer Beschwerde** setzt allgemein voraus (1) eine prozessual beachtliche gerichtliche Entscheidung[7], (2) Schriftform und den richtigen Adressaten[8], (3) die Statthaftigkeit der Beschwerde (kein gesetzlicher Ausschluß)[9], (4) Beschwer durch die Erstentscheidung[10] (auch bei prozessualer Überholung)[11] und Aktivlegitimation[12] sowie (5) kein Verzicht oder Rücknahme[13]. Diese rechtlichen Formalien müssen erfüllt sein, um durch die Beschwerde eine Sachprüfung und -entscheidung (über die **Begründetheit der Beschwerde**) herbeizuführen. Eine förmliche Pflicht zur Begründung besteht für den Beschwerdeführer nicht, ist jedoch zur Förderung des sachlichen Anliegens selbstverständlich empfehlenswert[14] (vgl. für die Staatsanwaltschaft Nr. 147, 148 und 156 Abs. 1 RiStBV). Das Gericht kann sowohl aus tatsächlichen als auch aus rechtlichen Gründen eine neue Sachentscheidung treffen (§§ 306 Abs. 2, 309 Abs. 2)[15].

7 Die Beschwerde ist gem. § 306 Abs. 1 immer bei dem Gericht, von dem die angefochtene Entscheidung erlassen wurde **(iudex a quo), schriftlich oder zu Protokoll der Geschäftsstelle einzulegen**. Bei der einfachen Beschwerde oder bei der weiteren Beschwerde gem. § 310 gibt es keine förmlichen Fristen einzuhalten. Nur der Gesichtspunkt der prozessualen Überholung[16] oder Erledigung (z. B. bei rechtskräftigem Verfahrensabschluß) kann aus zeitlichen Gründen zur Unzulässigkeit des Rechtsmittels führen. In den gesetzlich ausdrücklich bezeichneten Fällen der **sofortigen Beschwerde** hingegen ist die **Beschwerdefrist von einer Woche** gem. § 311 Abs. 2 einzuhalten[17].

8 Mit Ausnahme der sofortigen Beschwerde (vgl. § 311 Abs. 3) besteht bei der einfachen Beschwerde gem. der §§ 304, 306 wie auch bei der weiteren Beschwerde gem. §§ 310, 304, 306 zunächst die **Möglichkeit der Abhilfe** (§ 306 Abs. 2), unabhängig von der Zulässigkeit der Beschwerde[18]. Einer sachlich begründeten Beschwerde ist stets abzuhelfen, soweit dies nicht gesetzlich untersagt ist (z. B. § 311 Abs. 3)[19].

9 Unbeschadet davon führt die Beschwerde zu einer eigenen Entscheidung durch das übergeordnete sog. Beschwerdegericht, das grundsätzlich in vollem Umfange die Tatsachenfeststellungen und die Rechtsanwendung zu überprüfen und welches auch in Ermessensfragen nach eigenem Ermessen zu befinden hat (§ 309 Abs. 2)[20]. Auch eigene Ermittlungen kann das Beschwerdegericht anordnen bzw. vornehmen (§ 308 Abs. 2), es genügt das Freibeweisverfahren[21]. Alle Arten der Beschwerde – einschließlich der sofortigen Beschwerde – haben diese **Devolutivwirkung**[22]. Der Erstrichter darf demnach nie abschließend (negativ) über die Beschwerde entscheiden, auch nicht bei – aus seiner Sicht gegebener – Unzulässigkeit der (sofortigen) Beschwerde[23]. Der Grundsatz lautet:

---

[7] § 304, 3 ff.
[8] § 304, 13 ff.
[9] § 304, 17 ff.
[10] § 304, 41 ff.
[11] Zu den neueren Entscheidungen des BVerfG und den Konsequenzen Vor § 304, 68 ff, sowie bei § 304, 53 ff; vgl. auch § 310, 33 und § 311a, 6.
[12] § 304, 46 ff.
[13] § 304, 58 f; vgl. auch zur Teilanfechtung Vor § 304, 16 ff.
[14] § 304, 14; ausf. § 306, 6 ff.
[15] *Meyer-Goßner*[46] Vor § 304, 3: Die Beschwerde ist eine „Tatsachen- und Rechtsbeschwerde."
[16] Siehe bei Zulässigkeit § 304, 53 ff; vgl. auch Vor § 304, 68 ff.
[17] § 311, 1, 7.
[18] § 306, 13, 22; § 304, 1; vgl. auch § 311, 2, 11 ff.
[19] § 306, 10, 18.
[20] Vgl. aber z. B. die eingeschränkte Überprüfungsmöglichkeit gem. § 305a gegen einen Strafaussetzungsbeschluß, § 305a, 7; Vor § 304, 12; § 304, 30 f; § 309, 7, 14.
[21] HK-*Rautenberg*[3] § 308, 10; LR-*Gollwitzer*[24] Vor § 304, 19; § 308, 17 mit weit. Nachw.
[22] LR-*Hanack* Vor § 296, 1.
[23] Der Rechtsgedanke der §§ 319, 346 ist nicht übertragbar, da dort jeweils in Abs. 2 ein weiterer Rechtsbehelf ähnlich der sofortigen Beschwerde vorgesehen ist, vgl. näher bei § 306, 13, 22.

Jede **Beschwerde ist dem Beschwerdegericht vorzulegen**[24], soweit ihr nicht vollständig abgeholfen wird (§ 306 Abs. 2)[25].

Die Einlegung der Beschwerde bewirkt **keinen Vollzugsaufschub (Suspensiveffekt)** gem. § 307 Abs. 1. Jedoch kann der Erstrichter **(iudex a quo)** wie auch das Beschwerdegericht **(iudex ad quem)** anordnen, daß die **Vollziehung** der angefochtenen Entscheidung **ausgesetzt** wird (§ 307 Abs. 2). Gegenüber dieser grundsätzlichen Regelung kommt der Beschwerde in gesetzlich ausdrücklich bestimmten Ausnahmefällen jedoch eine aufschiebende Wirkung zu, ohne daß es einer Anordnung gem. § 307 Abs. 2 bedarf[26]: § 81 Abs. 4 S. 2, § 231a Abs. 3 S. 3, § 454 Abs. 3 S. 2, § 462 Abs. 3 S. 2, §§ 180, 181 Abs. 2 GVG, § 65 Abs. 2 S. 2 und 3 JGG. Umgekehrt wird ausnahmsweise auch in gesetzlich ausdrücklich bestimmten Fällen die Unzulässigkeit, die Vollziehung der angefochtenen Entscheidung auszusetzen, festgelegt (Freilassung nach Aufhebung des Haftbefehls gem. § 120 Abs. 2).

10

Trotz der grundsätzlichen Regelung in § 309 Abs. 1, daß die Entscheidung über die **Beschwerde ohne mündliche Verhandlung** ergeht, ist im Zusammenhang der Untersuchungshaft der Ausschluß der mündlichen Verhandlung relativiert. Im Falle einer **Haftbeschwerde** kann **auf Antrag des Beschuldigten oder von Amts wegen** gem. § 118 Abs. 2 auch **nach mündlicher Verhandlung** entschieden werden. Gem. § 124 Abs. 2 S. 3 ist im Zusammenhang des **Verfalls der Sicherheit** an die Staatskasse vor der Entscheidung über die sofortige Beschwerde Gelegenheit zur mündlichen Begründung der Anträge sowie zur Erörterung über durchgeführte Ermittlungen zu geben.

11

4. Entscheidung des Beschwerdegerichts

a) Die **Befugnisse des Beschwerdegerichts** sind in §§ 308, 309 angesprochen, jedoch nicht umfassend geregelt. Das Gericht ist gehalten, allen Verfahrensbeteiligten in ausreichendem Maß **rechtliches Gehör** zu gewähren (Art. 103 Abs. 1 GG), insbesondere bei Verwertung neuer Tatsachen oder Beweisergebnisse (vgl. auch § 33 Abs. 3 sowie die Nachholung gem. §§ 33a und 311a). Das Beschwerdegericht kann gem. § 308 Abs. 2 eigene Ermittlungen anstellen im Freibeweisverfahren[27]. Wie bereits ausgeführt, trifft das Beschwerdegericht „die in der Sache erforderliche Entscheidung" (§ 309 Abs. 2), d. h. regelmäßig eine eigene **Sachentscheidung**. Zu beachten sind **gesetzliche Nachprüfungsbeschränkungen** (§ 305a, § 453 Abs. 2 S. 2, § 59 Abs. 2 S. 2), die bei Begründetheit der Beschwerde (Gesetzwidrigkeit der Vorentscheidung) gleichwohl zu einer neuen eigenen Sachentscheidung nach dem Ermessen des Beschwerdegerichts führen können[28]. Bei **Haftentscheidungen während laufender Hauptverhandlungen** sind ebenfalls Beschränkungen für das Beschwerdegericht gegeben[29], denn diese Entscheidungen sind nur auf Rechtsfehler und Vertretbarkeit (Schlüssigkeit) hin überprüfbar[30], trotz der Befugnis des Beschwerdegerichts zu eigenen Ermittlungen gem. § 308 Abs. 2 findet **keine Beweiserhebung über die Beweisaufnahme** (in der Hauptverhandlung) statt[31]. In Ausnahmefällen kommt **statt Sachentscheidung** auch eine **Zurückverweisung** an das Erstgericht in Betracht, beispielsweise wenn eine Sachentscheidung des Erstgerichts völlig unterblieben ist oder bei schwerwiegenden Verfahrensfehlern wie einer unterbliebenen, indes gebote-

12

---

[24] In der Regel über die Staatsanwaltschaft, § 306, 25 (beachte die Ausnahme gem. §§ 148a, 148 Abs. 2).
[25] § 306, 10, 18, 22.
[26] Dazu näher § 307, 2 ff.
[27] § 308, 17 ff.
[28] Vgl. § 304, 30 f; § 305a, 7; § 309, 7.
[29] § 304, 32.
[30] BGH StV **1991** 525, 526 mit Anm. *Weider*; KG StV **1993** 252, 253; OLG Koblenz StV **1994** 316 f; OLG Karlsruhe StV **1997** 312, 313; *Schlothauer/Weider*³ 806; LR-*Hilger* § 112, 20.
[31] OLG Frankfurt StV **1995** 593 f.

nen (z. B. im Rahmen von § 453 Abs. 1 S. 3)[32] oder obligatorischen (z. B. gem. § 454 Abs. 1 S. 3)[33] mündlichen Anhörung[34].

13 **b) Verschlechterungsverbot.** Grundsätzlich ist das Beschwerdegericht nicht an Anträge und Ausführungen der Verfahrensbeteiligten gebunden[35]. Das Verschlechterungsverbot, welches vom Gesetzgeber für die Beschwerde nicht ausdrücklich angeordnet oder geregelt wurde (wie in §§ 331, 358 Abs. 2, 373 Abs. 2), soll **nur in Ausnahmefällen** eingreifen, nämlich wenn Rechtsfolgen ähnlich einem Urteil endgültig in einer der materiellen Rechtskraft fähigen Weise festgelegt werden (z. B. bei nachträglicher Gesamtstrafenbildung gem. §§ 460, 462)[36]. In diesen Ausnahmefällen gilt das Verschlechterungsverbot normativ jedoch im gleichen Umfang[37].

14 Die **fehlende Regelung eines Verschlechterungsverbots** im Zusammenhang der Beschwerde erklärt sich aus der Verfahrenssituation, daß hier regelmäßig nicht – abgesehen von bezeichneten Ausnahmefällen – über Art und Höhe von Rechtsfolgen rechtskräftig entschieden wird. Das Verschlechterungsverbot ist auch nicht unabdingbarer Bestandteil eines rechtsstaatlichen Verfahrens[38], wie das Beispiel des Strafbefehlsverfahrens zeigt, in dem das Gericht in der Hauptverhandlung nach Einspruch auch nicht an den Rechtsfolgenausspruch im Strafbefehl gebunden ist (§ 411 Abs. 4). Gleiches gilt für den Bereich der Nebenentscheidungen gem. § 268a (z. B. Bewährungsauflagen), soweit jedenfalls das Berufungsgericht oder nach vorheriger Zurückverweisung das Erstgericht einen neuen Beschluß gem. § 268a erlassen hat[39]. Eine allgemeine Rechtspflicht zur Beachtung der „Rechtswohltat"[40] eines Verschlechterungsverbots ist dem deutschen Strafverfahrensrecht nicht zu entnehmen.

15 Es ist daran zu denken, eine **normative Grenze der Verschlechterung** dort anzunehmen, wo das zur Entscheidung berufene **Gericht von Amts** wegen seine Erstentscheidung nicht zum Nachteil des Betroffenen **abändern** dürfte[41], so daß beispielsweise die Entscheidungsmöglichkeiten gem. § 56e StGB diesen normativen Rahmen bei Beschwerdeverfahren (§§ 268a, 305a) abstecken[42]. Aus diesem Gedanken folgt jedoch auch, daß ein Verschlechterungsverbot nicht greifen kann, soweit eine nachträgliche Abänderungskompetenz des Gerichts gegeben ist[43]. Grundsätzlich kann es **aus Gründen einer fairen Verfahrensgestaltung** geboten sein, den Beschwerdeführer vor einer „verschlechternden" Entscheidung nochmals anzuhören, um ihm ggfs. Gelegenheit zur Rücknahme der Beschwerde zu geben[44].

16 **c) Teilanfechtung.** Das Rechtsmittel der Beschwerde ist – ebenso wie die anderen Rechtsmittel – auf selbständig nachprüfbare Teile einer Entscheidung beschränkbar[45].

---

[32] Vgl. OLG Frankfurt NStZ-RR **1996** 91.
[33] Vgl. OLG Rostock NStZ-RR **2000** 14; OLG Karlsruhe StV **1997** 314, 315 (bei mündlicher Anhörung ohne Verteidiger).
[34] Dazu ausführlich § 309, 13 ff.
[35] Vgl. § 309, 4 ff, 7 ff.
[36] OLG Frankfurt NStZ-RR **1996** 318 mit weit. Nachw.; KK-*Engelhardt*[4] § 309, 13; *Meyer-Goßner*[46] Vor § 304, 5; § 309, 25.
[37] SK-*Frisch* Vor § 304, 23; *Ellersiek* 196 f.
[38] A. A *Wittschier* 99 ff, 192 f.
[39] BGH 4 StR 657/94 bei *Kusch* NStZ **1995** 220; BGH NJW **1982** 1544; OLG Oldenburg NStZ-RR **1997** 9 f; OLG Düsseldorf NStZ **1994** 198 f.
[40] *Meyer-Goßner*[46] Vor § 304, 5.
[41] Offen gelassen bei BGH NJW **1982** 1544.
[42] Auch bei § 56e StGB sollen Entscheidungen zuungunsten des Verurteilten denkbar sein (OLG Frankfurt NStZ-RR **1996** 220), aber nur in seinem Interesse, *Tröndle/Fischer*[50] § 56e, 1; a. A bei Auflagen gem. § 56b *Schönke/Schröder/Stree* 56e, 3, jeweils mit weit. Nachw.; gar keine Nachholung von Geldauflagen bei unterbliebenen Beschlüssen gem. § 268a, OLG Köln NStZ-RR **2000** 338; OLG Hamm NStZ-RR **2000** 126; vgl. bei § 305a, 7.
[43] Vgl. OLG Düsseldorf NStZ **1994** 198 f mit weit. Nachw.; auch bei Untersuchungshaft (§ 116 Abs. 4): OLG Düsseldorf StV **1993** 480.
[44] Vgl. auch § 309, 21 f; § 305a, 7.
[45] LR-*Hanack* Vor § 296, 31; SK-*Frisch* 22, Vor § 296, 273 und § 304, 3; *Meyer-Goßner*[46] § 304, 4, jeweils mit weit. Nachw.; offen gelassen bei *Schäfer*[6] 1681.

Mit einer entsprechenden Erklärung ist nicht notwendig bereits ein Verzicht auf künftige (weitere) Anfechtung ausgesprochen[46]. Die **Beschränkung** muß eindeutig sein und deshalb regelmäßig ausdrücklich erklärt werden. Wenn eine isolierte Prüfung und Entscheidung des Beschwerdepunkts **nicht möglich** ist, erfolgt eine **umfassende Nachprüfung im Rahmen der §§ 308, 309**, ähnlich wie bei § 318[47].

Der Rechtsgrund für die Beschränkbarkeit eines Rechtsmittels liegt zunächst in der **Förderung der Prozeßökonomie**[48]. Jedoch ist es richtig, diese Befugnis auch als „Fortschreibung der **Freiheit zur Rechtsmitteleinlegung** überhaupt zu verstehen"[49]. Das Rechtsmittelgericht kann und darf demnach diejenigen Entscheidungsteile nicht nachprüfen, deren Nachprüfung von keiner Seite begehrt wird, wenn und soweit der angegriffene Entscheidungsteil trennbar ist, also losgelöst vom übrigen Inhalt der angefochtenen Entscheidung selbständig geprüft und beurteilt werden kann[50]. Insoweit kann der Beschwerdeführer im Rahmen einer gewissen **Dispositionsbefugnis** sicherstellen, welche Teile einer Entscheidung nicht überprüft werden, und somit einer sonst möglichen „Verschlechterung" in diesen Punkten wirksam vorbeugen.

Im übrigen ist die **Beschränkbarkeit einer Beschwerde** auf bestimmte Beschwerdepunkte **von begrenzter Wirksamkeit** im Hinblick auf die (möglicherweise) gegebene **nachträgliche Überprüfungs- und Abänderungs- bzw. Aufhebungskompetenz** des Gerichts von Amts wegen, das heißt unabhängig von der Einlegung eines Rechtsbehelfs[51]. Wenn allerdings das Erstgericht nachträglich seine gesamte Entscheidung von Amts wegen oder auf Antrag abändern darf, heißt das nicht, daß das Beschwerdegericht trotz Beschränkung der Beschwerde auf bestimmte abtrennbare Punkte ebenfalls grundsätzlich über den gesamten Sachverhalt entscheiden dürfte. Hier bleibt die **Dispositionsbefugnis des Beschwerdeführers für das Beschwerdegericht maßgeblich** nach den oben genannten Kriterien, wenn und soweit der angegriffene Entscheidungsteil trennbar ist und losgelöst vom übrigen Inhalt der angefochtenen Entscheidung selbständig geprüft und beurteilt werden kann.

d) **Örtlich zuständig** ist das **nach dem GVG übergeordnete Gericht**, auch wenn das Gericht, das die angefochtene Entscheidung oder Maßnahme erlassen hat, dafür örtlich nicht zuständig war[52]. Der Grundsatz, daß sich die Zuständigkeit des Rechtsmittelgerichts danach bestimmt, welches Gericht in der Vorinstanz tatsächlich entschieden hat, erfährt eine **Ausnahme**, wenn sich bei Maßnahmen im Ermittlungsverfahren die **Zuständigkeit nach Anklageerhebung** bei einem bestimmten Gericht konzentriert. Wird danach das Gericht eines anderen Bezirks zuständig, so ist Beschwerdegericht das Gericht, das dem nunmehr allein zuständigen Gericht übergeordnet ist. In einigen Fällen ist auch dem mit der Revision befaßten Gericht die Entscheidung über die Beschwerde zugewiesen (z. B. im Falle einer Beschwerde gegen eine vorläufige Entziehung der Fahrerlaubnis oder einer Haftbeschwerde).

e) **Sachlich zuständig** zur Entscheidung über die Beschwerde ist bei Beschlüssen, Maßnahmen und Verfügungen des Strafrichters, des Schöffengerichts, seines Vorsitzenden und des Richters am Amtsgericht im Ermittlungsverfahren die **Strafkammer** in der

---

[46] Zu Rechtsmittelverzicht und -rücknahme § 304, 58 f.
[47] Ausführlich bei LR-*Gössel* § 318, 3 ff.
[48] BGHSt **19** 46, 48; **24** 185, 188; **29** 359, 364.
[49] SK-*Frisch* Vor § 296, 276 f; LR-*Hanack* Vor § 296, 32; vgl. BGHSt **29** 359, 364; **38** 362, 364; vgl. auch LR-*Gollwitzer*[24] § 318, 2, 25; a. A *Gössel* FS Rieß 123 f; LR-*Gössel*[4] § 318, 2; KK-*Ruß*[4] § 318, 1.
[50] Vgl. BGHSt **38** 362, 364 zur Rechtsmittelbeschränkung bei Urteilen.
[51] Dazu ausführlich Vor § 304, 55 ff.
[52] BGHSt **10** 177; **11** 57, 62; **18** 261; **22** 48, 50.

Vor § 304 Drittes Buch. Rechtsmittel

Besetzung mit drei Richtern (§§ 73, 76 Abs. 1 GVG)[53]. Die Spezialzuständigkeiten gem. §§ 74a Abs. 3, 74c Abs. 2 GVG sind zu beachten. Ist strittig, ob die allgemeine Strafkammer (§ 74 Abs. 1 GVG) oder die Wirtschaftsstrafkammer (§ 74c Abs. 2 GVG) für die Entscheidung über die Beschwerde zuständig ist, hat die Wirtschaftsstrafkammer in analoger Anwendung der §§ 209, 209a die vorrangige Kompetenz[54]. Gem. § 41 Abs. 2 S. 2 JGG ist die Jugendkammer zuständig für Entscheidungen über Beschwerden gegen Verfügungen und Entscheidungen des Jugendrichters und des Jugendschöffengerichts entsprechend § 73 Abs. 1 GVG.

21   Geht **während des Beschwerdeverfahrens** die **erstinstanzliche Zuständigkeit** für die angefochtene Maßnahme **auf das Beschwerdegericht** über, so hat dieses als Gericht der ersten Instanz über die angefochtene Maßnahme zu befinden[55]. Eine Haftbeschwerde ist beispielsweise in diesen Fällen als Antrag auf (schriftliche oder auch mündliche) Haftprüfung zu behandeln[56]. Gleiches gilt für eine bereits eingelegte weitere Beschwerde gem. § 310 Abs. 1, um eine parallele Zuständigkeit von originär zuständigem Gericht und Beschwerdegericht zu verhindern[57].

22   Über Beschwerden gegen Verfügungen und Beschlüsse der Strafkammer (oder des Vorsitzenden) sowie über weitere Beschwerden gem. § 310 entscheidet der zuständige Strafsenat des **Oberlandesgerichts** (§ 121 Nr. 2 GVG). Ebenso ist das Oberlandesgericht zuständig gem. § 121 Abs. 1 Nr. 2 GVG für Beschwerden gegen Entscheidungen des Amtsgerichts, wenn das Oberlandesgericht selbst für die erste Entscheidung zuständig gewesen wäre (§ 169 Abs. 1 S. 1)[58]. Gleiches gilt gem. § 181 Abs. 3 GVG bei den (sofortigen) Beschwerden gegen sitzungspolizeiliche Maßnahmen[59], insbesondere bei Beschlüssen über Ordnungsmittel. Über die sofortige Beschwerde gegen einen von dem Rechtspfleger des Landgerichts erlassenen **Kostenfestsetzungsbeschluß** entscheidet gem. § 464b S. 3 in Verb. mit § 568 S. 1 ZPO (nach der Reform 2001) der **Strafsenat durch den Einzelrichter**[60].

23   Für die Beschwerden gegen die Entscheidungen der besonderen Strafkammern nach § 74a GVG sind die **Landeshauptstadt-Oberlandesgerichte**[61] (§ 120 Abs. 1 GVG) zuständig (§ 120 Abs. 4 GVG). Soweit diese Oberlandesgerichte nach § 120 Abs. 1 und 2 GVG für die dort aufgeführten Strafsachen die Gerichte der ersten Instanz sind, treffen sie die sonst der Strafkammer nach § 73 Abs. 1 obliegenden Beschwerdeentscheidungen (§ 120 Abs. 3 S. 1 GVG), ferner entscheiden sie gem. § 120 Abs. 3 S. 2 GVG über Beschwerden gegen die in § 304 Abs. 5 spezifizierten Verfügungen des Ermittlungsrichters des Oberlandesgerichts (§ 169). Über Beschwerden gegen richterliche Maßnahmen im Überwachungsverfahren nach § 148a hat jedoch das Landgericht zu entscheiden, nicht das für Staatsschutzsachen zuständige Oberlandesgericht[62].

24   Der **Bundesgerichtshof** ist gem. § 135 Abs. 2 GVG Beschwerdegericht in den in § 304 Abs. 4 Satz 2 und § 310 Abs. 1 bezeichneten Fällen von Beschlüssen und Verfügungen der Oberlandesgerichte und entscheidet außerdem über Beschwerden gegen Verfügun-

---

[53] Vgl. umfassend bei LR-*Siolek* § 73 GVG, 2.
[54] Vgl. OLG Koblenz NStZ **1986** 327 f; *Rieß* NStZ **1986** 425, 426; vgl. LR-*Rieß* § 209 a, 5 f.
[55] SK-*Frisch* § 308, 5 mit weit. Nachw.
[56] Zum Problem der Umdeutung von Rechtsbehelfen siehe unten Vor § 304, 49 ff.
[57] Vgl. zur gleichen Problematik beim Bundesgerichtshof BGHSt 27 253 f.
[58] LR-*Franke* § 121 GVG, 19; *Meyer-Goßner*[46] § 121 GVG Rdn. 3.
[59] Zur Frage der Statthaftigkeit einer Beschwerde gegen sitzungspolizeiliche Maßnahmen gem. §§ 176, 177 GVG – trotz des Wortlauts in § 181 Abs. 1 und 2 GVG – siehe Vor § 304, 78; § 304, 27.
[60] OLG Düsseldorf NStZ-RR **2003** 324 mit weit. Nachw.
[61] *Meyer-Goßner*[46] § 120 GVG, 1; LR-*Franke* § 120 GVG, 4.
[62] BGHSt 29 196, 197; BayObLGSt **1990** 1; KK-*Diemer*[4] § 73 GVG, 1.

gen des Ermittlungsrichters des Bundesgerichtshofs (§§ 169 Abs. 1 S. 2, 304 Abs. 5). Er ist ferner zuständig für die Beschwerdeentscheidungen in den Fällen des § 138d Abs. 6. Die Senate des Bundesgerichtshofs entscheiden gem. § 139 Abs. 2 S. 1 GVG in der Besetzung von drei Mitgliedern.

Gibt der Generalbundesanwalt eine Sache an die **Landesstaatsanwaltschaft** ab (§ 142a **25** Abs. 2 GVG) oder erhebt er **Anklage vor dem Oberlandesgericht**, so entfällt zeitgleich die Zuständigkeit des Bundesgerichtshofs als Beschwerdegericht gegen die Entscheidungen seines Ermittlungsrichters, um eine parallele Entscheidungskompetenz von nunmehr originär zuständigem Oberlandesgericht und dem Bundesgerichtshof als Beschwerdegericht zu vermeiden[63]. Eine Beschwerde ist nunmehr nicht mehr unmittelbar an den Bundesgerichtshof, sondern bei dem jetzt zuständigen Oberlandesgericht einzureichen. Eine ggfs. bereits erhobene „Beschwerde" muß umgedeutet werden als Antrag auf Überprüfung der angefochtenen Entscheidung. Die Zuständigkeit des Bundesgerichtshofs als Beschwerdegericht nach einer sodann mit der Beschwerde angefochtenen Entscheidung des Oberlandesgerichts bleibt unberührt gem. § 135 Abs. 2 GVG.

5. Arten der Beschwerde. Es lassen sich verschiedene Arten der Beschwerde unter- **26** scheiden mit der Maßgabe, daß grundsätzlich die §§ 304 ff zur Anwendung kommen.

a) Einfache (unbefristete) Beschwerde. Die „Grundform" der Beschwerde – daher **27** einfache Beschwerde genannt – ist an keine Frist gebunden. Auf Ausnahmen unter dem Gesichtspunkt der Verwirkung und der prozessualen Überholung, diese zu prüfen als Zulässigkeitsvoraussetzung unter „Beschwer", wird hingewiesen[64].

b) Die sofortige Beschwerde unterscheidet sich im wesentlichen durch zwei Aspekte, **28** ist im übrigen aber eine „normale" Beschwerde i. S. der §§ 304 ff[65]. Zum einen ist die sofortige Beschwerde gem. § 311 Abs. 2 binnen einer Woche nach Bekanntmachung der Entscheidung einzulegen. Diese Befristung erklärt sich dadurch, daß der Gesetzgeber in bestimmten Fallkonstellationen im Interesse der Rechtssicherheit eine schnelle und formell rechtskräftige Klärung herbeiführen wollte. Daher kommt die sofortige Beschwerde auch nur in den gesetzlich ausdrücklich vorgesehenen Fällen zur Anwendung gem. § 311 Abs. 1.

Zum anderen ist im Falle der sofortigen Beschwerde gem. § 311 Abs. 3 S. 1 das **29** Gericht nicht zu einer Abänderung seiner durch Beschwerde angefochtenen Entscheidung befugt. Eine **Abhilfeentscheidung** gem. § 306 Abs. 2 ist folglich gesetzlich **ausgeschlossen** mit Ausnahme des Vorliegens eines Falles der Verletzung des rechtlichen Gehörs gem. § 311 Abs. 3 S. 2.

c) Weitere Beschwerde. Gemäß § 310 Abs. 2 ist grundsätzlich geregelt, daß eine **30** Beschwerde gegen Entscheidungen des Beschwerdegerichts unzulässig ist[66]. Lediglich im eng umgrenzten Anwendungsbereich von § 310 Abs. 1 (bei Verhaftungen und einstweiliger Unterbringung) kann die Entscheidung des Beschwerdegerichts durch weitere Beschwerde angefochten werden. Nach dem hier vertretenen Standpunkt ist eine **weitere Beschwerde** der **Staatsanwaltschaft zu Lasten des Beschuldigten** oder sonst Betroffenen (z. B. Zeugen bei § 70 Abs. 2) **nicht zulässig**[67].

---

[63] BGHSt **27** 253, 254; dieser Entscheidung folgend *Ellersiek* 164.
[64] § 304, 15, 53 ff.
[65] *Schäfer*[6] 1873.

[66] Dies gilt auch bei sog. „greifbarer Gesetzeswidrigkeit", vgl. etwa BGHSt **45**, 37 zur „außerordentlichen Beschwerde", dazu Vor § 304, 32.
[67] Ausf. § 310, 18 ff (entgegen der h. M.).

Vor § 304 Drittes Buch. Rechtsmittel

31 d) **Untätigkeitsbeschwerde.** Nicht eindeutig ist die Meinungslage in Rechtsprechung und Literatur, inwieweit sich die Beschwerde auch gegen unterlassene Anordnungen richten kann[68]. Richtig ist, die **Zulässigkeit** einer solchen Untätigkeitsbeschwerde anzunehmen, wenn das Gericht untätig geblieben ist, obwohl es (auf Antrag oder von Amts wegen) eine Entscheidung zu treffen hatte und die Untätigkeit einer Entscheidung gleich kommt[69]. Eine Beschwerde ist daher auch gegen Entscheidungen des Gerichts statthaft, bestimmte Entscheidungen zurückzustellen oder (zunächst) in der Sache nicht zu entscheiden (beispielsweise Nichtterminierung einer Sache über mehr als zwei Jahre[70]). Unabhängig von der **Zulässigkeit** ist in den in Betracht kommenden Fällen indes über die **Begründetheit** einer solchen Untätigkeitsbeschwerde zu befinden und dies führt im Hinblick auf die (rechtlich schwierig zu ersetzende) **Ausübung richterlichen Ermessens** oftmals zu Ergebnissen, die (zulässige) Beschwerde sei unbegründet[71].

32 e) **Außerordentliche Beschwerde.** Der Rechtsbehelf der außerordentlichen Beschwerde wurde anfangs ausschließlich auf dem **Gebiet des Zivilprozessrechts** entwickelt und konzentriert sich dort weit überwiegend auf die Anfechtung von Beschlüssen über die Einstellung der Zwangsvollstreckung, von einstweiligen Anordnungen, von Prozeßkostenhilfebewilligungen, von Entscheidungen über die Terminierung sowie von Verweisungsbeschlüssen. Darüber hinaus hat sich eine Rechtsprechung zur außerordentlichen Beschwerde im Bereich des FGG entwickelt, die denselben Grundsätzen wie die Judikatur zur ZPO folgt. Hingegen hat die außerordentliche Beschwerde im Bereich der VwGO und des SGG nur eine geringe Bedeutung erlangt. Lediglich der Bundesfinanzhof geht für das finanzgerichtliche Verfahren in ständiger Rechtsprechung ebenfalls von der Zulässigkeit der Beschwerde wegen „greifbarer Gesetzwidrigkeit" aus, ohne einem außerordentlichen Rechtsmittel bisher stattgegeben zu haben[72].

33 Die **Strafverfahrenspraxis** lehnt den Rechtsbehelf der außerordentlichen Beschwerde zu Recht ab. Nur in einem veröffentlichten Beschluß, der rechtssystematisch auch keine Zustimmung verdient, findet sich der Begriff der Beschwerde wegen „greifbarer Gesetzwidrigkeit"[73]. Diese in der Praxis geübte und der StPO normativ entsprechende Nichtanwendung dieses Rechtsbehelfs ist gegenüber dem Zivilprozeßrecht auf das engmaschige Rechtsbehelfssystem der Strafprozeßordnung zurückzuführen, so daß es einer außerordentlichen Beschwerde – wie möglicherweise in anderen Verfahrensordnungen – nicht bedarf. Zusammenfassend ist festzustellen, daß **die außerordentliche Beschwerde im Strafprozeß nicht anzuerkennen** und ohne Bedeutung ist[74].

34 Die im Einzelfall auftretenden Probleme mit der formellen und materiellen Rechtskraft und die **nachträgliche Änderung oder Aufhebung von Beschlüssen und Verfügungen** bedürfen nicht der außergesetzlichen Kreierung eines weiteren Rechtsbehelfs wie der außerordentlichen Beschwerde[75]. Die außerordentliche Beschwerde ist daher als im Strafprozeß nicht statthaft zu bezeichnen. Offensichtlich ist das Fehlen der Statthaftig-

---

[68] LR-*Gollwitzer*[24] § 304, 8. Eine reine „Untätigkeitsbeschwerde" sei der Strafprozeßordnung fremd: BGH NJW **1993** 1279; aktuell OLG Stuttgart, NStZ-RR **2003** 284 f; *Schäfer*[6] 1858; *Meyer-Goßner*[46] § 304, 3 mit weit. Nachw.; OLG Frankfurt NStZ-RR **2002** 188 (Strafvollzugssache); NStZ-RR **2002** 189 (Strafvollstreckungssache); ausf. differenz. § 304, 6 ff, auch zur Bedeutung des Art. 13 EMRK nach der Entscheidung des EGMR vom 26.10.2000, NJW **2001** 2694.
[69] SK-*Frisch* § 304, 8 f.
[70] OLG Braunschweig, NStZ-RR **1996** 172 mit zust. Anm. *Stern* StraFo. **1996** 59; OLG Frankfurt NJW **2002** 453 und 454 mit krit. Anm. *Wirriger* NStZ **2002** 389 f.
[71] Ausf. § 304, 7 ff.
[72] Vgl. *Kley*, § 3 bis § 5 mit weit. Nachw.
[73] OLG Düsseldorf MDR **1993** 376.
[74] BGHSt **45** 37; BGH NJW **2002** 765; BGH 2 ARs 329/02 und 2 AR 175/02, Beschluß vom 07.11.2002 (bezüglich einer unanfechtbaren Entscheidung gem. § 29 Abs. 1 EGGVG).
[75] Vgl. Vor § 304, 55 ff.

keit einer Beschwerde in den im Gesetz ausdrücklich vorgesehenen Fällen eines Ausschlusses der Beschwerde [76].

Dies schließt unter dem Aspekt der **Fürsorgepflicht des Gerichts** sowie des Rechtsgedankens des § 300 nicht aus, es kann sogar geboten sein, einen unter der Bezeichnung einer „außerordentlichen Beschwerde" eingelegten Rechtsbehelf inhaltlich zu berücksichtigen und im Wege der **Umdeutung** als **Antrag** oder als **Gegenvorstellung** und somit als zulässigen Rechtsbehelf zu behandeln und zu bescheiden. 35

f) Haftbeschwerde. Aufgrund der ausdrücklichen Erwähnung der Haftbeschwerde in § 118 Abs. 2 im Zusammenhang der Untersuchungshaft soll auch auf die **Doppelung der Rechtsbehelfe gegen einen Haftbefehl** an dieser Stelle eingegangen werden. Während die Staatsanwaltschaft ebenso wie die Verteidigung grundsätzlich gem. der §§ 304 ff ein Beschwerderecht, d. h. auch in Haftsachen, inne hat, wird dieses über den förmlichen Haftprüfungsantrag nach §§ 117 ff speziell für den Beschuldigten wegen der besonderen Schwere des Grundrechtseingriffs ergänzt [77]. Entgegen der mitunter geäußerten Auffassung, diese Doppelung der Rechtsbehelfe gegen einen Haftbefehl sei überflüssig [78] oder „für Unkundige ... verwirrend" [79], ist dieses Rechtsbehelfssystem als ausgewogen und notwendig, aber auch umfassend zu bezeichnen im Hinblick auf die **unterschiedlichen Strategien und Ziele der Verteidigung** im Zusammenhang mit Haftentscheidungen [80]. 36

Die Haftbeschwerde hat einen eigenen praktischen Anwendungsbereich insbesondere in den Fällen, in denen die Verteidigung – dem Zweck der Beschwerde entsprechend – die Entscheidung des übergeordneten Gerichts sucht (**Devolutivwirkung der Beschwerde**). Darüber hinaus ist die Haftbeschwerde der einzig zulässige Rechtsbehelf in allen Fällen, in denen die förmliche **Haftprüfung** nach den §§ 117, 118 **unzulässig** ist, beispielsweise wenn der Haftbefehl nicht vollzogen wird, etwa bei Überhaft [81]. 37

Aus taktischen bzw. strategischen Gründen kann es sinnvoll sein, aus Sicht der Verteidigung auf eine Haftbeschwerde – zumindest vorübergehend – zu verzichten. Bemerkenswert ist, daß mitunter (auch in Haftsachen) weder die Vorlagefrist gem. § 306 Abs. 2, die Akten spätestens vor Ablauf von drei Tagen dem Beschwerdegericht (in der Regel über die Staatsanwaltschaft) [82] vorzulegen, in der Praxis eingehalten wird noch seitens des Beschwerdegerichts (auch in Haftsachen) eine zügige Entscheidung selbstverständlich ist [83]. Dieses Beispiel verdeutlicht die **Notwendigkeit des förmlichen Haftprüfungsverfahrens** nach den §§ 117 ff als zusätzlichen fristgebundenen Rechtsbehelf in Haftsachen. Andere Aspekte, die für einen Antrag nach §§ 117 ff aus Sicht der Verteidigung sprechen können, sind beispielsweise die Pflicht zur mündlichen Verhandlung innerhalb von zwei Wochen, Gewährung von Akteneinsicht innerhalb dieser Frist [84] oder die persönliche Erörterung des Verfahrensstandes [85]. 38

Ausdrücklich ist darauf hinzuweisen, daß gem. § 117 Abs. 2 die Haftbeschwerde – auch die weitere Beschwerde gem. § 310 – **neben** dem förmlichen **Antrag auf Haftprüfung unzulässig** ist. 39

---

[76] Siehe zur Zulässigkeit der Beschwerde (hier: Statthaftigkeit) § 304, 17 ff.
[77] LR-*Hilger* § 117, 3.
[78] *Roxin*[25] § 30 G I 3; vgl. auch SK-*Paeffgen* § 117, 2.
[79] LR-*Hilger* § 117, 3.
[80] Ausführlich dazu *Matt* JA **1991** 85 ff.
[81] Vgl. *Hohmann*, NJW **1990** 1649; vgl. kritisch *Matt* JA 1990 85, 90; vgl. auch LR-*Hilger* § 117, 8.
[82] § 306, 25.
[83] Der Strafrechtsausschuß der Bundesrechtsanwaltskammer schlägt in seiner Denkschrift „Reform der Verteidigung im Ermittlungsverfahren" vor, eine gesetzlich bindende Frist von zwei Wochen bis zur Entscheidung des Beschwerdegerichts vorzusehen, die nur mit Zustimmung der Verteidigung verlängert werden darf, beispielsweise im Hinblick auf Ermittlungen gem. § 308 Abs. 2; vgl. § 306, 23.
[84] Zur Akteneinsicht in Haftsachen LR-*Lüderssen* § 147, 77 ff.
[85] Vgl. bei *Deckers* NJW **1994** 2261, 2265 f.

40 g) **Kostenbeschwerde**[86]. Die Zulässigkeit der **Beschwerde gem. § 304 Abs. 3** gegen Entscheidungen, die Kosten und Auslagen betreffen, hängt an einer **Wertgrenze**, die ebenso wie in § 567 Abs. 2 ZPO in den vergangenen Jahren mehrfach erhöht wurde und aktuell bei über 100,– bzw. 50,– EURO liegt. Diese Zulässigkeitsbeschränkung der Beschwerde greift nur ein, wenn die **Kosten- oder Auslagenentscheidung isoliert angefochten** wird und gilt nicht für Rechtsmittel gegen die Sachentscheidung, die sich auf die Kostenentscheidung miterstrecken[87]. Eine isolierte Anfechtung von Kosten- und Auslagenentscheidungen kann in bestimmten Fallkonstellationen unzulässig sein, z. B. bei Entscheidungen des Oberlandesgerichts oder des Bundesgerichtshofs (§ 304 Abs. 4) oder wenn die Anfechtung der Hauptentscheidung generell „nicht statthaft" ist[88] (etwa beim Nebenkläger im Falle des § 400 Abs. 1 oder § 400 Abs. 2 S. 2)[89]. Die **Wertgrenze** gilt für **einfache und sofortige Beschwerden** gleichermaßen. Von § 304 Abs. 3 erfaßt werden insbesondere die sofortigen Beschwerden nach § 464 Abs. 3 und gegen die Kostenfestsetzung nach § 464b S. 3 in Verb. mit § 104 Abs. 3 S. 1 ZPO. Grundsätzlich gilt auch für die **sofortige Beschwerde im Kostenfestsetzungsverfahren die Wochenfrist** des § 311 Abs. 2[90].

6. Abgrenzung zu anderen Rechtsbehelfen

41 a) **Beschwerde gegen staatsanwaltliche Entscheidungen.** Nicht von den §§ 304 ff erfaßt sind Rechtsbehelfe gegen Maßnahmen und Verfügungen der Staatsanwaltschaft (vgl. die partiellen Ausnahmen z. B. in § 161a Abs. 3 S. 3 bei Maßregeln gegen Zeugen und Sachverständige oder gem. §§ 147 Abs. 5, 161a Abs. 3 S. 2 bis 4 bei Akteneinsicht). Der klassische Rechtsbehelf einer „Beschwerde" gegen staatsanwaltliche Entscheidungen ist die **Dienst- und Fachaufsichtsbeschwerde**[91]. Dies beruht auf dem Standort der Staatsanwaltschaft im Gewaltenteilungssystem und ihrer gesetzlichen Organisation gem. der §§ 141 ff GVG. Nach richtiger Auffassung gehört die Staatsanwaltschaft systematisch überwiegend zur Exekutive[92], auch wenn sie sich an der **Nahtstelle von Exekutive und Judikative** befindet und die „Funktion einer Brücke" zwischen beiden zu erfüllen hat[93]. Auf dieser Grundlage muß eine „Unabhängigkeit" der Staatsanwälte – vergleichbar den Richtern gem. Art. 97 GG – verneint und ihre Eingebundenheit **(Weisungsrecht gem. § 146 GVG und Dienstaufsicht gem. § 147 GVG)** akzeptiert werden. Das sog. **interne Weisungsrecht** muß allerdings z. B. für den Bereich der Hauptverhandlung aus prozessualen Gründen (Inbegriff der Hauptverhandlung § 261, Schlußvortrag § 258) für unanwendbar gehalten und an anderen bestimmten Punkten eingeschränkt werden; das sog. **externe Weisungsrecht** und die Abhängigkeit der Staatsanwaltschaft von der jeweiligen Regierung (und somit der reinen Politik) muß äußerst behutsam gehandhabt werden[94]. Diese Über-

---

[86] Siehe ausf. zur Kostenbeschwerde bei § 304, 35 ff.
[87] Zur isolierten Anfechtung der Kostenentscheidung vgl. näher bei LR-*Hilger* § 464, 33 ff.
[88] Verfassungsrechtlich unbedenklich: BVerfG NJW **2002** 1867; betroffene Vorschriften sind z. B. §§ 46 Abs. 2, 153 Abs. 2 S. 4, 153a Abs. 2 S. 4, 161a Abs. 3 S. 4, 163a Abs. 3 S. 3, 304 Abs. 4 und 5, 310 Abs. 2, 390 Abs. 5 S. 2, 400 Abs. 2 S. 2 in Verb. mit § 472 Abs. 2 und 3, §§ 406a Abs. 1, 406e Abs. 4 S. 2, §§ 47 Abs. 2 S. 2, 72, 79, 80 OWiG, § 47 Abs. 3 S. 55 Abs. 2 JGG, § 37 Abs. 2 BtmG, § 116 StVollzG.
[89] Siehe ausf. mit weit. Nachw. bei § 304, 36.
[90] OLG Karlsruhe NStZ-RR **2000** 254 ff mit weit. Nachw.; OLG Dresden StV **2001** 634; OLG Celle StV **2001** 635; *Meyer-Goßner*[46] § 464b, 6 ff; a. A LR-*Hilger* § 464b, 9; OLG Düsseldorf NStZ-RR **2002** 158; StV **2001** 634; OLG Nürnberg NStZ-RR **2001** 224; OLG München StV **2001** 633 mit zust. Anm. *Degenhard*; siehe § 304, 39.
[91] Vgl. hierzu LR-*Hanack* Vor § 296, 4 und 89; zur Vollstreckungsbeschwerde gem. § 21 StrVollstrO siehe Vor § 304, 44 f.
[92] BVerfG NJW **2001** 1121 = BVerfGE **103** 142, 156; s. auch LR-*Rieß* Einl. I 56 ff.
[93] *Schaefer* NJW **2001** 1396 mit weit. Nachw.
[94] Vgl. hierzu den Bericht der „Arbeitsgruppe Staatsanwaltschaft" für das Hessische Ministerium der Justiz (Wiesbaden 2002), S. 45, 47 ff und den Ent-

legungen ändern jedoch nichts an der wichtigen Funktion der Dienst- und Fachaufsicht und der entsprechend gegebenen Möglichkeit für die Beteiligten eines Strafverfahrens, den Rechtsbehelf der Dienst- und Fachaufsichtsbeschwerde erheben zu können.

Eine **gerichtliche Kontrolle staatsanwaltlicher Handlungen** ist nur in den hierfür ausdrücklich vorgesehenen Fällen vorgesehen (vgl. §§ 98 Abs. 2, auch analog, 98b Abs. 1 S. 100 Abs. 2, 100b Abs. 1 S. 3, 100d Abs. 1 S. 2, 100h Abs. 1 S. 3, 110b Abs. 2 S 4, 111e Abs. 2, 125, 128, 131 Abs. 2, 147 Abs. 5, 161 Abs. 2, 161a Abs. 3, 163a Abs. 3 S. 3, 163d Abs. 2, 163e Abs. 4, 163f Abs. 4 S. 2, 172 Abs. 2 bis 4, 458, 459h, 461, 462). **42**

Ein besonderer Rechtsbehelf ist **gem. § 172 Abs. 1 die Einstellungsbeschwerde** durch den sog. Verletzten einer Straftat, der prozessual korrekt „nur" der Anzeigeerstatter oder Strafantragsteller bezüglich einer behaupteten Straftat (und Verletzung) ist. Die Staatsanwaltschaft kann der Beschwerde abhelfen oder dem vorgesetzten Staatsanwalt – gem. § 147 Nr. 3 GVG der Generalstaatsanwalt – vorlegen. Insoweit gelten ähnliche Grundsätze wie bei den §§ 304, 306, 308 f, ohne daß diese zur Anwendung kommen (vgl. Nr. 105 RiStBV)[95]. Das **Klageerzwingungsverfahren vor dem Oberlandesgericht** ist schließlich ein prozessual selbständiges Verfahren mit außerordentlich hohen Anforderungen an die Zulässigkeit des Antrages auf gerichtliche Entscheidung[96]. **43**

b) Anfechtung von Justizverwaltungsakten. Soweit die **Staatsanwaltschaft als Vollstreckungsbehörde** (§ 451) tätig wird und eine gerichtliche Kontrolle nicht ausdrücklich vorgesehen ist (siehe §§ 458, 459h, 461, 462), ist zunächst das **Beschwerdeverfahren gem. § 21 StrVollstrO** durchzuführen, bevor ein Antrag nach den §§ 23 ff EGGVG zulässig ist. Beispielsweise muß eine ablehnende Entscheidung der Staatsanwaltschaft, gem. § 456a zu verfahren, zunächst mit der Vollstreckungsbeschwerde (im Sinne eines förmlichen Rechtsbehelfs gem. § 24 Abs. 2 EGGVG)[97] angefochten werden[98], die durch einen Beschwerdebescheid des Generalstaatsanwaltes beschieden und mit Begründung und Rechtsbehelfsbelehrung zugestellt wird[99]. Auf dieser Grundlage erst ist der **Rechtsweg zum Oberlandesgericht** zur Überprüfung der Rechtmäßigkeit von Verwaltungsmaßnahmen der Justizbehörden eröffnet **gem. der §§ 23 ff EGGVG**[100]. **44**

Der gleiche Rechtsweg ist zwar eröffnet bei **Entscheidungen gem. § 456a** mit dem positiven Ergebnis des Absehens von der Vollstreckung; sowohl **Vollstreckungsbeschwerde** als auch der anschließende **Antrag gem. §§ 23 ff EGGVG** gelten jedoch als **unzulässig**, da der Verurteilte regelmäßig durch eine solche Entscheidung **nicht unmittelbar in seinen Rechten verletzt** sei[101]. **45**

Einzelfallentscheidungen eines Richters, die ihrem Wesen nach **Justizverwaltungsakte** sind, unterfallen ebenfalls nicht der Anfechtungsmöglichkeit der §§ 304 ff, sondern sind **gem. der §§ 23 ff EGGVG anzufechten**, beispielsweise Entscheidungen des Jugendrichters als Vollstreckungsleiter (§ 82 JGG, Ausnahmen in § 83 Abs. 2 JGG)[102]. **46**

---

wurf einer Richtlinie zur Anwendung des externen und internen Weisungsrecht im Bereich der Staatsanwaltschaft (Anlage 3 des Berichts).
[95] Vgl. *Pfeiffer*[4] § 172, 5; KK-*Schmidt*[4] § 172, 13 ff.
[96] Dazu im einzelnen LR-*Graalmann-Scheerer* § 172, 123 ff.
[97] OLG Celle StV **2000** 380.
[98] Vgl. KK-*Fischer*[4] § 456a, 5.
[99] *Isak/Wagner*[6] Strafvollstreckung Rdn. 37.
[100] Zur Rechtsweggarantie gem. Art. 19 Abs. 4 GG im Vollstreckungsverfahren vgl. BVerfG StV **1997** 646.

[101] OLG Frankfurt NStZ-RR **1999** 126 mit weit. Nachw. Hiergegen lassen sich jedoch gute Argumente vorbringen, zum einen im Zusammenhang der faktischen Schwierigkeiten im Strafvollzug bei Lockerungen und Urlaub, zum anderen im Hinblick auf die faktische Verhinderung einer positiven Entscheidung gem. § 57 Abs. 1 StGB in bestimmten Fällen kurz vor dem 2/3-Zeitpunkt.
[102] Vgl. differenz. OLG Karlsruhe NStZ **1993** 104; SK-*Frisch* § 304, 7.

47 c) **Gegenvorstellung.** Der Rechtsbehelf der Gegenvorstellung ist kein Rechtsmittel im Sinne des 3. Buches der StPO und richtet sich daher nicht nach den §§ 304 ff. Im Gegensatz etwa zu einem Antrag nach § 33a gehört die Gegenvorstellung grundsätzlich nicht zum Rechtsweg gem. § 90 Abs. 2 S. 2 BVerfGG, so daß die Frist zur Einlegung der Verfassungsbeschwerde nur erneut in Lauf gesetzt wird durch eine Gegenvorstellung, wenn durch diese die Verletzung von Prozeßgrundrechten durch das letztentscheidende Gericht gerügt werden[103]. Die Gegenvorstellung ist ein im Gesetz nicht vorgesehener, **formloser petitorischer Rechtsbehelf** mit dem Ziel, daß die die Entscheidung erlassende Stelle (Gericht, Staatsanwaltschaft, Justizverwaltung) die eigene Entscheidung nochmals überdenkt und ggf. abändert oder aufhebt[104]. Voraussetzung ist die **Befugnis des iudex a quo zur nachträglichen Abänderung oder Aufhebung** seiner Entscheidung, die beispielsweise in allen Fällen des § 311 Abs. 3 S. 1 entfällt[105]. Im übrigen ist jedweder neue **Antrag an das Gericht**, soweit dessen Zuständigkeit gegeben ist, eine praktische Alternative nicht nur zum Rechtsbehelf der Gegenvorstellung, sondern auch zu einer Beschwerde nach §§ 304 ff[106].

48 d) **Berufung, Revision und Einspruch gegen Strafbefehl.** Gegenüber Urteilen ist die Beschwerde nur ausnahmsweise zur Anfechtung bestimmter Nebenentscheidungen vorgesehen (§ 464 Abs. 3, § 8 Abs. 3 StrEG, § 59 Abs. 1 JGG, vgl. auch Beschluß gem. § 268a und die Beschwerde gem. § 305a). Gegen Urteile insgesamt sind die Rechtsmittel der Berufung gem. der §§ 312 ff und Revision gem. der §§ 333 ff die einzig zulässigen Rechtsmittel. Gleiches gilt für den Einspruch gegen einen Strafbefehl gem. § 410.

7. Umdeutung von Rechtsbehelfen

49 Unter dem Aspekt der **Fürsorgepflicht des Gerichts** und unter Beachtung des **Rechtsgedankens in § 300** kommt in Betracht, falsch oder unklar bezeichnete Rechtsbehelfe auszulegen und unzulässige Rechtsbehelfe umzudeuten[107]. Zu beachten ist jedoch, daß die unterschiedlichen Rechtsbehelfe unterschiedliche Konsequenzen haben (können), z. B. im Hinblick auf den Devolutiveffekt des Rechtsbehelfs. Grundsätzlich gilt, daß eine Umdeutung von Rechtsbehelfen nur in Betracht kommt, wenn diese im Einklang mit dem **Willen des Rechtsbehelfsführers** steht.

50 Beispielsweise kann eine (gem. § 310 Abs. 2 unzulässige) weitere Beschwerde gegen einen Beschluß gem. § 2 Abs. 1 DNA-IFG in Verb. mit § 81g in eine Gegenvorstellung umzudeuten sein mit der Folge, daß das Beschwerdegericht erneut zu entscheiden hat[108]. Gleichfalls kann eine **unzulässige Haftbeschwerde** der Verteidigung – etwa in Fällen der Erschöpfung der Beschwerdemöglichkeiten nach §§ 304, 310 – in einen (neuen) Haftprüfungsantrag **umzudeuten** sein. Hierbei sind natürlich die Zulässigkeitsvoraussetzungen gem. § 117 Abs. 1 zu beachten, insbesondere das Vorliegen des tatsächlichen Vollzugs der Untersuchungshaft[109], was wiederum nicht Voraussetzung für die Haftbeschwerde ist. Eine **Beschwerde gegen eine Anordnung des dinglichen Arrestes** kann nach – durch Anklageerhebung oder Vorlage der Akten an das Berufungsgericht (§ 321) eingetretenem – **gerichtlichem Zuständigkeitswechsel** zunächst **in einen Antrag auf Aufhebung** der

---

[103] BVerfG NStZ-RR **2002** 109; BVerfGE **73** 322, 325 ff; **69** 233, 242; **63** 77, 78; **5** 17, 19 f.

[104] Vgl. umfassend *Matt* MDR **1992** 820 ff, 825 f mit weit. Nachw.; *Hohmann* JR **1990** 10, 12; *Werner* NJW **1991** 19; *Wölfl* StraFo. **2003** 222 f; LR-*Hanack* Vor § 296, 77 ff.

[105] Vgl. näher Vor § 304, 55 ff.

[106] Beispielsweise ein Antrag auf mündliche oder schriftliche Haftprüfung gem. § 117 Abs. 1, zur Abgrenzung siehe Vor § 304, 36 ff.

[107] Vgl. umfassend LR-*Hanack* § 300, 6 ff.

[108] OLG Karlsruhe StV **2002** 59 f; vgl. auch zur Umdeutung in eine Gegenvorstellung, nachdem eine Beschwerde unzulässig ist, BGH NStZ **2003** 272.

[109] Vgl. zu dieser Problematik LR-*Hilger* § 117, 7 ff.

Arrestanordnung **umgedeutet** werden, gegen den darauf hin ergehenden Beschluß ist mithin die Beschwerde eröffnet[110].

Zweifelhaft hingegen erscheint, ob eine Umdeutung auch im umgekehrten Fall in Betracht kommt, nämlich ein unzulässiger Haftprüfungsantrag in eine Haftbeschwerde umzudeuten ist[111]. Diese Umdeutung widerspricht der **Dispositionsfreiheit des Rechtsbehelfsführers**, etwa einen Rechtsbehelf ohne Devolutivwirkung einzulegen und somit eine ggfs. nachteilige Entscheidung des übergeordneten (Beschwerde-)Gerichts formell zu verhindern. Allenfalls kommt eine Umdeutung des (unzulässigen) Haftprüfungsantrags (§§ 117, 118) in einen formlosen Antrag auf Aufhebung oder Außervollzugsetzung im Rahmen der Haftkontrolle gem. §§ 120, 126 in Betracht. Mithin sei auch hier im Zusammenhang der Verteidigung in Haftsachen auf den Rechtsbehelf der Gegenvorstellung nochmals ausdrücklich hingewiesen. 51

Gleiches gilt im übrigen für viele andere Entscheidungssituationen wie etwa bei der beantragten **Überprüfung von Durchsuchungs- oder Beschlagnahmeentscheidungen**. Nach dem **Antrag gem. § 98 Abs. 2 S. 2**, aber statt oder vor der **Beschwerde** kann immer auch der Rechtsbehelf der **Gegenvorstellung** (bewußt) eingelegt werden. Die **Umdeutung** einer als solche bezeichneten und rechtlich zulässigen Gegenvorstellung in (z.B.) eine Beschwerde ist jedenfalls dann **unzulässig**, wenn erkennbar lediglich eine neue Entscheidung des Erstgerichts angestrebt und entsprechend **keine Entscheidung einer höheren Instanz** (d.h. durch das Beschwerdegericht) gewünscht wird. 52

Grundsätzlich wird im Zusammenhang einer Auslegung des Rechtsbehelfs und vor einer Umdeutung **der Rechtsbehelfsführer zu befragen** sein, wenn der Sinn der Erklärung zweifelhaft oder die bewußte Erklärung eines (un-) bestimmten Rechtsbehelfs möglich oder sogar naheliegend ist. Bei Fehlen oder Unklarheit bezüglich der konkreten Rechtsbehelfsbezeichnung und mehreren zulässigen Rechtsbehelfen kann gleichwohl davon ausgegangen werden, daß der Erklärende **im Zweifel** – d.h. aber nie gegen seinen Willen – die Anfechtung sucht, die **zur umfassendsten Nachprüfung** führt[112]. Daher führt beispielsweise die Einlegung eines „Rechtsmittels" gegen ein amtsgerichtliches Urteil (ohne nähere Bezeichnung oder Begründung) grundsätzlich in das Berufungsverfahren, jedoch erst nach Ablauf der Revisionsbegründungspflicht gem. 345 Abs. 1[113], denn ab diesem Zeitpunkt führt nur noch die Berufung zu einer Überprüfung des erstinstanzlichen Urteils[114]. Umgekehrt ist im Interesse einer weitgehenden Autonomie des Rechtsbehelfsführers anerkannt, daß bei willentlich unbestimmter Rechtsbehelfseinlegung konkludent ein Vorbehalt der endgültigen Bestimmung erklärt wird[115]; bei Berufung/Sprungrevision ist sogar trotz vorangegangener Bezeichnung ein einmaliger[116] Rechtsmittelwechsel zulässig innerhalb der Revisionsbegründungsfrist[117]. 53

Im übrigen gilt die Grundregel, daß nicht die Bezeichnung des Rechtsbehelfs, sondern der **Erklärungsinhalt maßgebend** ist (§ 300). Auch in den Fällen, in denen die angefochtene Entscheidung selbst falsch oder unklar bezeichnet worden ist seitens des Gerichts, kommt es auf Rechtsnatur, den sachlichen Inhalt und die Verfahrensform der angefochtenen Entscheidung an, denn eine falsche Bezeichnung der Entscheidung kann keinen Einfluß auf die gesetzlich vorgesehenen Rechtsbehelfe haben[118]. 54

---

[110] OLG Stuttgart NStZ-RR **2003** 142.
[111] *Matt* JA **1991** 85, 90; **a.A** *Hohmann* NJW **1990** 1649; *Meyer-Goßner*[46] § 117 Rdn. 4.
[112] LR-*Hanack* § 300, 11 mit weit. Nachw.
[113] BGHSt **40** 395, 398.
[114] KK-*Pikart*[4] § 335, 6; HK-*Temming*[3] § 335, 3; LR-*Hanack* § 335, 8 ff, 15, 17 f.
[115] BGHSt **17** 44, 48; **25** 321, 324; **33** 183, 188.
[116] *Schäfer*[6] 1730.
[117] BGHSt **13** 388, 391; **40** 395, 398.
[118] LR-*Hanack* Vor § 296, 43 mit weit. Nachw.

55 **8. Rechtskraft und nachträgliche Änderung oder Aufhebung von Entscheidungen.** Die Beschwerde gem. §§ 304 bis 310 ist lediglich einschlägig, soweit richterliche Entscheidungen durch das Erstgericht (§ 306 Abs. 2) oder durch das Beschwerdegericht aufgehoben oder geändert werden dürfen bzw. müssen. Gesetzlich ungeregelt ist hingegen die Problematik der **nachträglichen Änderung oder Aufhebung von Beschlüssen außerhalb des Beschwerdeverfahrens**[119].

56 Bereits im Zusammenhang des Rechtsbehelfs der **Gegenvorstellung** ist auf die Problematik der Befugnis des Gerichts zur nachträglichen Änderung oder Aufhebung von Entscheidungen hingewiesen worden, denn nur bei Vorhandensein ein solcher Befugnis ist eine auf Änderung oder Aufhebung abzielende Gegenvorstellung statthaft[120]. Entsprechend ist beispielsweise eine **Gegenvorstellung unzulässig**, wenn das Erstgericht gem. § 311 Abs. 3 S. 1 nicht zu einer Abänderung seiner durch sofortige Beschwerde angefochtenen Entscheidung befugt ist[121]. Aus dieser gesetzgeberischen Entscheidung im Rahmen des Rechtsmittelzuges der sofortigen Beschwerde gem. § 311 folgt, daß **im Falle der Nichteinlegung der sofortigen Beschwerde** (in den gesetzlich vorgesehenen Fällen) der **Eintritt formeller Rechtskraft** grundsätzlich der Änderung dieser bestandskräftigen Entscheidung des Gerichts entgegensteht[122]. Gleiches gilt ersichtlich für Urteile, die ebenfalls nur durch das Rechtsmittelgericht abgeändert werden dürfen und nach Rechtskraft grundsätzlich auf Dauer bestandskräftig bleiben, die einzige Ausnahme ermöglicht das Wiederaufnahmeverfahren gem. der §§ 359 ff.

57 Zusammenfassend läßt sich demnach zunächst im allgemeinen festhalten, daß **(1)** die **Rechtskraft** einer gerichtlichen Entscheidung grundsätzlich eine nachträgliche Abänderung dieser Entscheidung verbietet – mit **Ausnahme** des Vorliegens von **Wiederaufnahmegründen** bei Urteilen – und, daß **(2)** im Falle der Anfechtungsmöglichkeit durch ein **befristetes Rechtsmittel** (sofortige Beschwerde, Berufung, Revision) nur das **übergeordnete Gericht zur Abänderung der getroffenen Entscheidung** – und zwar nur in diesem Rechtsmittelzug – **befugt** ist[123]. Grundsätzlich ausgeschlossen ist es (mit der Folge der Unzulässigkeit einer entsprechenden Gegenvorstellung), diese klare gesetzgeberische Entscheidung – in Fällen der sofortigen Beschwerde gem. § 311 Abs. 3 S. 1 – zu durchbrechen, zumal der Gesetzgeber eine gesetzliche Ausnahme zur Wahrung des rechtlichen Gehörs ausdrücklich in § 311 Abs. 3 S. 2 vorgesehen hat[124].

58 Indessen ist in einzelnen dieser Fallkonstellationen eine **nachträgliche Änderung von rechtskräftigen Beschlüssen durch den Erstrichter** ausnahmsweise – im Interesse materieller Gerechtigkeit – für zulässig erachtet worden[125]. Die einzige gesetzliche Ausnahme bei rechtskräftigen Urteilen legt nahe, jedenfalls in Fallkonstellationen vergleichbar (analog) den Wiederaufnahmegründen **zugunsten des Verurteilten** eine nachträgliche Abänderung von Beschlüssen trotz Rechtskraft ausnahmsweise zuzulassen[126]. Hierbei bedarf es nicht des Rückgriffs auf ein besonderes Verfahren analog der §§ 359 ff[127], sondern nur der sinngemäßen Anwendung des materiellen Gehalts der Wiederaufnahmegründe zugunsten des Betroffenen[128]. In allen diesen Fallkonstellationen muß jedenfalls die **Gegen-**

---

[119] SK-*Frisch* Vor § 304, 24.
[120] LR-*Hanack* Vor § 296, 81 ff.
[121] *Meyer-Goßner*[46] Vor § 296, 24/25; KK-*Ruß*[4] Vor § 296, 4.
[122] *Wölfl* StraFo. **2003** 222, 225.
[123] LR-*Hanack* Vor § 296, 83.
[124] BGHSt **8** 194, 195; KMR-*Plöd* § 311, 6 mit weit. Nachw.
[125] Vgl. *Trepper* 75 ff, 125 ff, 143 ff.
[126] LR-*Gollwitzer*[24] Vor § 304, 37 mit weit. Nachw.; *Hohmann* NStZ **1991**, 507 mit weit. Nachw.; zu Beschlüssen als Gegenstand der Wiederaufnahme ausführlich LR-*Gössel* Vor § 359, 49 ff mit weit. Nachw.; a. A *Meyer-Goßner*[46] Vor § 359, 5 mit weit. Nachw.
[127] KK-*Schmidt*[4] Vor § 359, 14 mit weit. Nachw.
[128] SK-*Frisch* Vor § 304, 37 mit weit. Nachw.

vorstellung ebenfalls statthaft sein[129] und stellt den geeigneten Rechtsbehelf dar, eine entsprechende nachträgliche Abänderung in einem nicht näher formalisierten Verfahren unter Wahrung des erforderlichen rechtlichen Gehörs zu erreichen[130].

Eine nachträgliche Abänderung eines Beschlusses **zu Ungunsten des Betroffenen trotz Rechtskraft** muß aus rechtsstaatlichen Gründen sowohl unter Berufung auf das Analogieverbot gem. Art 103 Abs. 2 **ausgeschlossen** sein[131] als auch wegen des allgemeinen Gesetzesvorbehalts bei öffentlich-rechtlichen Eingriffen[132]. **59**

Grundsätzlich gilt, daß alle durch (unbefristete) Beschwerde noch **zulässig anfechtbaren Beschlüsse und Verfügungen** – unabhängig von der Einlegung einer Beschwerde, d. h. auch auf Gegenvorstellung hin oder von Amts wegen – von dem zuständigen Gericht **nachträglich aufgehoben oder abgeändert** werden können. Zudem bestehen ausdrückliche gesetzliche Regelungen über nachträgliche Entscheidungen (§§ 56e, 68d StGB, 453, 460, 462, 462a, 463 Abs. 2). Diese Fallgruppe der nach wie vor zulässig anfechtbaren Beschlüsse bzw. gesetzlich vorgesehenen nachträglichen Abänderungsmöglichkeiten ist folglich unproblematisch, denn weder ist Rechtskraft eingetreten noch darf das untere (zuständige) Instanzgericht seine eigene Entscheidung nicht selbst abändern. Auch ein Verstoß gegen den öffentlich-rechtlichen Gesetzesvorbehalt liegt nicht vor, soweit das zuständige Gericht auf Grundlage der entsprechenden Verfahrensnorm entscheidet (z. B. §§ 112 ff, 126 in Haftsachen oder §§ 453, 463 Abs. 2 bei nachträglichen Entscheidungen über Strafaussetzung und Führungsaufsicht). **60**

Ebenfalls unproblematisch ist die Fallgruppe der **Entscheidungen der erkennenden Gerichte, die der Urteilsfällung vorausgehen** und gem. § 305 Abs. 1 nicht der Beschwerde unterliegen. Alle diese Entscheidungen sollen erst zusammen mit dem Urteil anfechtbar sein, um die Verfahrensherrschaft des erkennenden Gerichts zu gewährleisten und das Hauptverfahren zu konzentrieren und zu beschleunigen[133]. Solche Entscheidungen entfalten **keine Rechtskraft** und dürfen seitens des Gerichts jederzeit unter Wahrung des erforderlichen rechtlichen Gehörs korrigiert werden, was unter Umständen – z. B. zur Heilung eines revisiblen Verfahrensfehlers – sogar geboten ist[134]. Grundsätzlich besteht sowohl für Staatsanwaltschaft als auch Verteidigung und andere Beteiligte die Möglichkeit, entsprechende Anliegen im Wege der Gegenvorstellung oder als neuen „Antrag" vorzubringen[135]. Ähnliches gilt bei Beschlüssen und Verfügungen, die ihrem Wesen nach vorläufiger Natur sind (z. B. §§ 154, 154a). Zwar sind die Entscheidungen in beiden Fallgruppen unanfechtbar, ihrem Wesen nach jedoch prinzipiell abänderbar bei Vorliegen entsprechender sachlicher Gründe. Demnach ist das **Kriterium der Unanfechtbarkeit einer Entscheidung nicht zentral, wenn nicht formelle oder materielle Rechtskraft** vorliegt. **61**

Materielle Rechtskraft haben nur die prozeßabschließenden, das Verfahren insgesamt beendende Sachentscheidungen (auch über ein Verfahrenshindernis), die es ausschließen, daß gegen die gleiche Person die erledigte Angelegenheit erneut zum Gegenstand eines Strafverfahrens gemacht wird **(ne bis in idem)**. In materielle Rechtskraft erwachsen auch Beschlüsse, die eine Einzelfrage mit Außenwirkung abschließend entscheiden, wie etwa der Beschluß über den Verfall einer Sicherheit gem. § 124. Beschränkte materielle **62**

---

[129] Vgl. dagegen *Lemke* ZRP **1978** 281; *Hohmann* JR **1990** 10, 12.
[130] *Matt* MDR **1992** 820 ff mit weit. Nachw.
[131] Eine analoge Anwendung von § 362 bzw. der dortigen Wiederaufnahmegründe zuungunsten des Betroffenen scheidet also aus.
[132] Zum Analogieverbot im Strafprozeßrecht sowie zur in vielen Fällen abgelehnten Erweiterung von Eingriffsbefugnissen aufgrund des allgemeinen Gesetzesvorbehalts LR-*Lüderssen* Einl. L 47 mit weit. Nachw.
[133] § 305, 1 f.
[134] SK-*Frisch* Vor § 304, 30.
[135] Zur Unzulässigkeit der Beschwerde näher § 305, 3 ff.

Rechtskraft entfalten Einstellungsentscheidungen wie beispielsweise gem. §§ 153a, 174 Abs. 2 oder 211, bei denen eine erneute Aufnahme der Ermittlungen zu Ungunsten des Beschuldigten nur unter bestimmten engen Voraussetzungen zulässig ist[136]. In **allen Fällen der materiellen Rechtskraft ist eine nachträgliche Aufhebung oder Änderung dieser Entscheidungen ausgeschlossen** mit **Ausnahme** des Vorliegens von **Wiederaufnahmeumständen analog § 359**, wie bereits dargelegt[137]. Grundsätzlich können auch revisionsgerichtliche Verwerfungsbeschlüsse gem. § 349 Abs. 2, die das Verfahren gleich einem abschließenden Revisionsurteil in Rechtskraft erwachsen lassen, im Nachhinein weder aufgehoben oder noch geändert werden[138].

63 **Formelle Rechtskraft** liegt vor, wenn das Gesetz eine (weitere) Anfechtung einer endgültigen Entscheidung nicht vorsieht oder ausschließt oder das gesetzlich vorgesehene befristete Rechtsmittel der sofortigen Beschwerde nicht rechtzeitig eingelegt wird. Bei den **formell nicht mehr anfechtbaren Beschlüssen ohne materielle Rechtskraftwirkung** wird die **nachträgliche Korrektur** durch das zuständige Gericht schon bei Vorliegen neuer Tatsachen für **zulässig** gehalten, wobei die materielle Anbindung an § 359 (analog) gelockert ist[139] und jedenfalls nicht die hohen Anforderungen gem. § 359 Nr. 5 (analog) erfüllt sein müssen[140].

64 Ferner gibt es die **Fallgruppe** rechtskräftiger Entscheidungen, die bei Fortbestand „**grobes prozessuales Unrecht**" darstellen würden[141]. Wenn eine Entscheidung auf verfassungsrechtlich nicht haltbare Weise zustande gekommen ist, gleichsam eine Verfassungsbeschwerde der Sache nach Erfolg hätte, ist es zudem richtig, eine Abänderung eines bestandskräftigen Beschlusses auch durch das Fachgericht zuzulassen[142]. Der Gesetzgeber hat durch das StPÄG 1964 einen wichtigen Bereich geregelt, nämlich die Verletzung des rechtlichen Gehörs durch Nachholung zu heilen. Die gesetzliche Pflicht zur **Nachholung des rechtlichen Gehörs** ist in § 33a im allgemeinen und im Rahmen des Beschwerdeverfahrens die **Nachholung der Anhörung gem. § 308 Abs. 1 S. 1 in § 311a** geregelt[143], jeweils unter der Voraussetzung der Nichtanfechtbarkeit der getroffenen Entscheidung. Durch diese speziellen Rechtsbehelfe zur Sicherung des rechtlichen Gehörs und der korrespondierenden Befugnisse des Gerichts, von Amts wegen neu zu entscheiden, wird jedoch **nur ein Teil der problematischen Fälle** in angemessener Weise gelöst. Die **nachträgliche Änderungs- oder Aufhebungsbefugnis** des Gerichts und die einhergehende **Statthaftigkeit der Gegenvorstellung als Rechtsbehelf** ist daher auch bei verfassungsrechtlich schwerwiegenden Verfahrensmängeln anzunehmen.

65 Selbstverständlich muß zum Zeitpunkt der Änderung oder Aufhebung nach wie vor die **Zuständigkeit des Richters** bzw. des Gerichts gegeben sein. Insofern kann auf die allgemeinen Regelungen über die Zuständigkeit verwiesen werden. Beispielsweise ist in

---

[136] Nach § 153a besteht kein Strafklageverbrauch bezüglich eines Verbrechens, vgl. LR-*Beulke* § 153a, 97, 99; bei §§ 174 Abs. 2, 211 besteht Strafklageverbrauch, wenn nicht neue „relevante" Tatsachen oder Beweismittel („Nova") vorliegen, vgl. näher LR-*Rieß* § 211, 9 ff und LR-*Graalmann-Scheerer* § 174, 14 mit Verweis auf § 211; vgl. ausf. *Radtke* S. 32 ff, 71 ff, 140 ff, 199 ff, 217 ff.

[137] Zu § 153a: *Lohberger*, in: Formularbuch für den Strafverteidiger⁴ S. 623; *Marxen/Tiemann* Die Wiederaufnahme in Strafsachen (1993) Rdn. 22, 28 f; krit. LR-*Beulke* § 153a, 142 mit weit. Nachw.

[138] BGHSt 17 94, 97; vgl. differenz. BGH NStZ 1994 96; dazu *Meyer-Goßner*⁴⁶ § 349, 24 mit weit. Nachw.; LR-*Hanack* § 349, 28 mit weit. Nachw.; zus.fass. *Trepper* 124 ff.

[139] LR-*Gollwitzer*²⁴ Vor § 304, 38.

[140] Vgl. *Matt* MDR **1992** 820 ff; SK-*Frisch* Vor § 304, 36 f.

[141] OLG Düsseldorf NStZ **1982** 395; vgl. SK-*Frisch* Vor § 304, 26, 33 mit weit. Nachw.

[142] Vgl. OLG Karlsruhe NStZ **1993** 88 f mit weit. Nachw., auch zur Zulässigkeit der Gegenvorstellung in diesen Fällen; vgl. BVerfGE **63**, 77, 78 f.

[143] Zu § 311 Abs. 3 S. 2 siehe Vor § 304, 57 und § 311, 11 ff; zum Unterschied § 311a und § 33a bei § 311a, 2 f.

§ 126 Abs. 1 S. 2 geregelt, daß die Zuständigkeit des Beschwerdegerichts nach Erlaß eines Haftbefehls für die weiteren richterlichen Entscheidungen und Maßnahmen, die sich auf die Untersuchungshaft oder auf die Aussetzung des Haftvollzugs beziehen, auf den Richter der Erstentscheidung übergehen. Die **Zuständigkeit des Beschwerdegerichts** und somit die Möglichkeit zur Abänderung oder Aufhebung von ergangenen Entscheidungen ist insoweit gesetzlich ausdrücklich einschränkend geregelt. Dennoch bleibt dem **Beschwerdegericht** – insbesondere in den gesetzlich nicht geregelten Fällen – Spielraum, die eigene Entscheidung – **auf Gegenvorstellung** hin – nochmals zu überprüfen und bei Begründetheit des Rechtsbehelfs die eigene Entscheidung abzuändern oder aufzuheben zugunsten des betroffenen Beschuldigten oder Verurteilten – beispielsweise unter dem Aspekt des § 359 (analog)[144]. Auch § 311a zeigt, daß nach Erlaß der Beschwerdeentscheidung das Beschwerdegericht eine Änderungsbefugnis hat, die Sache also nicht schon mit Erlaß der Beschwerdeentscheidung wieder ausschließlich beim ersten Gericht anhängig ist. Die Änderungsbefugnis kann also insbesondere bei einer Beschwerde gegen das Verfahren abschließende Beschlüsse längere Zeit fortbestehen. Das Beschwerdegericht darf seine Entscheidungen jedenfalls **nicht mehr ändern**, wenn die Sache wieder **beim unteren Gericht anhängig** ist[145] und die Änderung einen Eingriff in das auf der Grundlage der Beschwerdeentscheidung weiterbetriebene Verfahren der unteren Instanz bedeuten würde.

Eine besondere Fallkonstellation stellen auch **Entscheidungen des sog. oberen Gerichts**[146] gem. §§ 12 Abs. 2, 13 Abs. 2 S. 2 und 3, 14, 15, 19 dar. Gegen diese Entscheidungen findet nach einhelliger Auffassung kein Rechtsmittel statt[147], das obere Gericht ist jedoch befugt – z. B. auf Gegenvorstellung hin – seinen eigenen Beschluß aufzuheben oder abzuändern, wobei dieser Beschluß ebenfalls unanfechtbar ist[148]. **66**

Unabänderlich sind hingegen alle **förmlichen Zwischenentscheidungen**, die die Rechtsgrundlage für das weitere Verfahren bilden, der Eröffnungsbeschluß gem. § 210, der Wiederaufnahmebeschluß gem. § 370 Abs. 2 (§ 372 S. 2) oder der Wiedereinsetzungsbeschluß gem. § 46 Abs. 2. **67**

9. Justizgewährungsanspruch und Rechtsschutzgarantie gem. Art. 19 Abs. 4 GG

a) **Beschwerde bei prozessualer Überholung.** Ziel der Beschwerde ist die Aufhebung oder Änderung einer gerichtlichen Entscheidung oder der Erlaß einer unterbliebenen Entscheidung. Die von der Anordnung des Gerichts bzw. von der Unterlassung einer Anordnung ausgehenden beeinträchtigenden Wirkungen sollen nicht eintreten oder wieder behoben werden. Dieses Ziel ist nicht mehr erreichbar, wenn die angefochtene Entscheidung bereits vollzogen ist, die dadurch hervorgerufenen Beeinträchtigungen abgeschlossen sind und rückwirkend nicht mehr ungeschehen gemacht werden können. Wenn die angefochtene Entscheidung durch den Fortgang des Verfahrens keine selbständige Bedeutung mehr hat, sollte nach der früheren Meinung der überwiegenden Rechtsprechung auch die Zulässigkeit der Beschwerde entfallen mangels einer **fortwirkenden prozessualen Beschwer**[149]. Die Frage, ob eine beeinträchtigende Maßnahme zwi- **68**

---

[144] Auch hier gilt, daß eine Abänderung einer bestandskräftigen Beschwerdeentscheidung zu Ungunsten des Beschuldigten oder Verurteilten nicht in Betracht kommt, vgl. Vor § 304, 59.
[145] Verkürzend bei *Meyer-Goßner*[46] Vor § 296, 24 und LR-*Hanack* Vor § 296, 84; vgl. *Matt* MDR **1992** 820, 826.
[146] Vgl. §§ 73 Abs. 2, 76; 122 Abs. 1; 139 Abs. 2 GVG.
[147] *Giesler* 164 ff; KK-*Engelhardt*[4] § 304, 5; SK-*Frisch* § 304, 14; *Meyer-Goßner*[46] § 304, 2; siehe bei § 304, 28, 67.
[148] LR-*Wendisch* Vor § 7, 36.
[149] BVerfGE **49** 329; BGH NJW **1995**, 3397 mit weit. Nachw.

schenzeitlich „prozessual überholt" ist, muß geprüft werden unter dem Aspekt der **Beschwer**, einer **Zulässigkeitsvoraussetzung der Beschwerde** gemäß der §§ 304 ff[150].

69 Diese frühere Rechtsprechung ist durch verschiedene **Entscheidungen des Bundesverfassungsgerichts seit 1997** überholt. Bereits zuvor setzte sich im Schrifttum die Auffassung durch, daß in Fällen endgültig vollzogener oder abgeschlossener richterlich angeordneter Zwangsmaßnahmen die Beschwerde – mit dem Ziel der Feststellung der Rechtswidrigkeit dieser richterlichen Entscheidung – zulässig ist, sofern der Betroffene durch Nachwirkungen der Anordnung über ihre prozessuale Erledigung hinaus beschwert ist. Eine solche Beschwer und damit ein berechtigtes Interesse an der Feststellung der Rechtswidrigkeit der Anordnung sah man insbesondere in dem sog. **Rehabilitationsinteresse** des durch die Zwangsmaßnahme beeinträchtigten Bürgers[151].

70 Das Bundesverfassungsgericht hat – grundlegend im Beschluß des 2. Senats vom 30. April 1997[152] – entschieden, daß das **Erfordernis eines effektiven Rechtsschutzes gem. Art. 19 Abs. 4 GG** dem Betroffenen das Recht gibt, **in Fällen tiefgreifender, tatsächlich jedoch nicht mehr fortwirkender Grundrechtseingriffe** auch dann die Berechtigung des Eingriffs gerichtlich klären zu lassen, wenn die direkte Belastung durch den angegriffenen Hoheitsakt sich nach dem typischen Verfahrensablauf auf eine Zeitspanne beschränkt, in welcher der Betroffene die gerichtliche Entscheidung in der von der Prozeßordnung gegebenen Instanz kaum erlangen kann. Die Beschwerde gegen eine richterliche Durchsuchungsanordnung (beispielsweise) darf daher nicht allein deswegen, weil sie vollzogen ist und die Maßnahme sich deshalb erledigt hat, unter dem Gesichtspunkt prozessualer Überholung als unzulässig verworfen werden. Grundsätzlich haben die Gerichte dem Bundesverfassungsgericht folgend zu prüfen, ob gemäß der geschilderten Maßstäbe – ungeachtet der eingetretenen Erledigung – ein **Rechtsschutzinteresse** des Betroffenen besteht. Ein solches Interesse ist – so das Bundesverfassungsgericht wörtlich – „**bei Durchsuchungen von Wohnungen schon wegen des Gewichts des Eingriffs** des Grundrechts des **Art. 13 GG** zu bejahen"[153]. In einer neueren Entscheidung heißt es: „Bei **Durchsuchungen von Wohn- oder Redaktionsräumen** ist vielmehr **schon wegen des Gewichts des Eingriffs in das Grundrecht des Art. 13 Abs. 1 sowie des Art. 5 Abs. 1 S. 2 GG** ein **Rechtsschutzinteresse** des Betroffenen zu bejahen"[154]. Das Ziel solcher Art (nachträglich) zu erlangenden Rechtsschutzes kann in der bloßen Feststellung der Rechtswidrigkeit der Strafverfolgungsmaßnahme liegen, auch wenn sie ohne Folgen für das weitere Verfahren geblieben ist (beispielsweise im Falle einer fruchtlosen Durchsuchung oder Abhörmaßnahme). Über die zusätzliche Frage der Freigabe oder Vernichtung (Löschung) erlangter Daten und Beweismittel oder das **Bestehen eines Beweisverwertungsverbotes** ist durch die Feststellung der Rechtswidrigkeit der Ermittlungsmaßnahme noch nicht zwingend entschieden.

71 Schließlich hat das Bundesverfassungsgericht entschieden, daß sich eine **Grundrechtsverletzung durch das Rechtsmittelgericht** – auf Grund der Verwerfung einer gegen eine

---

[150] § 304, 41 ff, 53 ff.
[151] SK-*Frisch* § 304, 54 mit weit. Nachw.; LR-*Gollwitzer*[24] Vor § 304, 9 mit weit. Nachw.
[152] BVerfGE **96** 27 ff = NJW **1997** 2163; vgl. dazu *Amelung* JR **1997** 385; *Amelung* FG-BGH S. 911; *Amelung/Wirth* StV **2002** 161, 165; *Esskandari* Stra-Fo. **1997** 289; *Roxin* StV **1997** 654; *Fezer* JZ **1997** 1062; *Sachs* JuS **1998** 265; *Rabe von Kühlewein* NStZ **1998** 580; *Schroth* StV **1999** 117.
[153] BVerfGE **96** 27 ff = NJW **1997** 2163, 2164; NJW **2002** 1333; vgl. auch BVerfGE **103** 142 = NJW **2001** 1121 (zu Richtervorbehalt und Gefahr im Verzug); ausf. LR-*Schäfer* § 105, mit vielen Nachweisen.
[154] BVerfG NJW **1998** 2131, 2132; ein tiefgreifender Grundrechtseingriff liegt jedoch nicht vor bei einem Netzbetreiber, der sich gegen die Anordnung nach §§ 100g, 100h wendet und diese Anordnung vor ihrem Vollzug mit Wirkung ex nunc aufgehoben wird, LG Koblenz NStZ **2003** 330.

richterliche Durchsuchungsanordnung gerichteten Beschwerde unter Verletzung von Art. 19 Abs. 4 in Verb. mit Art. 13 Abs. 1 oder Art. 5 Abs. 1 S. 2 GG wegen prozessualer Überholung – **fortsetzen kann** in der weiteren Entscheidung über die **richterliche Bestätigung** der bei der Durchsuchung erfolgten **Beschlagnahme**. Denn es sei nicht auszuschließen, daß das Rechtsmittelgericht nach der gebotenen inhaltlichen Überprüfung der Durchsuchungsanordnung auch bei der Beurteilung der Beschlagnahme zu einem anderen, für den Betroffenen günstigeren Ergebnis gelangt wäre. Obwohl der Beschlagnahme eines Gegenstandes regelmäßig nicht entgegensteht, daß er aufgrund einer rechtsfehlerhaften Durchsuchung erlangt worden ist, soll dem Bundesverfassungsgericht folgend bei einem besonders schwerwiegenden Verstoß etwas anderes gelten können[155]. Ziel des durch (nachträgliche) Feststellung der Rechtswidrigkeit der Strafverfolgungsmaßnahme zu erzielenden Rechtsschutzes kann hier – über die bloße Feststellung hinaus – die Beseitigung der durch die Strafverfolgungsmaßnahme entstandenen Folgen sein, beispielsweise die Freigabe der (rechtswidrig) erlangten Beweismittel. Die **Frage eines Beweisverwertungsverbotes** stellt sich ohnehin erst im weiteren Verfahren für das jeweils für weitere Entscheidungen zuständige Gericht.

Entsprechendes ist bei anderen **Zwangsmaßnahmen** wie **Eingriffen in die körperliche Unversehrtheit** gem. § 81a **oder in die persönliche Freiheit** (Vorführungen, Festnahmen und Verhaftungen) anzunehmen[156]. Beispielsweise bleibt die (weitere) Beschwerde zur Feststellung der Rechtswidrigkeit eines Haftbefehls gem. § 230 Abs. 2 zulässig, auch wenn sich die Haftanordnung durch zwischenzeitliche Freilassung des Angeklagten erledigt hat bzw. überholt ist[157]. Auch nach Beendigung einer anderen freiheitsentziehenden Maßnahme (z. B. Abschiebehaft[158], vorläufige Unterbringungsmaßnahme nach § 70h FGG[159], Platzverweis[160]) kann nunmehr die Berechtigung der Maßnahme noch im Nachhinein geprüft werden, wenn ein effektiver Rechtsschutz nur in dieser Weise gewahrt ist. Neben den bereits genannten (in diesem Sinne tiefgreifenden) Grundrechtseingriffen wird ein Rechtsschutzinteresse des Betroffenen anzunehmen sein bei den heimlichen Ermittlungsmaßnahmen der Rasterfahndung (§ 98a), der Postbeschlagnahme (§ 99), der Telekommunikationsüberwachung (§ 100a), des Abhörens des nichtöffentlich gesprochenen Wortes außerhalb und innerhalb von Wohnungen (§ 100c Abs. 1 Nr. 2 und 3, vgl. § 100d Abs. 6), der Auskunft über Telekommunikationsdaten (§ 100g), der Ermittlung des Handy-Standortes (IMSI-Catcher gem. § 100i), aber auch bei offenen Maßnahmen (abgesehen von Durchsuchung, Beschlagnahme oder Freiheitsentzug), beispielsweise die Durchsuchung einer Person und ihrer Sachen auf offener Straße im Rahmen einer Kontrollstelle gem. § 111. **Zusammenfassend** ist festzustellen, daß trotz prozessualer Überholung **regelmäßig ein Rechtsschutzinteresse des Betroffenen besteht bei allen strafprozessualen Zwangsmaßnahmen (Grundrechtseingriffen) bis zum Ende des Beschwerdewegs**[161]. 72

Durch diese Ausweitung der Rechtsschutzmöglichkeiten ist der Gefahr in hinreichendem Maße begegnet, daß der theoretisch gegebene Rechtsschutz durch Gewährung der Beschwerdemöglichkeit in der Praxis unterlaufen und das Rechtsmittel der Beschwerde entgegen Art. 19 Abs. 4 GG ineffektiv und somit nutzlos gemacht wird. Die Rechtsprechungsänderung durch das Bundesverfassungsgericht erhöht die Chancen, daß **rechts-** 73

---

[155] BVerfG NJW **1999** 273, 274.
[156] *Meyer-Goßner*[46] Vor § 296, 18a mit weit. Nachw.
[157] OLG Celle NStZ-RR **2003** 177; OLG Düsseldorf StV **2001** 332; **a. A** OLG Hamm NJW **1999** 229.
[158] OLG Köln NJW **1998** 462; OLG Oldenburg NStZ-RR **2003** 95.
[159] BVerfG NJW **1998** 2432.
[160] BVerfG NJW **1999** 3773.
[161] § 304, 54 (zu prüfen als Zulässigkeit der Beschwerde); ebenso LR-*Schäfer* § 105, 100.

fehlerhafte Zwangsmaßnahmen in der Rechtsmittelinstanz aufgehoben werden bzw. ihre **Rechtswidrigkeit festgestellt** wird. Hinzu tritt ein Rechtsprechungswandel im Zusammenhang des Rechtsschutzes im Bereich der Durchsuchung, auch über die Art und Weise, ohne vorherige richterliche Anordnung, der nunmehr vereinheitlicht ist[162], oder bei vorläufiger Festnahme[163], jeweils entsprechend § 98 Abs. 2 S. 2[164]. Allerdings bleibt zu bedenken, daß die nachträgliche Überprüfung solcher Entscheidungen nicht zwingend zu einer (nachträglichen) **Beseitigung der Folgen** (z. B. Freigabe beschlagnahmter Unterlagen) oder zur **Annahme eines Beweisverwertungsverbotes** für das weitere Verfahren führt und zudem im Rahmen der Begründetheit eingeschränkt sein kann (Maßstab der Vertretbarkeit), folgt man der Rechtsprechung des Bundesgerichtshofs[165].

74 Im Rahmen der **Nachholung der Anhörung gem. § 311a** ist schließlich die Rechtsprechung des Bundesverfassungsgerichts ebenfalls dem Grundsatz nach anwendbar. Bei (tiefgreifenden) Grundrechtseingriffen, die entgegen § 308 Abs. 1 S. 1 im Beschwerdeverfahren ohne Anhörung des Beschwerdegegners ergangen sind, ist das Nachverfahren

---

[162] Vgl. umfassend *Park* Handbuch Durchsuchung und Beschlagnahme (2002) Rdn. 306 ff, 322; vgl. auch *Fezer* NStZ **1999** 151; zum Rechtsschutz bei Mitnahme von Unterlagen gem. § 110: BVerfG NStZ-RR **2002** 144; vgl. ausf. LR-*Schäfer* § 105, 96 ff.

[163] BGHSt **44** 171; *Laser* NStZ **2001** 120, 122.

[164] Vgl. zur früheren Unübersichtlichkeit des Rechtsschutzes *Amelung* S. 70 ff; LR-*Schäfer* § 105, 79 ff; zur heutigen Rechtslage zusammenfassend *Amelung* FG-BGH S. 911 ff; *Schroth* StV **1999** 117 ff; *Eisele* StV **1999** 298 ff; *Bachmann* NJW **1999** 2414 ff; zus.fass. LR-*Schäfer* § 105, 96 ff mit weit. Nachw.

[165] Seit der Entscheidung des 4. Senats zur nachträglichen Überprüfung einer TKÜ-Maßnahme im Hinblick auf ein Beweisverwertungsverbot (BGHSt **41** 30) galt die Maßgabe, daß der zur Entscheidung berufene Erstrichter einen sog. Beurteilungsspielraum des Tatverdachts („erhöhte Verdachtslage": BGH NStZ **2003** 499, 500) und bezüglich der Anwendung des Subsidiaritätsgrundsatzes hat (Maßstab der Vertretbarkeit). Diese Rechtsprechung wurde durch die Entscheidung des 3. Senats (BGHSt **47** 362, 366 ff, mit Anmerk. *Schlothauer*, StV **2003** 208 ff) dahingehend ergänzt, daß Vorgaben gemacht werden, in welcher Verfahrensweise die zu überprüfende Entscheidung auf ihre Rechtmäßigkeit hin zu untersuchen ist und unter welchen Voraussetzungen dann ein Beweisverwertungsverbot vorliegen kann. Diese Rechtsprechung wurde nunmehr durch den 5. Senat (NStZ **2003** 499) in der Weise konkretisiert, daß eine Verwertung von Zufallsfunden nur erlaubt ist, wenn die ursprüngliche Anordnung rechtmäßig gewesen ist, wobei eine hypothetische Rekonstruktion der Entscheidungssituation nach der zum ursprünglichen Entscheidungszeitpunkt gegebenen objektiven Sach- und Rechtslage vorzunehmen ist. Eine solche Rekonstruktion soll sogar – nach Güterabwägung – auch zugunsten einer staatsanwaltlichen Eilanordnung ohne richterlichen Beschluß möglich sein (kaum vertretbar: BGH 2. Senat vom 14. März 2003, 2 StR 341/02). Alle Entscheidungen sind ergangen im Zusammenhang der Frage der Verwertbarkeit von Beweismitteln. Die Unverwertbarkeit eines Beweismittels für das weitere Verfahren folgt demnach jedenfalls noch nicht alleine aus der (nachträglichen) Feststellung der Rechtswidrigkeit einer bestimmten Strafverfolgungsmaßnahme (vgl. LR-*Schäfer* § 105, 112 ff). Entsprechend ist auch die Frage der Folgenbeseitigung (z. B. Freigabe bestimmter, rechtswidrig erlangter Beweismittel) nicht zwingende Konsequenz der (nachträglichen) Feststellung der Rechtswidrigkeit einer Strafverfolgungsmaßnahme, sondern erst zum aktuellen Zeitpunkt der jeweiligen (Beschwerde-)Entscheidung, insbesondere nach sorgfältiger (und nachträglich überprüfbarer) Güterabwägung unter Berücksichtigung eines eventuellen Beweisverwertungsverbots zu entscheiden. Die eigentliche (nachträgliche) Prüfung der Frage der Rechtmäßigkeit oder Rechtswidrigkeit einer bestimmten Strafverfolgungsmaßnahme bezieht sich hingegen ausschließlich auf den ursprünglichen Entscheidungszeitpunkt, allerdings im Wege der aktenmäßigen Rekonstruktion nach objektiver Sach- und Rechtslage, so daß die tatbestandlichen Voraussetzungen aus dem Blickwinkel des damals entscheidenden Richters einer vollständigen rechtlichen Überprüfung unterliegen. Man mag in diesem Zusammenhang von einem „faktischen Beurteilungsspielraum" sprechen, rechtlich sind die zum Erlaß einer Zwangsmaßnahme erforderlichen Voraussetzungen jedoch vollständig nachprüfbar, vgl. das Bundesverfassungsgericht zum Begriff der Gefahr im Verzug, BVerfGE **103** 142 = NJW **2001** 1121; vgl. ebenso LR-*Schäfer* § 105, 111 f. Die oben zitierte Rechtsprechung des Bundesgerichtshofs ist insoweit korrekturbedürftig, denn die Terminologie „Beurteilungsspielraum" legt unzutreffenderweise nahe, der Erstrichter habe eine spezifische Art des Ermessensspielraums. Dies ist nach dem hier vertretenen Standpunkt nicht richtig, da es sich um vollständig nachprüfbare Rechtsbegriffe handelt.

gem. § 311a bei Vorliegen der sonstigen Voraussetzungen auch dann durchzuführen, wenn die Maßnahme prozessual überholt ist[166]. Gleiches muß für § 33 a gelten[167].

Auch nach dieser neuen Rechtsprechung bleiben indes **Fälle mangelnder fortwirkender prozessualer Beschwer möglich**, beispielsweise die Beschwerde über die vorläufige Entziehung der Fahrerlaubnis gem. § 111a, über die nach Rechtskraft des Urteils nicht mehr zu entscheiden ist[168]; oder die Beschwerde gegen eine allgemeine Beschlagnahmeanordnung, wenn zwischenzeitlich ein Bestätigungsbeschluß bezüglich der konkreten Gegenstände ergangen ist[169]. Schließlich ist auf die **mangelnde Grundrechtsfähigkeit der Staatsanwaltschaft** hinzuweisen[170], die sich insoweit nicht auf diese Rechtsprechung des Bundesverfassungsgerichts berufen kann. In solchen Fällen ist die **Beschwerde** als **unzulässig** zu verwerfen[171]. 75

b) **Verfassungsrechtlicher Rechtsschutz gegen Akte richterlicher Gewalt.** Im Rahmen der **Auslegung von Art. 19 Abs. 4 GG** galt früher als herrschende Meinung, daß die richterliche Gewalt nicht dem **Begriff der „öffentlichen Gewalt"** zu subsumieren sei[172]. Daher galt, daß aus Art. 19 Abs. 4 GG kein Recht auf Beschwerde gegen richterliche Entscheidungen herzuleiten sei, da Art. 19 Abs. 4 GG nur den Weg zu den Gerichten, nicht aber den Rechtsweg innerhalb der gerichtlichen Instanzen eröffne[173]. Nunmehr ist anerkannt, daß die Anfechtungsmöglichkeiten richterlicher Entscheidungen zumindest an dem verfassungsrechtlichen **allgemeinen Justizgewährungsanspruch** des Einzelnen gegenüber dem Staat zu messen sind[174]. Eine Subsumtion richterlicher Akte unter den Begriff der öffentlichen Gewalt in Art. 19 Abs. 4 GG ist nicht erforderlich. Die „alte" verfassungsrechtliche Dogmatik („Rechtsschutzgarantie *durch* den Richter, aber nicht *gegen* den Richter")[175] ist jedenfalls überholt und über den aus dem Rechtsstaatsprinzip[176] abgeleiteten allgemeinen Justizgewährungsanspruch – oder sogar Art. 19 Abs. 4 GG – ist eine verfassungsrechtliche Kontrolldogmatik gegenüber allen richterlichen Entscheidungen eröffnet[177]. 76

Insofern sind **alle ausdrücklichen oder konkludenten Ausschlüsse einer Beschwerde** gegen richterliche Entscheidungen[178] grundsätzlich dahingehend überprüfbar, ob sie **verfassungsrechtlich** unter dem Aspekt der – allgemeinen oder auch gem. Art. 19 Abs. 4 GG gegebenen – **Justizgewährungspflicht** Bestand haben. Ausgenommen von der Beschwerde sind beispielsweise richterliche Entscheidungen, die im Gesetz ausdrücklich der Anfechtung entzogen werden (§ 304 Abs. 1), etwa aus Gründen der Konzentration des Verfahrens Entscheidungen der erkennenden Gerichte, die der Urteilsfällung voraus- 77

---

[166] Näher § 311a, 6.
[167] *Esskandari* StraFo. **1997** 289, 292 f.
[168] Vgl. zur Zulässigkeit der Beschwerde neben der Revision OLG Düsseldorf NStZ-RR **2000** 240; OLG Koblenz NStZ-RR **1997** 206; OLG Frankfurt NStZ-RR **1996** 205 f; OLG Schleswig StV **1995** 345; in solchen Fällen kann die Beschwerde ohne Kostenentscheidung für erledigt erklärt werden, § 304, 56; § 309, 6.
[169] BGH NStZ **2000** 154; hier wäre allerdings eine Umdeutung in eine Beschwerde gegen den aktuellen Bestätigungsbeschluß richtig gewesen; vgl. BVerfG NStZ-RR **2002** 172, OLG Oldenburg StV **1994** 178 f, KK-*Nack* § 98, 2; vgl. zur Zulässigkeit einer Beschwerde vor Erlaß einer Entscheidung differenz. § 304, 12.
[170] OLG Frankfurt NJW **1995** 1302; § 304, 55.
[171] § 309, 5.
[172] Vgl. die Nachweise bei *Maunz/Dürig/Schmidt-Aßmann* Art. 19 IV GG, 96.
[173] Vgl. 24. Aufl. LR-*Gollwitzer* § 304, 29 mit weit. Nachw.
[174] Vgl. allgemein zur Einordnung LR-*Rieß* Einl. G 16 ff.
[175] Ausdrücklich z. B. BVerfGE **15** 275, 280; **49** 329, 340; so auch noch LR-*Gollwitzer*[24] § 304, 29; vgl. dagegen insbesondere *Voßkuhle*, Rechtsschutz gegen den Richter 1993, sowie NJW **1995** 1377, 1382 ff.
[176] Vgl. BVerfGE **54** 277, 291; **85** 337, 345; **88** 118, 123; **97** 169, 185.
[177] Siehe die Nachweise bei *Maunz/Dürig/Schmidt-Aßmann* Art. 19 IV GG, 96 ff; vgl. auch neuestens BVerfG NJW **2003** 1924; dazu *Voßkuhle* NJW **2003** 2193; *Redeker* NJW **2003** 2956, 2957.
[178] § 304, 17 ff.

gehen (§ 305 S. 1). Der partielle Ausschluß der Beschwerde ist mit dem Grundgesetz zwar grundsätzlich vereinbar, bedarf verfassungsrechtlich jedoch einer Legitimation aus konkret nachweisbaren Gründen der Rechtssicherheit oder einer dringend gebotenen Ressourcenschonung[179].

78 Beispielsweise die Verfahrenssituation, daß nach dem Wortlaut des Gesetzes ein **Rechtsbehelf gegen sitzungspolizeiliche Maßnahmen gem. §§ 176, 177 GVG** nicht bestehe[180], unterliegt verfassungsrechtlichen Zweifeln im Hinblick auf die Rechtsschutzgarantie des Art. 19 Abs. 4 GG, wie bereits das Bundesverfassungsgericht ausgeführt hat[181]. Der angebliche „konkludente" Ausschluß der Beschwerde aufgrund des Wortlauts des § 181 GVG in Bezug auf §§ 178, 180 GVG ist unter dem Aspekt des verfassungsrechtlich verbürgten allgemeinen Justizgewährungsanspruchs jedenfalls nicht nachvollziehbar. Sitzungspolizeiliche Anordnungen können ersichtlich in Grundrechte des Betroffenen eingreifen, so daß jedenfalls in diesen Fällen der **Rechtsweg über die Beschwerde eröffnet** sein muß[182].

§ 304

(1) Die Beschwerde ist gegen alle von den Gerichten im ersten Rechtszug oder im Berufungsverfahren erlassenen Beschlüsse und gegen die Verfügungen des Vorsitzenden, des Richters im Vorverfahren und eines beauftragten oder ersuchten Richters zulässig, soweit das Gesetz sie nicht ausdrücklich einer Anfechtung entzieht.

(2) Auch Zeugen, Sachverständige und andere Personen können gegen Beschlüsse und Verfügungen, durch die sie betroffen werden, Beschwerde erheben.

(3) ¹Gegen Entscheidungen über die Verpflichtung, Kosten oder notwendige Auslagen zu tragen, ist die Beschwerde nur zulässig, wenn der Wert des Beschwerdegegenstandes einhundert Euro übersteigt. ²Gegen andere Entscheidungen über Kosten und notwendige Auslagen ist die Beschwerde nur zulässig, wenn der Wert des Beschwerdegegenstandes fünfzig Euro übersteigt.

(4) ¹Gegen Beschlüsse und Verfügungen des Bundesgerichtshofes ist keine Beschwerde zulässig. ²Dasselbe gilt für Beschlüsse und Verfügungen der Oberlandesgerichte; in Sachen, in denen die Oberlandesgerichte im ersten Rechtszug zuständig sind, ist jedoch die Beschwerde zulässig gegen Beschlüsse und Verfügungen, welche
1. die Verhaftung, einstweilige Unterbringung, Unterbringung zur Beobachtung, Beschlagnahme oder Durchsuchung betreffen,
2. die Eröffnung des Hauptverfahrens ablehnen oder das Verfahren wegen eines Verfahrenshindernisses einstellen,
3. die Hauptverhandlung in Abwesenheit des Angeklagten (§ 231a) anordnen oder die Verweisung an ein Gericht niederer Ordnung aussprechen,
4. die Akteneinsicht betreffen oder
5. den Widerruf der Strafaussetzung, den Widerruf des Straferlasses und die Verurteilung zu der vorbehaltenen Strafe (§ 453 Abs. 2 Satz 3), die Anordnung vorläufiger Maßnahmen zur Sicherung des Widerrufs (§ 453c), die Aussetzung des

---

[179] *Maunz/Dürig/Schmidt-Aßmann* Art. 19 Abs. 4 Rdn. 100.
[180] *Meyer-Goßner*⁴⁶ § 176 GVG, 16 und § 177 GVG, 15; *KK-Mayr*⁴ § 176, 7; vgl. BGHSt **17** 201, 202.
[181] BVerfG NJW **1992** 3288.
[182] Vgl. im Ergebnis über Art. 19 Abs. 4 GG ebenso *Ellersiek* S. 131 ff, 136; *Amelung*, S. 22 ff, 70; *Krekeler* NJW **1979** 185 ff; § 304, 27.

Strafrestes und deren Widerruf (§ 454 Abs. 3 und 4), die Wiederaufnahme des Verfahrens (§ 372 Satz 1) oder den Verfall, die Einziehung oder die Unbrauchbarmachung nach den §§ 440, 441 Abs. 2 und § 442 betreffen; § 138d Abs. 6 bleibt unberührt.
(5) Gegen Verfügungen des Ermittlungsrichters des Bundesgerichtshofes und des Oberlandesgerichts (§ 169 Abs. 1) ist die Beschwerde nur zulässig, wenn sie die Verhaftung, einstweilige Unterbringung, Beschlagnahme oder Durchsuchung betreffen.

Entstehungsgeschichte. In **Absatz 1** hat Art. 1 Nr. 83 Buchst. a des 1. StVRG die Worte „des Untersuchungsrichters" gestrichen und „Amtsrichter" durch „Richter im Vorverfahren" ersetzt.

Absatz 3 wurde durch das Gesetz über Maßnahmen auf dem Gebiet des Kostenrechts vom 7. August 1952 (BGBl. 401) eingefügt. Art. 6 Nr. 3 Buchst. b des Gesetzes zur Entlastung der Landgerichte und zur Vereinfachung des gerichtlichen Protokolls vom 20. Dezember 1974 (BGBl. I 3651) hat die Beschwerdesumme auf 100 DM erhöht. § 16 des Gesetzes zur Änderung des Gerichtskostengesetzes u. a. vom 20. August 1975 (BGBl. I 2189) hat die entbehrliche Erwähnung der Gebühren gestrichen.

Absatz 4 wurde durch das Gesetz vom 8. September 1969 (BGBl. I 1582) neu gefaßt, um der Einführung des zweiten Rechtszugs in Staatsschutzsachen Rechnung zu tragen. Art. 21 Nr. 79 EGStGB faßte Satz 2 Nr. 5 neu, Art. 1 Nr. 83 Buchst. b des 1. StVRG änderte in Satz 2 die Nr. 2 und erneuerte die Nr. 5; ferner ergänzte Art. 1 Nr. 16 des 1. StVRErgG in Satz 2 die Nr. 3 und fügte dem Absatz 4 den Satz 3 an.

Art. 1 Nr. 25 StVÄG 1979 fügte bei § 304 einen neuen **Absatz 5** an, der die Beschwerde gegen Verfügungen des Ermittlungsrichters des Bundesgerichtshofs einschränkt. Gleichzeitig wurde § 135 Abs. 2 GVG dieser Einschränkung angepaßt (Art. 2 Nr. 11 StVÄG 1979).

Art. 1 Nr. 23 StVÄG 1987 bezieht durch eine Satzzeichenänderung den bisherigen Satz 3 des **Absatzes 4** in dessen Satz 2 mit ein. **Absatz 5** wird neu gefaßt, sein Anwendungsbereich wird auf die Ermittlungsrichter der Oberlandesgerichte ausgedehnt.

Durch das sog. Rechtspflege-Vereinfachungsgesetz vom 17. Dezember 1990 (BGBl. I 2848) wurde **Absatz 3** neu gefaßt und eine differenzierte Wertgrenze zur Zulässigkeit der Kostenbeschwerde neu eingeführt (über DM 200,– bzw. über DM 100,–). Die ursprüngliche Zulässigkeitsgrenze der Kostenbeschwerde lag allgemein bei einem Wert des Beschwerdegegenstandes über einhundert Deutsche Mark.

Durch das „Gesetz zur Bekämpfung von Sexualdelikten und anderen gefährlichen Straftaten" vom 26. Januar 1998 (BGBl. I 160) wurde in § 454 – zur Einholung des Gutachtens eines Sachverständigen bei Strafaussetzung – ein neuer Absatz 2 eingefügt und machte daher eine Anpassung von **Absatz 4 Satz 3 Nr. 5** notwendig.

Die Einführung des EURO und das entsprechende Gesetz im Zusammenhang des Straf-und Ordnungswidrigkeitenrechts vom 13. Dezember 2001 (BGBl. I 3574) regelte die Wertgrenzen in **Absatz 3** neu in EURO.

§ 304 Drittes Buch. Rechtsmittel

Übersicht

	Rdn.
I. Zulässigkeit der Beschwerde – Voraussetzungen	1
1. Prozessual beachtliche gerichtliche Entscheidung	3
a) Beschlüsse und Verfügungen	4
b) Sonstige Entscheidungen	6
c) Untätigkeitsbeschwerde	7
d) Beschwerde vor Erlass der Entscheidung	12
2. Form und richtiger Adressat der Beschwerde	13
3. Statthaftigkeit – Ausschluß der Beschwerde	17
a) Gesetzlicher Ausschluß der Beschwerde	20
b) Konkludenter Ausschluß der Beschwerde	26
c) Stillschweigender Ausschluß der Beschwerde	28
d) Eingeschränkte Nachprüfungsmöglichkeiten des Beschwerdegerichts	30
e) Kostenbeschwerde	35
4. Beschwer	
a) Allgemeine Zulässigkeitsvoraussetzung	41
b) Beschwerdeberechtigte – Aktivlegitimation	
aa) Allgemein	46
bb) Verteidiger	47
cc) Staatsanwaltschaft	48
dd) Privat- und Nebenkläger	50
ee) Andere betroffene Personen	51
ff) Kein Beschwerderecht	52
c) Erledigung und Überholung	53
5. Rechtsmittelverzicht und Rücknahme	58
II. Beschlüsse und Verfügungen	
1. Entscheidungen der Amts- und Landgerichte	

	Rdn.
a) Richterliche Anordnungen	60
b) Entscheidungen des Richters im Vorverfahren	62
c) Erster Rechtszug	63
d) Berufungsverfahren	68
e) Ersuchter Richter	69
f) Beauftragter Richter	70
2. Entscheidungen der Oberlandesgerichte und des Bundesgerichtshofs	
a) Ausschluss der Beschwerde	71
b) Ausnahmen bei Entscheidungen der Oberlandesgerichte im ersten Rechtszug	73
aa) Verhaftung	74
bb) Einstweilige Unterbringung	76
cc) Beschlagnahme und Durchsuchung	77
dd) Ablehnung der Eröffnung der Hauptverhandlung	78
ee) Hauptverhandlung in Abwesenheit des Angeklagten	79
ff) Versagung oder Beschränkung der Akteneinsicht	80
gg) Entscheidungen im Strafvollstreckungsverfahren	81
hh) Entscheidungen im Wiederaufnahmeverfahren	82
ii) Entscheidungen im selbständigen Einziehungsverfahren	83
jj) Verteidigerausschluß § 138d Abs. 6	84
c) Ausnahmen bei Entscheidungen des Ermittlungsrichters des Bundesgerichtshofs und des Oberlandesgerichts	85
d) Sondervorschriften	87

Alphabetische Übersicht

	Rdn.		Rdn.
Abhilfe	1, 25, 30, 31, 32, 40		63, 66, 68, 69, 70, 71
Beschluß	4, 5, 6, 60 bis 73	Gegenvorstellung	25
		Grundrechtseingriff	53, 54, 55
Beschränkung der Beschwerde	59	Haftbeschwerde	24, 33, 45, 61, 74, 75, 86
Beschwer	2, 21, 36, 41 bis 57		
Beschwerdefrist bei sofortiger Beschwerde	16, 39	Justizgewährungsanspruch	27
Beschwerdegericht	1, 30 bis 34,	Kostenbeschwerde	21, 34, 35 bis 40

Stand: 1. 6. 2003

Zweiter Abschnitt. Beschwerde **§ 304**

	Rdn.		Rdn.
Nachträgliche Abänderung	30, 32	Statthaftigkeit	2, 17 bis 40
Nachträgliche Feststellung der Rechtswidrigkeit	33, 53 bis 57, 77	Teilanfechtung	59
		Tenorbeschwer	41, 45, 52
Prozessuale Überholung	33, 53 bis 57, 77	Umdeutung	25
		Untätigkeitsbeschwerde	6, 7 bis 11, 78
Rechtsmittelrücknahme	2, 58		
Rechtsmittelverzicht	2, 58	Verfügung	4, 5, 60 bis 73
Rechtsschutzgarantie gem. Art. 19 Abs. 4 GG	18, 19, 53, 54		
		Verwirkung	15
Schriftform	2, 13	Weitere Beschwerde	23, 39, 48, 61, 74, 75
Sofortige Beschwerde	1, 16, 27, 34, 36, 83		
		Wiederaufnahme	64, 82

I. Zulässigkeit der Beschwerde – Voraussetzungen

Als **Zulässigkeitsvoraussetzungen** eines Rechtsmittels bezeichnet man alle **Bedingun-** **1** **gen**, die erfüllt sein müssen, damit das **Rechtsmittelgericht**[1] in die **sachliche Prüfung der angefochtenen Entscheidung** eintreten kann[2]. Unabhängig von der (positiven) Abhilfebefugnis gem. § 306 Abs. 2, die dem iudex a quo auch bei unzulässigen Beschwerden mit Ausnahme der sofortigen Beschwerde gem. § 311 zusteht, entscheidet dieser in keinem Fall negativ über Zulässigkeit oder Begründetheit einer Beschwerde, sondern legt die eingelegte Beschwerde im Falle der Nichtabhilfe immer dem **Beschwerdegericht** vor[3], in der Regel über die Staatsanwaltschaft[4]. Bei der Zulässigkeit handelt es sich also um die Erfüllung rechtlicher Formalien, die im Strafprozeßrecht vorgeschrieben sind[5], bevor über die Begründetheit der Beschwerde durch das Beschwerdegericht entschieden wird.

Die **Zulässigkeit der Beschwerde** gegen richterliche Entscheidungen und Verfügungen **2** ist in den §§ 304 ff **nicht abschließend** geregelt, vielmehr sind dort nur allgemeine Regeln über Zulässigkeit und Verfahren der Beschwerde enthalten, die in Anbetracht der vielfältigen gerichtlichen und richterlichen Entscheidungen zu ergänzen sind. Zahlreiche Einzelbestimmungen befinden sich an anderen Stellen der Strafprozeßordnung, des Gerichtsverfassungsgesetzes sowie in anderen Gesetzen, die zum Teil ausdrücklich oder stillschweigend auf die Beschwerderegeln der §§ 304 ff verweisen. Die Zulässigkeit der Beschwerde setzt allgemein voraus (1) eine prozessual beachtliche Entscheidung, (2) Schriftform und den richtigen Adressaten, (3) Statthaftigkeit (kein gesetzlicher Ausschluß der Beschwerde), (4) Beschwer durch die Erstentscheidung und Aktivlegitimation und (5) kein Rechtsmittelverzicht oder -rücknahme.

1. Prozessual beachtliche gerichtliche Entscheidung. Diese Voraussetzung ist nicht ge- **3** geben, wenn **keine Entscheidung** getroffen worden ist oder diese **völlig bedeutungslos** ist. Ebenfalls sind **gerichtliche Interna** nicht prozessual erheblich in diesem Sinne[6]. Fälle der prozessualen Überholung beziehen sich hingegen immer auf prozessual beachtliche Entscheidungen und sind unter dem Zulässigkeitserfordernis der (gegenwärtigen oder fortdauernden) Beschwer zu prüfen[7].

---

[1] Zur Zuständigkeit des Beschwerdegerichts ausf. Vor 304, 19 ff; zu Verfahren und Befugnissen Vor § 304, 12 ff; § 308 und § 309.
[2] SK-*Frisch* Vor § 296 Rdn. 66.
[3] Vor § 304, 8 f; § 306, 13, 22; § 311, 2, 11 ff.
[4] § 306, 25 (Ausnahme bei §§ 148a, 148 Abs. 2).
[5] LR-*Hanack* Vor § 296 Rdn. 13.
[6] SK-*Frisch* Vor § 296, 74.
[7] § 304, 53 ff; unklare Einordnung bei KMR-*Plöd* Vor § 296, 12; vgl. hierzu näher Vor § 304, 68 ff mit weit. Nachw.

4 a) **Beschlüsse** und **Verfügungen**[8]. Für die Anfechtbarkeit ist die unterschiedliche Bezeichnung ohne Bedeutung. Die Beschwerde erfaßt, soweit sie nicht ausgeschlossen ist, grundsätzlich **alle richterlichen Anordnungen** im Verfahren, ohne Rücksicht auf die Bezeichnung (vgl. auch den Wortlaut der §§ 34 oder 305, bei denen allgemein von „Entscheidungen" gesprochen wird)[9]. Entsprechend hat auch der Begriff „Befehl" (z. B. Haftbefehl, Unterbringungsbefehl, Vorführungsbefehl) keine eigene sachliche Bedeutung. Die der Beschwerde unterliegenden Maßnahmen müssen aber unmittelbar gestaltend auf Verfahrensgang, Verfahrensbefugnisse oder sonst auf die Rechtsstellung einer Person einwirken. Es darf sich nicht um bloße Hinweise, Mitteilungen oder Belehrungen handeln[10], Anordnungen durch konkludentes Verhalten oder stillschweigend getroffene Anordnungen werden jedoch auch von § 304 erfaßt. Beschlüsse und Verfügungen sind gem. § 34 mit Gründen zu versehen, damit einerseits die Prozeßbeteiligten ihr Verhalten darauf einstellen und andererseits bei Anfechtung mit der Beschwerde das Rechtsmittelgericht die Entscheidung überprüfen kann[11]. Die Formerfordernisse für Urteile (vgl. § 275) gelten indes nicht.

5 Entscheidungen durch **Kollegialgerichte** (Schöffengericht, Strafkammern, Strafsenate) ergehen immer in **Beschlußform**, wenn nicht ein Urteil gesprochen wird. Durch Beschluß entscheidet auch der Strafrichter, wenn er eine Entscheidung trifft, die bei den mit mehreren Richtern besetzten Gerichten dem Kollegium vorbehalten ist[12]. Der einzelne Richter erläßt eine Verfügung, wenn er in besonderer Funktion tätig wird[13]. Die Verfügung ist eine Verfahrensanordnung etwa des Vorsitzenden, des Richters im Ermittlungsverfahren, des beauftragten oder ersuchten Richters. Unter **Verfügungen des Vorsitzenden** fallen sowohl die in der Hauptverhandlung ergehenden Entscheidungen (vgl. § 238 Abs. 2) als auch die außerhalb der Hauptverhandlung erlassenen Anordnungen, beispielsweise die zur Vorbereitung der Hauptverhandlung ergehenden. Das verfahrensrechtlich notwendige Regulativ der an sich generell zugelassenen Beschwerde enthält § 305.

6 b) **Sonstige Entscheidungen.** Die Beschwerde kann sich auch dagegen richten, daß der Richter oder das Gericht eine beschwerdefähige Entscheidung unterläßt, entweder durch Nichtbescheidung eines Antrags oder durch Unterlassung einer von Amts wegen gebotenen Maßnahme, die sog. **Untätigkeitsbeschwerde**[14]. Andere Entscheidungen sind mit der Beschwerde anfechtbar, wenn und soweit der Gesetzgeber dies ausdrücklich vorschreibt. Beispielsweise können **im Urteil getroffene Entscheidungen** Gegenstand der (sofortigen) Beschwerde sein, wie bei Kosten- und Auslagenentscheidungen nach § 464 Abs. 3 oder der Entscheidung über die Entschädigung nach § 8 Abs. 3 StrEG[15]. Auch bei **versehentlich im Urteil** enthaltenen „Beschlüssen", beispielsweise über Bewährungszeit oder Auflagen, gilt dieser Urteilsteil als abtrennbarer beschwerdefähiger Beschluß nach §§ 268a, 305a[16]. Voraussetzung für die Beschwerde ist aber stets ein **Akt der Strafrechtspflege**, also eine Maßnahme des Richters, die im Rahmen eines anhängigen oder zur Vorbereitung eines möglicherweise anhängig werdenden Strafverfahrens in richterlicher Unabhängigkeit zu treffen ist. Generelle Anordnungen, die nicht im Rahmen eines

---

[8] Vgl. ausf. § 304, 60 ff.
[9] LR-*Wendisch* Vor § 33, 6.
[10] Vgl. *Ellersiek* 44 (nur Entscheidungen können Beschwer enthalten).
[11] LR-*Wendisch* § 34, 1 mit weit. Nachw.
[12] Vgl. schon *Ferdinand*, S. 39 ff.
[13] *Ellersiek*, S. 49 mit weit. Nachw.
[14] Zur Zulässigkeit der sog. Untätigkeitsbeschwerde näher § 304, 7 ff; Vor § 304, 31.
[15] Zur Kostenbeschwerde siehe Vor § 304, 40; ausf. § 304, 35 ff.
[16] § 304, 60 und § 305a, 1 mit weit. Nachw.

einzelnen Verfahrens ergehen, werden von § 304 ebensowenig erfaßt[17] wie eine Maßregel der Dienstaufsicht oder ein Geschäft der Justizverwaltung[18].

c) Untätigkeitsbeschwerde. Mit der Beschwerde anfechtbar sind **alle richterlichen Entscheidungen**, auch wenn diese auf die Unterlassung einer bestimmten Anordnung oder die Zurückstellung einer bestimmten (weiteren) Entscheidung abzielt. Hier ist zwar die Meinungslage in Rechtsprechung und Literatur nicht einhellig, nämlich inwieweit sich die Beschwerde auch gegen unterlassene Anordnungen richten kann[19]. Bei näherer Betrachtung muß eine sog. Untätigkeitsbeschwerde **zulässig** sein **in allen Fällen**, die durch eine **bewußte und willentliche Entscheidung des Gerichts pro Untätigkeit** gekennzeichnet sind, soweit dadurch gestaltend in die Rechtssphäre eines Beteiligten eingegriffen wird[20]. Beispielsweise sollte grundsätzlich ein Antrag auf Beiordnung eines Pflichtverteidigers zeitnah (positiv oder negativ) beschieden werden, so daß eine bewußte **Untätigkeit des Gerichts beschwerdefähig** ist[21]. **7**

Wenn das Gericht untätig geblieben ist, obwohl es (auf Antrag oder von Amts wegen) eine Entscheidung zu treffen hatte und die Untätigkeit ausdrückliche Folge einer Entscheidung ist oder dieser gleich kommt, ist somit der Beschwerdeweg eröffnet. Eine Beschwerde ist daher auch gegen Entscheidungen des Gerichts statthaft, bestimmte Entscheidungen zurückzustellen oder (zunächst) in der Sache nicht zu entscheiden (beispielsweise im Hauptverfahren: Nichtterminierung einer Sache über Jahre[22]; oder im Zwischenverfahren: Nichtentscheidung über die Eröffnung oder Nichteröffnung des Hauptverfahrens[23]). **Keine Zulässigkeitsvoraussetzung** für die Beschwerde (gegen die Entscheidung pro Untätigkeit) ist konsequenterweise, daß die **unterlassene Verfügung bzw. der unterlassene Beschluß im Falle ihres Erlasses selbst beschwerdefähig**[24] gewesen wären oder ob die Untätigkeit einer **endgültigen Ablehnung** gleichkommt[25]. **8**

Fraglos kann etwa die **Länge eines Strafverfahrens** auf den Beschuldigten und andere Beteiligte belastende Auswirkungen haben. Trifft ein Gericht keine Entscheidung über die (Nicht-) Eröffnung des Hauptverfahrens, muß sowohl dem Angeschuldigten als auch der Staatsanwaltschaft und dem Nebenkläger (vgl. § 400 Abs. 2) ein Beschwerderecht zustehen, obwohl Verjährung noch nicht unmittelbar bevorsteht (aus Sicht der Staatsanwaltschaft oder des Nebenklägers)[26], eine Eröffnung weder durch Staatsanwaltschaft[27], den Nebenkläger (mangels Beschwer) noch durch den Angeklagten (§ 210 Abs. 1) angefochten werden kann oder eine Nichteröffnung mangels Beschwer für den Angeschul- **9**

---

[17] Vgl. BGHSt **29** 135 (allgemeine Anordnung des Leiters einer Justizvollzugsanstalt).
[18] Zu den Abgrenzungsfragen vgl. Vor § 304, 44 ff sowie LR-*Rieß* Einl. B 29 ff; und LR-*Böttcher* Vor § 23 EGGVG, 3.
[19] Vgl. LR-*Gollwitzer*[24] 8; KK-*Engelhardt*[4] 3. Eine „reine Untätigkeitsbeschwerde" sei der Strafprozeßordnung aber fremd: BGH NJW **1993** 1279; OLG Stuttgart Beschluß vom 05.06.2003, 1 Ws 131/03; *Schäfer*[6] 1858; *Meyer-Goßner*[46] § 304, 3 mit weit. Nachw.; OLG Frankfurt NStZ-RR **2002** 188 (Strafvollzugssache); OLG Frankfurt NStZ-RR **2002** 189 (Strafvollstreckungssache); im Einzelfall dagegen: OLG Braunschweig NStZ-RR **1996** 172; OLG Frankfurt NJW **2002** 453 und 454 mit krit. Anm. *Wirriger* NStZ **2002** 389 f.
[20] SK-*Frisch* 9 f.
[21] Vgl. zu den Voraussetzungen ausf. *Schlothauer/Weider*[3] 76 ff.

[22] OLG Braunschweig NStZ-RR **1996** 172 mit zust. Anm. *Stern* StraFo. **1996** 59.
[23] OLG Frankfurt NJW **2002** 453 und 454.
[24] So aber die wohl h. M: BGH NJW **1993** 1279; *Meyer-Goßner*[46] § 304, 3; KMR-*Plöd* § 304, 2; LR-*Gollwitzer*[24] § 304, 8; dagegen wie hier: OLG Braunschweig NStZ-RR **1996** 172 mit zust. Anm. *Stern* StraFo. **1996** 59; OLG Frankfurt NJW **2002** 453 und 454.
[25] *Schäfer*[6] 1858; KMR-*Plöd* § 304, 2.
[26] Vgl. BGH NJW **1993**, 1279 f; OLG Frankfurt **2002** 453 und 454.
[27] Vgl. OLG Hamburg 23.09.2002 2 Ws 184/02: Eröffnet das Landgericht gem. § 210 Abs. 2 vor dem Amtsgericht, ist eine sofortige Beschwerde der Staatsanwaltschaft unzulässig, soweit sie nur die örtliche Zuständigkeit dieses Amtsgerichts angreift, wenn die Entscheidung des Landgerichts nicht willkürlich ist.

§ 304 Drittes Buch. Rechtsmittel

digten ebenfalls nicht anfechtbar ist. Ähnliches gilt nach Eröffnung für die Nichtterminierung der Hauptverhandlung.

10 In diesem Zusammenhang ist für den Beschuldigten auch Art. 13 EMRK – in Verbindung mit Art. 6 Abs. 1 EMRK (**Strafverfahren „innerhalb einer angemessenen Frist"**) – von Bedeutung, wie nunmehr der Europäische Gerichtshof für Menschenrechte klargestellt hat[28]. Demnach stellt es einen Konventionsverstoß dar, wenn das nationale Recht keinen **wirksamen Rechtsbehelf** zur Verfügung stellt, um einen wirksamen **Schutz gegen überlange Verfahrensdauer** zu erlangen. Die Beschwerde eines Angeschuldigten oder Angeklagten mit dem Ziel der Beschleunigung des Verfahrens muß folglich in solchen Fällen zulässig sein, auch wenn der Entscheidung des Gerichts pro Untätigkeit weder endgültige Bedeutung zukommt noch die unterlassene Entscheidung beschwerdefähig wäre[29]. Unter dem generelleren Aspekt der Beachtung des Beschleunigungsgrundsatzes im Strafverfahren[30] ist auch eine Untätigkeitsbeschwerde der Staatsanwaltschaft als zulässig anzusehen[31].

11 Unabhängig von der Zulässigkeit ist in den in Betracht kommenden Fällen indes über die Begründetheit einer solchen Untätigkeitsbeschwerde zu befinden und führt im Hinblick auf die (rechtlich nicht immer zu ersetzende) Ausübung richterlichen Ermessens oftmals zu Ergebnissen, die (zulässige) Beschwerde sei unbegründet. Ein ermessensfehlerhaftes Verhalten eines Vorsitzenden oder Gerichts „durch Unterlassen" wird **nur in extremen Fällen** festzustellen sein. Für den Fall der Begründetheit der Beschwerde wird **regelmäßig in diesen Ausnahmefällen** eine **Zurückverweisung** notwendig sein, weil das Erstgericht noch keine Sachentscheidung getroffen hat und eine Sachentscheidung durch das Beschwerdegericht in diesen Fällen eher nicht angezeigt ist[32].

12 **d) Beschwerde vor Erlaß der Entscheidung.** Grundsätzlich gilt, daß ein Rechtsmittel gegen eine nicht vorhandene Entscheidung unzulässig ist[33], weil es insoweit an einer Beschwer fehlt[34]. Allerdings ist ein Rechtsmittel zulässig, wenn spätestens zum Zeitpunkt der Abhilfe- oder Beschwerdeentscheidung[35] die (angefochtene) Erstentscheidung vorliegt, d. h. die (zunächst nicht gegebene) Zulässigkeit eines Rechtsmittels kann gleichsam durch die (spätere) Existenz der angefochtenen Entscheidung entstehen. Dies gilt nicht nur bei Zweifeln über den Zeitpunkt der Einlegung des Rechtsmittels[36]. Die Gegenansicht[37] verkennt, daß die Voraussetzung des Erlasses der angefochtenen Entscheidung keine echte – zur Unzulässigkeit eines Rechtsmittels führende – Bedingung, sondern eine (unschädliche) sog. Rechtsbedingung ist, die rechtsmittelsystematisch logisch vorausgesetzt und somit notwendig ist[38]. Unter dem Aspekt der Rechtsschutzgewährung ist nicht nachvollziehbar, warum eine – beispielsweise aus Unkenntnis oder Vorsorge gegen (vermeintlich) drohenden Fristablauf zu früh eingelegte – Beschwerde gegen eine (nunmehr bestehende) Entscheidung formell als unzulässig verworfen werden dürfte oder gar

---

[28] EGMR *Kudla./.*Polen (30210/96), Urteil 26.10. 2000, NJW **2001** 2694; vgl. dazu *Redeker* NJW **2003** 488 und 2956, 2957; vgl. auch BVerfG NVwZ **2003** 858 (Subsidiarität der Verfassungsbeschwerde bei gerichtlicher Untätigkeit im Verwaltungsprozeß).
[29] Diesen Aspekt übersieht etwa die aktuelle Entscheidung des OLG Stuttgart NStZ-RR **2003** 284 f.
[30] LR-*Rieß* Einl. G 29 ff.
[31] OLG Frankfurt NJW **2002** 453 und 454; OLG Braunschweig NStZ-RR **1996** 172.
[32] § 309, 13 ff, 16.
[33] Die Formulierung lautet oft: „unwirksam", vgl. BGHSt **25** 187, 189 mit Anm. Hanack JR **1974** 296.

[34] LR-*Hanack* Vor § 296, 30.
[35] Vgl. zum Verhältnis Abhilfe- und Beschwerdeentscheidung bei § 304, 1, § 306, 13, 22, insbesondere die Vorlagepflicht auch in Fällen der – aus Sicht des Erstrichters – gegebenen Unzulässigkeit der Beschwerde.
[36] So einschränkend noch LR-*Gollwitzer*[24] Vor § 296, 45 mit weit. Nachw.
[37] *Meyer-Goßner*[46] Vor § 296, 4 f; KMR-*Plöd* vor § 296, 11; vgl. BGHSt **25**, 187, 188; für den Fall der prozessualen Überholung BGH NStZ **2000** 154.
[38] LR-*Hanack* Vor § 296, 23, 30 mit weit. Nachw.

müßte, obwohl zu diesem Zeitpunkt dem Anfechtungsbegehren inhaltlich Rechnung getragen werden könnte[39]. Wenn die Sache, in der die Entscheidung ergeht, klar bezeichnet ist, ist eine **wirksame und zulässige Beschwerde** eingelegt, auch wenn die **angefochtene Entscheidung erst zu einem späteren Zeitpunkt** tatsächlich ergeht, diese muß aber **spätestens zum Zeitpunkt der Beschwerdeentscheidung** vorliegen[40].

2. Form und richtiger Adressat der Beschwerde

Schriftform. Gem. § 306 Abs. 1 ist die Beschwerde bei dem Gericht, von dem – oder von dessen Vorsitzenden – die angefochtene Entscheidung erlassen wurde **(iudex a quo)**, **schriftlich oder zu Protokoll der Geschäftsstelle** einzulegen[41]. Die Einlegung des Rechtsmittels beim iudex a quo ist im Strafverfahren stets vorgesehen (vgl. §§ 306, 314, 341) – im Unterschied zum Zivilprozeß, denn dort ist der regelmäßige Adressat das Rechtsmittelgericht (vgl. §§ 519 Abs. 1, 520 Abs. 3, 524 Abs. 1 S. 2, 549 Abs. 1 S. 1, 551 Abs. 2 S 1, 554 Abs. 1 S. 2, 566 Abs. 2 S. 1, differenzierend aber bei der sofortigen Beschwerde gem. §§ 567, 569 Abs. 1 S. 1 ZPO). 13

Kein Begründungserfordernis. Eine Begründung der Beschwerde ist nicht vorgeschrieben, in der Sache aber selbstverständlich sinnvoll[42]. Aus Sicht der Staatsanwaltschaft ist Nr. 147, 148 und 156 Abs. 1 RiStBV zu beachten. 14

Keine Frist. Bei der einfachen Beschwerde oder bei der weiteren Beschwerde gem. § 310 gibt es keine förmlichen Fristen einzuhalten. Allenfalls der Gesichtspunkt der prozessualen Überholung oder Erledigung in Ausnahmefällen könnte zur Unzulässigkeit des Rechtsmittels führen[43]. Eine **Verwirkung** der Beschwerdebefugnis – etwa wegen Zeitablaufs – wird nur in extremen Ausnahmefällen denkbar sein und widerspricht rechtsstaatlichen Grundsätzen[44]. 15

Wochenfrist. Demgegenüber ist in den Fällen der sofortigen Beschwerde die Beschwerdefrist von einer Woche gem. § 311 Abs. 2 einzuhalten. 16

3. Statthaftigkeit – Ausschluß der Beschwerde.
Die Anfechtung der angegriffenen Entscheidung mit der Beschwerde setzt voraus, daß die Entscheidung der Art nach der Beschwerde unterliegt und nicht gesetzlich der Anfechtung entzogen ist. Ausgenommen von der Beschwerde sind zunächst richterliche Entscheidungen, die **im Gesetz ausdrücklich der Anfechtung entzogen** werden (§ 304 Abs. 1), beispielsweise aus Gründen der Konzentration des Verfahrens Entscheidungen der erkennenden Gerichte, die der Urteilsfällung vorausgehen (§ 305 S. 1). Ausgenommen von der Beschwerde sind auch richerliche Entscheidungen, soweit ein **anderer Rechtsbehelf ausdrücklich im Gesetz** vorgesehen ist (beispielsweise Wiedereinsetzung gem. § 44, Berufung und Revision gegen Urteile gem. §§ 312, 333 oder Einspruch gegen einen Strafbefehl gem. § 410), oder Entscheidungen, deren Unanfechtbarkeit mit dem Rechtsmittel der Beschwerde sich aus dem Gesamtzusammenhang der Regelung („konkludent") ergibt[45]. 17

---

[39] Auch nach der Gegenmeinung soll es für die Zulässigkeit nicht darauf ankommen, ob der Beschwerdeführer weiß, daß die Entscheidung bereits erlassen ist: *Meyer-Goßner*[46] Vor § 296, 4 mit weit. Nachw.; vgl. BGHSt **25**, 187, 188.
[40] SK-*Frisch* Vor § 296, 77.
[41] Näher § 306, 1 ff.
[42] Vgl. etwa *Hamm*, in: Formularbuch für den Strafverteidiger[4] S. 484; *Burhoff*[3] Handbuch für das strafrechtliche Ermittlungsverfahren 390; ausf. § 306, 6 ff.
[43] Dazu ausführlich Vor § 304, 68 ff, § 304, 53 ff, vgl. SK-*Frisch* Vor § 304, 13, § 304, 53.
[44] Vgl. *Meyer-Goßner*[46] Vor § 296, 6 mit weit. Nachw.
[45] *Giesler* 317 faßt die Ausschlußgründe des Gesetzgebers in zwei Gruppen zusammen; bei der einen fehlt ein Rechtsschutzbedürfnis, weil die Interessen der Beteiligten anderweitig berücksichtigt werden, oder

18 Der partielle Ausschluß der Beschwerde ist mit dem Grundgesetz zwar grundsätzlich vereinbar, bedarf verfassungsrechtlich jedoch einer Legitimation aus konkret nachweisbaren Gründen der Rechtssicherheit oder einer dringend gebotenen Ressourcenschonung[46]. Aus der **Rechtsschutzgarantie des Art. 19 Abs. 4 GG** kann **kein absoluter Anspruch auf einen Beschwerderechtszug** hergeleitet werden, wenn auch nunmehr anerkannt ist, daß die Anfechtungsmöglichkeiten richterlicher Entscheidungen zumindest an dem allgemeinen Justizgewährungsanspruch – möglicherweise sogar an der engeren Rechtsweggarantie gegen „öffentliche Gewalt" gem. Art. 19 Abs. 4 GG – zu messen sind. Die „alte" verfassungsrechtliche Dogmatik („Rechtsschutzgarantie *durch* den Richter, aber nicht *gegen* den Richter")[47] ist überholt. Insofern sind alle ausdrücklichen oder konkludenten Ausschlüsse einer Beschwerde gegen richterliche Entscheidungen grundsätzlich verfassungsrechtlich überprüfbar[48].

19 Art. 13 EMRK, der bei Menschenrechtsverletzungen die „wirksame" Beschwerde bei einer nationalen Instanz fordert, gibt indessen kein über das deutsche Recht hinausreichendes Beschwerderecht und bleibt hinter Art. 19 Abs. 4 GG zurück[49].

20 **a) Gesetzlicher Ausschluß.** Ausdrücklich ausgeschlossen i.S.v. § 304 Abs. 1 ist die Beschwerde bei § 28 Abs. 1, § 46 Abs. 2, § 68b S. 4, § 81c Abs. 3 S. 4, § 100 Abs. 3 S. 3, § 117 Abs. 2 S. 1, § 138d Abs. 6 S. 3, § 147 Abs. 4 S. 2, § 147 Abs. 5 in Verb. mit § 161a Abs. 3 S. 4, § 153 Abs. 2 S. 4, § 153a Abs. 2 S. 4, § 161a Abs. 3 S. 4, § 163a Abs. 3 S. 3, § 168e S. 5, § 201 Abs. 2 S. 2; § 202 S. 2, § 210 Abs. 1[50], § 225a Abs. 3 S. 2 und Abs. 4 S. 2 in Verb. mit § 210 Abs. 1, § 229 Abs. 3 S. 2; § 270 Abs. 3 in Verb. mit § 210 Abs. 1, § 247a S. 2, § 304 Abs. 3–5, § 305 S. 1, § 310 Abs. 2, § 322a S. 2, § 348 Abs. 2, § 372 S. 2, § 397 Abs. 3 S. 2, § 406 Abs. 2 S. 3, § 406 a, § 406e Abs. 3 S. 2, § 406e Abs. 4 S. 3, § 406g Abs. 2 S. 2, § 419 Abs. 2 S. 2, § 431 Abs. 5 S. 1, § 464 Abs. 3 S. 1, 2.Hs, § 467a Abs. 3, § 469 Abs. 3, § 478 Abs. 3 S. 2; §§ 41 S. 4, 52 Abs. 4, 53 Abs. 2 S. 2, § 54 Abs. 3 S. 1, 171b Abs. 3 GVG.

21 Eine ausdrückliche Zulässigkeitsregelung trifft § 304 Abs. 3 bei Entscheidungen über Kosten und notwendige Auslagen, nämlich hinsichtlich des Mindestwertes des Beschwerdegegenstandes (über 50 bzw. 100 EURO). Die Statthaftigkeit der **Kostenbeschwerde** ist demnach zum einen an ein bestimmtes Ausmaß der Beschwer geknüpft[51]. Zum anderen ist insbesondere die Zulässigkeitsvorschrift des § 464 Abs. 3 S. 1 Hs 2 zu beachten, daß die Kostenbeschwerde nur zulässig ist, soweit die Anfechtung der Hauptentscheidung statthaft ist[52].

22 Einschränkungen der Statthaftigkeit ergeben sich auch aus § 304 Abs. 4. Trotz des allgemeinen Ausschlusses der **Beschwerde gegen Entscheidungen des Bundesgerichtshofs und der Oberlandesgerichte** eröffnet der Ausnahmekatalog des § 304 Abs. 4 S. 2 bzw. Abs. 5 die Beschwerdemöglichkeit in diesem eng umgrenzten Anwendungsbereich[53].

---

weil die Beschleunigung dies erfordert oder weil ein Nebeneinander von Rechtsbehelfen vermieden werden soll; bei der anderen begründet der Inhalt der Entscheidung die Unanfechtbarkeit (Ermessensentscheidungen etc.).

[46] *Maunz/Dürig/Schmidt-Aßmann* Art. 19 Abs. 4 Rdn. 100.

[47] Ausdrücklich z. B. BVerfGE **15** 275, 280; **49** 329, 340; so auch noch LR-*Gollwitzer*[24] § 304, 29 mit weit. Nachw.

[48] Siehe Vor § 304, 76 ff.

[49] BGHSt **20** 68, 70; *Meyer-Goßner*[46] Art. 13 EMRK 1.

[50] Vgl. OLG Karlsruhe NJW **2001** 2564 (Ausnahme der Unanfechtbarkeit, wenn wegen einer nicht angeklagten Tat oder gegen einen nicht angeklagten Beschuldigten die Eröffnung des Hauptverfahrens beschlossen wird).

[51] Dazu näher § 304, 35 ff.

[52] LR-*Hilger* § 464, 52 ff; § 304, 36.

[53] § 304, 71 ff; vgl. auch § 310, 29 ff.

Entsprechend regelt § 310 Abs. 1 die **Ausnahme der weiteren Beschwerde** bei Beschwerdeentscheidungen, die Verhaftungen und einstweilige Unterbringung betreffen. Gem. § 310 Abs. 2 ist aber grundsätzlich eine nochmalige Beschwerde gegen eine Beschwerdeentscheidung ausgeschlossen, d. h. nicht statthaft[54]. **23**

Ein ausdrücklicher **Ausschluß der Beschwerde in Haftsachen** ist in § 117 Abs. 2 geregelt. Zum Zeitpunkt eines anhängigen (zulässigen) Haftprüfungsantrages ist die Haftbeschwerde unzulässig. Dies gilt sowohl für die einfache Beschwerde gem. §§ 304 ff (gegen die Erstentscheidung) wie auch für die weitere Beschwerde gem. §§ 310, 304 ff (gegen die Beschwerdeentscheidung). Unter dem Aspekt der Fürsorgepflicht des Gerichts und unter Beachtung des Rechtsgedankens in § 300 kommt schließlich in Betracht, eine unzulässige Haftbeschwerde der Verteidigung – etwa in Fällen der Erschöpfung der Beschwerdemöglichkeiten nach §§ 304, 310 – in einen (neuen) Haftprüfungsantrag umzudeuten[55]. **24**

Im Hinblick auf § 305 S. 1 – den Ausschluß (bzw. die Einschränkung) der Beschwerde gegen Entscheidungen des erkennenden Gerichts, die der Urteilsfällung vorausgehen und nicht eine Ausnahme gem. § 305 S. 2 (z. B. Verhaftung) darstellen[56] – ist festzustellen, daß diese lediglich dem Rechtsmittel der Beschwerde entzogen sind, solche Entscheidungen aber nicht unanfechtbar oder unabänderbar sind. Dies folgt aus der **Befugnis und der Rechtspflicht des Gerichts**, einen Verfahrensverstoß, den es als solchen erkennt, **von Amts wegen** zu beseitigen (beispielsweise wird die Beeidigung nachgeholt oder dem Beweisantrag nachträglich stattgegeben). Der geeignete Rechtsbehelf zur Förderung einer solchen Erkenntnis des Gerichts ist die **Gegenvorstellung**[57]. Zwar wäre das Rechtsmittel der Beschwerde insoweit in den bezeichneten Fällen des § 305 unzulässig, aber eine **positive Abhilfeentscheidung** bleibt möglich[58]. Grundsätzlich sollte eine Weiterleitung an das Beschwerdegericht zur Verwerfung wegen Unzulässigkeit unterbleiben und der als Beschwerde eingelegte Rechtsbehelf mit Einverständnis des Rechtsbehelfsführers ggfs. umgedeutet werden in eine statthafte Gegenvorstellung und insoweit eine materielle (Teil-) Entscheidung des Gerichts ergehen[59]. Dies folgt auch aus dem Rechtsgedanken des § 300 und der Fürsorgepflicht des Gerichts[60]. **25**

b) Konkludenter Ausschluß der Beschwerde ist gegeben, wenn das Gesetz ausdrücklich einen **anderen Rechtsbehelf** vorsieht, wie Berufung/Revision gegen Urteile, Einspruch gegen Strafbefehl, Wiedereinsetzung gem. § 44 oder in den Fällen des § 238 Abs. 2, § 319 Abs. 2 oder § 346 Abs. 2 oder der Aufhebungsantrag nach § 51 Abs. 2 Satz 3. Bei bestimmten, nach dem Urteil ergangenen Entscheidungen wird entsprechend dem Grundgedanken des § 305 die Beschwerde auch dann „konkludent" ausgeschlossen, wenn Rechtsmittel gegen das Urteil eingelegt ist und das Rechtsmittelgericht bei Nachprüfung des Urteils ohnehin über die Frage zu befinden hat, die Gegenstand der betreffenden Entscheidung war[61]. Aus ähnlichen Erwägungen wird auch die unselbständige Feststellung, daß das Rechtsmittel form- und fristgerecht eingelegt ist (§§ 319, 320, 346, 347), für nicht beschwerdefähig gehalten[62]. Im Jugendstrafrecht entfällt für denjenigen Verfahrensbeteiligten, der zuvor Berufung eingelegt hat, die durch § 59 Abs. 2 S. 2 eingeräumte Möglichkeit der sofortigen Beschwerde[63]. **26**

---

[54] § 310, 6 ff, 29 ff.
[55] Vor § 304, 49 ff.
[56] Zu den Voraussetzungen im einzelnen § 305, 6, 8 ff.
[57] *Matt* MDR **1992** 820; Vor § 304, 47.
[58] § 306, 9 ff, 18.
[59] Zur Vorlagepflicht bei nicht vollständiger Abhilfe § 306, 16, 19, 22 ff; vgl. auch § 305, 3.
[60] Zur Umdeutung von Rechtsbehelfen im Einklang mit dem Willen des Rechtsbehelfsführers Vor § 304, 49 ff.
[61] Vgl. LR-*Gollwitzer* § 268, 57 ff mit weit. Nachw.
[62] *Eb. Schmidt* 7; SK-*Frisch* § 304, 35.
[63] OLG Frankfurt NStZ-RR **2003** 27; OLG Düsseldorf NStZ **1994** 198; OLG Celle NStZ **1993** 401; *Eisenberg* § 59 JGG, 8.

27   Umstritten ist die Frage, ob der Wortlaut des § 181 GVG (sofortige Beschwerde „in den Fällen der §§ 178, 180") im Umkehrschluß bedeutet, daß die (einfache oder sofortige) **Beschwerde gegen sitzungspolizeiliche Maßnahmen** gem. §§ 176, 177 GVG „konkludent" ausgeschlossen und somit nicht statthaft ist[64]. Unter dem Aspekt des verfassungsrechtlich verbürgten **allgemeinen Justizgewährungsanspruchs** ist nicht ersichtlich, warum die Beschwerde ausgeschlossen sein soll. Sitzungspolizeiliche Anordnungen können in Grundrechte des Betroffenen eingreifen, so daß jedenfalls in diesen Fällen der **Rechtsweg über die Beschwerde eröffnet** ist[65].

28   c) Ein **stillschweigender Ausschluß der Beschwerde** kann anzunehmen sein, wenn Sinn, Zweck oder Inhalt der Entscheidung einer Beschwerde entgegenstehen[66]. Ein solcher Ausschluß der Beschwerde wird jedoch nur in seltenen Ausnahmefällen Platz greifen. Man nahm dies früher bei den Entscheidungen an, bei denen das Beschwerdegericht das richterliche Ermessen des Vorderrichters respektieren mußte, weil es seine Entscheidung nicht inhaltlich nachprüfen oder die ihm obliegende Entscheidung nicht an seiner Stelle treffen durfte. Richtig ist nurmehr die **Unterscheidung zwischen der Zulässigkeit des Rechtsmittels und den inhaltlichen Grenzen**, die der Nachprüfung und Entscheidung im Beschwerdeverfahren gesetzt sein können. Auch dort, wo das Beschwerdegericht in das Ermessen des Vorderrichters nicht eingreifen, also nicht an seiner Stelle entscheiden darf, wie etwa bei der Terminsanberaumung[67], oder bei funktionsbedingten Grenzen, z. B. bei der Protokollberichtigung[68], ist die Beschwerde zulässig, um die richtige Rechtsanwendung und die Einhaltung der Grenzen nachprüfen zu können, die der richterlichen Entscheidungsfreiheit und der richterlichen Ermessensausübung gesetzt sind[69]. § 305 S. 1 bleibt zu beachten.

29   Ausgeschlossen ist die Beschwerde indes gegen die **Entscheidung für ein Normenkontrollverfahren** gem. Art. 100 Abs. 1 GG und § 80 BVerfGG, mit der ein Gericht eine Sache dem **Bundesverfassungsgericht** vorlegt[70]. Gleiches gilt für Vorlagen an den Europäischen Gerichtshof[71]. Die Klärung einer objektiven Rechtsfrage muß dem einzelnen Gericht über den direkten Zugang zum Bundesverfassungsgericht eröffnet sein, um den Zweck einer konkreten Normenkontrolle durch das Bundesverfassungsgericht erreichen zu können. Wäre ein Vorlagebeschluß mit der Beschwerde anfechtbar, würde das Beschwerdegericht das Normenkontrollverfahren entgegen Art. 100 Abs. 1 GG abschneiden können[72]. Der Ausschluß einer (umgekehrten) Entscheidung, mit der ein Gericht

---

[64] *Meyer-Goßner*[46] § 176 GVG, 16 und § 177 GVG, 15; KK-*Mayr*[4] § 176 GVG, 7; vgl. BGHSt **17** 201, 202.

[65] Siehe den ausdrücklichen Hinweis (kein Rechtsbehelf gegen sitzungspolizeiliche Maßnahmen „mag zweifelhaft sein" wegen Rechtsschutzgarantie) BVerfG NJW **1992** 3288; vgl. im Ergebnis über Art. 19 Abs. 4 GG *Ellersiek* S. 131 ff, 136; *Amelung*, S. 22 ff; *Krekeler* NJW **1979** 185, 189; ausf. Vor § 304, 76, 78.

[66] Vgl. zu § 154 Abs. 2 BGHSt **10** 88, 91; dagegen zutreff. OLG Zweibrücken NJW **1996** 866 mit weit. Nachw.; zur Unanfechtbarkeit von Entscheidungen des gemeinschaftlichen oberen Gerichts gem. §§ 12 Abs. 2, 13 Abs. 2 S. 2 und 3, 14, 15, 19 siehe mit weit. Nachw. bei § 304, 67 und Vor § 304, 66.

[67] OLG Braunschweig NStZ-RR **1996** 172; vgl. *Meyer-Goßner*[46] § 213, 8 mit weit. Nachw.

[68] Vgl. LR-*Gollwitzer* § 271, 65 ff.

[69] Problematisch daher die Begründung zur Verwerfung einer sofortigen Beschwerde der Staatsanwaltschaft gegen eine Entscheidung des Landgerichts im Rahmen von § 210 Abs. 2, die Beschwerde sei *unzulässig*, da sie lediglich die örtliche Zuständigkeit des Amtsgerichts als Gericht niederer Ordnung angreife und die getroffene Bestimmung des Gerichtsstandes durch das Landgericht nicht willkürlich sei, OLG Hamburg 2 Ws 184/02. Im Ergebnis ist der Entscheidung im Rahmen der Begründetheit zuzustimmen, aber die Zulässigkeit der sofortigen Beschwerde gem. § 210 Abs. 2 steht – entgegen dieser Entscheidung des OLG Hamburg – außer Zweifel.

[70] BVerfG NJW **1973** 1319.

[71] LR-*Gollwitzer* § 262, 67 mit weit. Nachw.

[72] OLG Düsseldorf NJW **1993** 411.

die Vorlage wegen der angeblichen Verfassungswidrigkeit eines Gesetzes ablehnt, ist zwar ebenfalls nicht anfechtbar, jedoch unter dem Aspekt des § 305 S. 1 [73].

d) Eingeschränkte Nachprüfungsmöglichkeiten des Beschwerdegerichts (nicht des Erst- **30** **gerichts).** Eine Möglichkeit der Einschränkung des Beschwerdegerichts ist die zulässige **Teilanfechtung**, d. h. eine **wirksame Beschränkung der Beschwerde** auf bestimmte abtrennbare Beschwerdepunkte. Das Beschwerdegericht ist an diese Dispositionsbefugnis des Beschwerdeführers gebunden, ggfs. im Unterschied zum **Erstgericht**, welches eine umfassende **Abänderungs- und Aufhebungskompetenz** von Amts wegen haben kann. Wenn eine isolierte Prüfung und Entscheidung nicht möglich ist, erfolgt auch durch das Beschwerdegericht eine umfassende Entscheidung gem. §§ 308 Abs 2, § 309, ähnlich § 318 [74].

Keine Zulässigkeitsanforderungen stellt die **Vorschrift des § 305a** an den Beschwerde- **31** führer. Vielmehr handelt es sich lediglich um eine **Nachprüfungsbeschränkung** für das **Beschwerdegericht** auf sachlich-rechtliche Fehler [75]. Die Zulässigkeit der Beschwerde und das Verfahren richten sich demnach vollständig nach den §§ 304 ff. Entsprechend kann auch das Erstgericht im Rahmen von § 306 Abs. 2 eine **Abhilfeentscheidung in vollem Umfang** treffen, ohne den Nachprüfbarkeitsbeschränkungen des Beschwerdegerichts gem. § 305a Abs. 1 S. 2 zu unterliegen [76]. Wenn das Beschwerdegericht indes zu dem Ergebnis kommt, die Beschwerde sei begründet, d. h. die **Vorentscheidung gesetzwidrig**, darf das Beschwerdegericht nach eigenem Ermessen die in der Sache erforderliche Entscheidung treffen [77].

Dies deckt sich im übrigen mit den materiell-rechtlichen Kompetenzen gem. der **32** §§ 56e, 59a Abs. 2 S. 3, 68d StGB im Rahmen **nachträglicher Entscheidungen** über die Strafaussetzung oder bei Verwarnung mit Strafvorbehalt. Die einschlägige Verfahrensnorm ist **§ 453 Abs. 1**. Gegen solche nachträglichen Entscheidungen ist ebenfalls die (einfache) Beschwerde gem. § 453 Abs. 2 S. 1 eröffnet und zwar **ohne Zulässigkeitsbeschränkungen** und mit der vollständigen Abhilfemöglichkeit des Gerichts gem. § 306 Abs. 2. Auch hier stellt die Nachprüfbarkeitsgrenze des § 453 Abs. 2 S. 2 lediglich eine **Beschränkung des Beschwerdegerichts** dar [78], so auch bei § 59 Abs. 2 S. 2 [79]. Zu beachten ist allerdings gem. § 453 Abs. 2 S. 3, daß gegen bestimmte endgültige, der Rechtskraft fähige Entscheidungen nur das Rechtsmittel der sofortigen Beschwerde – bei Abhilfeverbot gem. § 311 Abs. 3 S. 1 – gegeben ist (z. B. bei Bewährungswiderruf). In diesen Fällen gilt die Beschränkung der Nachprüfbarkeit des § 453 Abs. 2 S. 2 für das Beschwerdegericht nicht [80].

Eine andere Kategorie **beschränkter Nachprüfungsmöglichkeiten im Beschwerdever-** **33** **fahren**, die das Erstgericht eher entlastet und nicht einschränkt, besteht während laufender Hauptverhandlung (vgl. § 305). **Haftentscheidungen bei laufender Hauptverhandlung** müssen nicht mit der Sorgfalt eines schriftlichen Urteils begründet werden und geben lediglich einen vorläufigen Zwischenstand des Hauptverfahrens wieder, wenn auch die

---

[73] SK-*Frisch* § 304, 36.
[74] Ausf. Vor § 304, 16 ff; vgl. differenz. zu (Teil-) Verzicht oder Rücknahme § 304, 58 f.
[75] HK-*Rautenberg*³ § 305a Rdn. 5.
[76] § 305a, 4; § 306, 10.
[77] § 305a, 7; § 309, 7; fehlt jegliche Begründung des Erstrichters, kommt Zurückverweisung bzw. Rückgabe der Akten in Betracht, BGHSt **34** 392 f; § 309, 14; vgl. zum Fall des § 453 Abs. 2 S. 2 einschr. OLG Frankfurt NStZ-RR **1998** 126 (Zurückverweisung notwendig bei § 453 Abs. 2 S. 2); ebenso KK-*Fischer*⁴ § 453, 8; HK-*Julius*³ § 453 Rdn. 8.
[78] KK-*Fischer*⁴ 16; *Meyer-Goßner*⁴⁶ 11; HK-*Julius*³ § 453 Rdn. 8; unklar (beschränkt gerügt werden kann) LR-*Wendisch* § 453, 22; **a. A** OLG München NStZ **1988** 524.
[79] *Eisenberg* § 59 JGG, 26 mit weit. Nachw.
[80] OLG Stuttgart NStZ **1995**, 53; HK-*Krehl*³ § 453, 7; KK-*Fischer*⁴ § 453, 10; LR-*Wendisch* § 453, 31.

§ 304

Drittes Buch. Rechtsmittel

wesentlichen Beweisergebnisse und ihre Bewertung zum dringenden Tatverdacht und zur Haftfrage dargelegt und auseinandergesetzt sein müssen[81]. Ausführungen des Erstgerichts sind auf dieser Grundlage nur beschränkt auf Rechtsfehler und Vertretbarkeit (Schlüssigkeit) der Entscheidung hin überprüfbar[82]. Trotz der Befugnis des Beschwerdegerichts zu eigenen Ermittlungen gem. § 308 Abs. 2 findet eine Beweiserhebung über die Beweisaufnahme (in der Hauptverhandlung) nicht statt[83]. Ähnlich kann die nachträgliche Überprüfung einer prozessual überholten Maßnahme beschränkt sein nach dem Maßstab der Vertretbarkeit, folgt man der Rechtsprechung des Bundesgerichtshofs[84].

34 Ebenfalls der **Kategorie eingeschränkter Nachprüfungsmöglichkeiten des Beschwerdegerichts** unterfällt § 464 Abs. 3 S. 2, nämlich die Bindung des Beschwerdegerichts an die tatsächlichen Feststellungen in der Hauptsache im Rahmen einer **sofortigen Beschwerde gegen die Kosten- und Auslagenentscheidung**. Die **Zulässigkeit** der sofortigen Beschwerde ist durch diese Beschränkung des Beschwerdegerichts **nicht eingeschränkt**. Im übrigen ist das **Abhilfeverbot für den Erstrichter** gem. § 311 Abs. 3 S. 1 zu beachten.

35 e) **Kostenbeschwerde.** Ebenso wie in § 567 Abs. 2 ZPO hängt die **Zulässigkeit der Beschwerde** gem. § 304 Abs. 3[85] gegen Entscheidungen, die Kosten und Auslagen betreffen, zudem an einer **Wertgrenze**, die in den vergangenen Jahren mehrfach erhöht wurde. Durch das Gesetz zur Entlastung der Landgerichte vom 20.12.1974 wurde die Wertgrenze allgemein zunächst auf über 100 DM angehoben. Durch das sog. Rechtspflege-Vereinfachungsgesetz vom 17. Dezember 1990 wurde Absatz 3 neu gefaßt und eine differenzierte Wertgrenze zur Zulässigkeit der Kostenbeschwerde eingeführt (**dem Grunde nach** über DM 200,– bzw. **der Höhe nach** über DM 100,–). Die Einführung des Euro und das entsprechende Gesetz im Zusammenhang des Straf- und Ordnungswidrigkeitenrechts vom 13. Dezember 2001 regelte die **Wertgrenzen in Absatz 3 nunmehr neu: über 100,– bzw. 50,– EURO**.

36 Diese zusätzliche Zulässigkeitsbeschränkung der Beschwerde greift nur ein, wenn die **Kosten- oder Auslagenentscheidung isoliert angefochten** wird und gilt nicht für Rechtsmittel gegen die Sachentscheidung, die sich auf die Kostenentscheidung miterstrecken[86]. Eine **isolierte Anfechtung** von Kosten- und Auslagenentscheidungen des Oberlandesgerichts in einem – z. B. das Verfahren wegen Verfahrenshindernis einstellenden – Beschluß[87] oder Urteil ist wegen § 304 Abs. 4 nur **unzulässig**, wenn das **Rechtsmittel in der Hauptsache erfolglos** bleibt[88]. Wird von vornherein nur die Kosten- und Auslagenentscheidung angegriffen, kann § 464 Abs. 3 S. 1 Hs. 1 gegenüber § 304 Abs. 4 die speziellere Vorschrift sein mit der Folge einer Anfechtungsmöglichkeit[89]. Zu beachten ist zunächst die **Unzulässigkeit der sofortigen Beschwerde** gegen Kostenentscheidungen gem. § 464 Abs. 3 S. 1 Hs. 2, wenn die Anfechtung der **Hauptentscheidung generell „nicht statthaft"** ist[90], beispielsweise im Falle des § 400 Abs. 1[91] oder § 400 Abs. 2 S. 2[92] für den

---

[81] OLG Frankfurt StV **1995** 593.
[82] BGH StV **1991** 525 mit Anm. *Weider*; KG StV **1993** 252; OLG Koblenz StV **1994** 316 f; OLG Karlsruhe StV **1997** 312; *Schlothauer/Weider*[3] 806; LR-*Hilger* § 112, 20.
[83] OLG Frankfurt StV **1995** 593 f.
[84] Vgl. BGHSt **41** 30; **47** 362, 366 ff; kritisch dazu Vor § 304, 73 (Fn. 165).
[85] Zur Entstehungsgeschichte des durch Art. 15 des Gesetzes über Maßnahmen auf dem Gebiet des Kostenrechts v. 7.8.1952 eingefügten Abs. 3 vgl. *Giesler* 34 ff.

[86] KK-*Engelhardt*[4] 34; *Meyer-Goßner*[46] 9; zur isolierten Anfechtung der Kostenentscheidung vgl. § 464 Abs. 3.
[87] Vgl. BGH NStZ **2000** 330 mit krit. Anm. *Hilger*.
[88] BGHSt **26** 250; **27** 96; LR-*Hilger* § 464, 36.
[89] *Hilger* NStZ **2000** 332.
[90] Verfassungsrechtlich unbedenklich: BVerfG NJW **2002** 1867; vgl. ausf. LR-*Hilger* § 464, 52 f; *Meyer-Goßner*[46] § 464, 17, jeweils mit Nachw.; betroffene Vorschriften sind z. B. §§ 46 Abs. 2, 153 Abs. 2 S. 4, 153a Abs. 2 S. 4, 161a Abs. 3 S. 4, 163a Abs. 3 S. 3, 304 Abs. 4 und 5, 310 Abs. 2, 390 Abs. 5 S. 2,

Nebenkläger oder nach Revisionsrücknahme bezüglich der Kostenentscheidung des Instanzgerichts[93]. Diese Beschränkung der Zulässigkeit der Kostenbeschwerde gilt jedoch nicht, wenn gegen die **Hauptentscheidung** zwar ein **Rechtsmittel statthaft**, aber – z. B. **mangels Beschwer** wegen Freispruch oder bei Nichteröffnung[94] oder Einstellung nach § 206a wegen Verfahrenshindernis[95] – ein Rechtsmittel aus sonstigen Gründen nicht zulässig ist[96]. Aus Gründen der sog. Waffengleichheit ist auch eine **isolierte Beschwerde des Beschuldigten** gegen die Kostenentscheidung **nach Einstellung des Verfahrens nach § 383 Abs. 2** zulässig – entsprechend der unstreitigen Befugnis des Privatklägers gem. § 383 Abs. 2 S. 3 in Verb. mit § 464 Abs. 3 S. 1[97].

Wenn die Anfechtung einer Entscheidung auf die Kostenlast **zulässig beschränkt** worden ist, gilt die Wertgrenze, da es sich dann um eine (sofortige) Beschwerde i. S. v. § 304 Abs. 3 handelt, unabhängig von der Bezeichnung des Rechtsmittels (§ 300). Im Verfahren nach § 8 Abs. 3 StrEG ist § 304 Abs. 3 weder dem Wortlaut nach noch auf Grund von Analogie anwendbar[98]. Im übrigen gilt die **Wertgrenze für einfache und sofortige Beschwerden** gleichermaßen. Von § 304 Abs. 3 erfaßt werden insbesondere die sofortigen Beschwerden nach § 464 Abs. 3 und gegen die Kostenfestsetzung nach § 464b S. 3 in Verb. mit § 104 Abs. 3 S. 1 ZPO. **37**

Maßgebend ist der **Wert des Beschwerdegegenstandes** im Zeitpunkt der Einlegung des Rechtsmittels. Spätere Verminderungen bleiben außer Betracht, sofern sie nicht auf einer willkürlichen Beschränkung des Rechtsmittels beruhen[99]. Die **Wertgrenze** bemißt sich nach dem **Unterschied** zwischen dem, was nach Ansicht des Beschwerdeführers gerechtfertigt ist und dem Betrag, den die angefochtene Entscheidung zuerkannt hat[100]. Steht bei einer Anfechtung des Grundes der Kostenentscheidung die Höhe noch nicht sicher fest, so ist maßgebend die Schätzung, ob der maßgebliche Gesamtbetrag wahrscheinlich den Betrag von 100 EURO übersteigen wird[101], wobei im Zweifel zugunsten des Beschwerdeführers davon auszugehen ist[102]. Werden in einem Verfahren gegen den gleichen Betroffenen verschiedene Kostenentscheidungen in einem Beschluß getroffen, beispielsweise nach späterer Verbindung verschiedener Verfahren, so bemißt sich die Wertgrenze nach diesem einheitlichen Beschluß[103]. Bei der Beschwerde des Erstattungspflichtigen ist für die Wertgrenze der Betrag der Umsatzsteuer einzubeziehen[104]. **38**

---

400 Abs. 2 S. 2 in Verb. mit § 472 Abs. 2 und 3, 406a Abs. 1, 406e Abs. 4 S. 2, §§ 47 Abs. 2 S. 2, 72, 79, 80 OWiG, §§ 47 Abs. 2 S. 3, 55 Abs. 2 JGG, § 37 Abs. 2 BtMG, § 116 StVollzG.

[91] OLG Frankfurt NStZ-RR **1996** 128; NStZ-RR **2001** 63.

[92] Bei Einstellungen gem. §§ 153 ff (BGH StV **2002** 294, vgl. zum rechtlichen Gehör BVerfG NJW **1995** 317); bei Einstellung gem. § 205 LR-*Hilger* § 400, 25; *Meyer-Goßner*[46] § 400, 9; **a. A** *Rieß* NStZ **2001** 355 f; ausnahmsweise sofortige Beschwerde trotz §§ 153a, 400 Abs. 2 S. 2 statthaft bei „gravierendem Verfahrensverstoß", hier gegen § 472 Abs. 2 S. 2 und Abs. 1: OLG Frankfurt NStZ-RR **2000** 256.

[93] OLG Hamm NStZ-RR **2002** 95; OLG Dresden NStZ-RR **2000** 224; OLG Jena NStZ-RR **1997** 287.

[94] OLG München StraFo. **1997** 191; LG Freiburg MDR **1992** 179.

[95] OLG Köln StraFo. **1997** 18; LG Karlsruhe StraFo. **1999** 359; vgl. BGH NStZ **2000** 330 mit krit. Anm. *Hilger*; vgl. auch OLG Zweibrücken NStZ **1987** 425 mit Anm. *Kusch*.

[96] *Meyer-Goßner*[46] § 464, 19; LR-*Hilger* § 464, 57, jeweils mit weit. Nachw.

[97] LG Potsdam NStZ-RR **2003** 158; LG Freiburg NStZ **1988** 146 mit Anm. *Hilger*; KK-*Senge*[4] § 383, 14; vgl. auch LG Suttgart NStZ **1987** 244.

[98] KG JR **1981** 524; OLG München NJW **1973** 721, 722; **a. A** OLG Düsseldorf JMBlNW **1978** 170.

[99] SK-*Frisch* 50 mit weit. Nachw. vgl. auch *Baumbach/Lauterbach/Albers/Hartmann* ZPO § 567, 19.

[100] KK-*Engelhardt* 32; *Meyer-Goßner*[46] 9. Zur Berechnung der Beschwer vgl. auch die Rechtsprechung zu § 567 Abs. 2 ZPO.

[101] Noch zur D-Mark: OLG Celle NdsRpfl. **1962** 263; unklar im Hinblick auf die Wertgrenze (statt zutreffend 100 EURO) 50 EURO: *Meyer-Goßner*[46] 9.

[102] BayObLG wistra **1994** 80.

[103] OLG Hamm JMBlNW **1968** 90; KK-*Engelhardt*[4] 32; SK-*Frisch* 50.

[104] OLG Bremen NJW **1956** 72 f; OLG Celle Rpfleger **1962** 112; KG MDR **1958** 701; vgl. auch AnwBl. **1980** 467, 468; KK-*Engelhardt*[4] 32; *Meyer-Goßner*[46] 9.

39 **Keine weitere Beschwerde.** Nach dem Wortlaut des § 310 ist eine weitere Beschwerde gegen eine Kostenentscheidung unzulässig. Dies gilt auch für eine Rechtsbeschwerde im Kostenfestsetzungsverfahren, denn aus § 464b ergibt sich nicht, daß eine Rechtsbeschwerde statthaft sein könnte. Zwar sind nach § 464b S. 3 die **Vorschriften der ZPO entsprechend** anzuwenden, allerdings nur im Rahmen der §§ 304 ff, soweit sie den **Grundsätzen des strafprozessualen Beschwerdeverfahrens nicht widersprechen** (z. B. gilt die **Rechtsmittelfrist** der sofortigen Beschwerde **von einer Woche gem. § 311 Abs. 2**)[105]. Durch das sog. ZPO-Reformgesetz vom 27. 07. 2001 wurde im Zivilprozeß die Rechtsbeschwerde unter Änderung der §§ 567 Abs. 3, 568 Abs. 2 und 3 ZPO eingeführt, die weitere Beschwerde gem. § 310 blieb unverändert bestehen. Entsprechend wurde § 133 GVG (Zivilprozeß) geändert, nicht aber § 135 GVG (Strafprozeß). Der Grundsatz des § 310 Abs. 2 hat somit weiterhin im Strafverfahren Bestand[106].

40 **Abhilfe trotz Unzulässigkeit.** Muß die Beschwerde gegen eine sachlich unrichtige Kostenentscheidung **mangels Erreichen der Wertgrenze als unzulässig** verworfen werden, so können die Kosten trotz § 473 Abs. 1 in entsprechender Anwendung des § 8 GKG niedergeschlagen werden[107]. Das Gericht kann im übrigen trotz Nichterreichens der Wertgrenze – d. h. trotz Unzulässigkeit der Beschwerde – abhelfen und seine Entscheidung aufgrund nochmaliger Sachprüfung ändern[108]. Dies gilt nicht in den Fällen der sofortigen Beschwerde gem. § 311 Abs. 3[109].

4. Beschwer

41 **a) Allgemeine Zulässigkeitsvoraussetzung** eines Rechtsmittels ist die sog. Beschwer[110]. Der Rechtsmittelführer muß selbst durch die von ihm angefochtene Entscheidung nachteilig betroffen sein, um das notwendige Rechtsschutzinteresse zu haben[111]. Eine Beschwer des Anfechtenden muß sich grundsätzlich aus dem Entscheidungssatz ergeben **(Tenorbeschwer)**[112]. Ob eine solche vorliegt, hängt von der Wirkung der Verfügung oder des Beschlusses auf die rechtlich anerkannten, eigenen Belange des Beschwerdeführers ab (materielle Beschwer). Die Beeinträchtigung kann sachliche Rechte des Beschwerdeführers oder aber seine eigenen Verfahrensrechte betreffen[113]. Ob die angefochtene Entscheidung dem Antrag des Beschwerdeführers entsprach, ist unerheblich, anders als etwa im Zivilprozeß.

42 Zum **Zeitpunkt der Beschwer** (des „Betroffen werden") ist festzustellen, daß schon das Ergehen einer Maßnahme zur Beschwerde berechtigt, bevor eine konkrete äußerliche Wirkung eingetreten ist[114]. Selbstverständlich kann beispielsweise wegen eines

---

[105] Vgl. OLG Karlsruhe NStZ-RR **2000** 254, 255 mit weit. Nachw.; *Meyer-Goßner*[46] § 464b, 6 ff; **a. A** LR-*Hilger* § 464b, 9 mit weit. Nachw.; siehe die aktuellen Nachweise Vor § 304, 40.
[106] BGHSt **48** 106.
[107] KG JR **1957** 430.
[108] § 306, 10, 18; § 304, 1; KK-*Engelhardt*[4] § 306, 12; vgl. **a. A** LR-*Gollwitzer*[24] 48 und differenz. § 306, 17; SK-*Frisch* 51 und § 306, 16; bei der Gegenansicht könnte eine unzulässige Beschwerde in eine Gegenvorstellung umzudeuten sein, so daß im Ergebnis eine neue Sachentscheidung ermöglicht ist, ohne daß es einer Verwerfung der unzulässigen Beschwerde durch das Beschwerdegericht bedürfte. Dieser Weg erscheint jedoch zu umständlich.

[109] Vgl. auch zur nachträglichen Abänderungsbefugnis Vor § 304, 50 ff, 52 (für den Fall des § 311 Abs. 3).
[110] LR-*Hanack* Vor § 296, 46, 54 mit weit. Nachw.; SK-*Frisch* Vor § 296, 123 ff; zur Entwicklung *Kaiser* 13 ff.
[111] *Schäfer*[6] Rdn. 1661.
[112] Vgl. LR-*Hanack* Vor § 296, 57; *Ellersiek* 50; *Kaiser* 113 ff; KK-*Engelhardt*[4] Vor § 296, 32, *Meyer-Goßner*[46] Vor § 296, 11.
[113] Vgl. *Ellersiek* 54 (es muß sich um Verletzung prozessualer Rechte handeln).
[114] SK-*Frisch* 52; KK-*Engelhardt*[4] 32; *Eb. Schmidt* 15.

bestehenden, aber noch nicht vollstreckten Haftbefehls bereits (weitere) Beschwerde eingelegt werden.

Beispiele für fehlende Beschwer: Die Entscheidung des Gerichts, bei dem Anklage 43 eingereicht ist, **gem. § 209 Abs. 2 die Zuständigkeit eines Gerichts höherer Ordnung** für begründet zu halten, ist mangels Beschwer nicht anfechtbar[115]. Zum einen ist sogar der Eröffnungsbeschluß unanfechtbar gem. § 210, zum anderen wird das Gericht höherer Ordnung in eigener Zuständigkeit entscheiden, ggfs. auch gem. § 209 Abs. 1, was gleichsam einer Entscheidung durch die Rechtsmittelinstanz entspricht. Insoweit könnte man auch von einem stillschweigenden gesetzlichen Ausschluß der Beschwerde sprechen.

Eine Beschwer kann zwar **ausnahmsweise auch bei Verfahrenseinstellung gem. § 154** 44 gegeben sein. Fehlt es beispielsweise an dem notwendigen Antrag der Staatsanwaltschaft (§ 154 Abs. 2) oder fällt das Verhalten definitiv nicht unter ein Strafgesetz, ist der Beschuldigte durch die Einstellung beschwert[116]. Gleiches kann für den Fall einer Einstellung gem. § 154 Abs. 2 trotz Verfahrenshindernis gelten[117]. Umgekehrt ist ein Beschuldigter nicht beschwert, wenn seine Unschuld noch nicht nachgewiesen ist, denn das Strafverfahren kann nicht zum Zweck des Unschuldsbeweises fortgeführt werden[118]. Die bei einer Einstellung gem. § 154 erhaltene **Unschuldsvermutung verhindert** folglich eine **Beschwer**[119]. Im Falle einer **Einstellung gem. § 153 a** liegt nur dann eine Beschwer vor, wenn die notwendige Zustimmung des Beschwerdeführers nicht eingeholt wurde[120]. Beispielsweise ist der Angeschuldigte bzw. Angeklagte auch **nicht beschwert** allein **durch Auflagen**, denen er zugestimmt hatte[121].

Eine weitere Beschwerde gegen eine **(negative) Beschwerdeentscheidung**, die angesichts 45 eines zeitgleich gestellten Haftprüfungsantrags wegen der gem. § 117 Abs. 2 S. 1 **unzulässigen Haftbeschwerde** nicht hätte in der Sache ergehen dürfen, ist mangels Beschwer durch diese Beschwerdeentscheidung unzulässig. Das Haftbeschwerdeverfahren war gleichsam durch den Haftprüfungsantrag „erledigt", eine Beschwer läßt sich nicht aus dem eventuellen negativen Präjudiz dieser Beschwerdeentscheidung für die Haftprüfungsentscheidung ableiten, zumal eine **Tenorbeschwer** ersichtlich **nicht** vorliegt[122].

b) Beschwerdeberechtigte – Aktivlegitimation

aa) Allgemein. Der Beschwerdeführer oder der für ihn Handelnde muß grundsätzlich 46 zur Anfechtung berechtigt sein[123]. Die Befugnis zur Anfechtung darf auch nicht – beispielsweise durch Rechtsmittelverzicht (vgl. § 302) – entfallen sein[124]. Als Beschwerdeberechtigte kommen insbesondere in Betracht der **Beschuldigte** (§§ 296, 299), der **Verteidiger** (§ 297) oder ein sonstiger Bevollmächtigter, der **gesetzliche Vertreter** (§ 298), ferner die **Erziehungsberechtigten** bei einem nicht volljährigen Beschuldigten (§ 67 Abs. 3 JGG)[125], der **Verteidiger** unter Umständen auch **aus eigenem Recht**, die **Staatsanwaltschaft** (§§ 296, 301, Nr. 147 bis 149 RiStBV), der **Privatkläger** (§ 390 Abs. 1), der **Nebenkläger** (§§ 400, 401 Abs. 1 S. 1), **Einziehungsbeteiligte**, soweit sie beteiligt sind (§§ 431,

---

[115] KK-*Tolksdorf*⁴ § 209, 16; *Meyer-Goßner*⁴⁶ § 209, 9; LR-*Rieß* § 209, 47.
[116] BGHSt **10** 88, 93; OLG Zweibrücken NJW **1996** 866 f mit weit. Nachw.; vgl. zur fehlenden Beschwer des Nebenklägers OLG Celle NStZ **1983** 328, 329.
[117] BGH NStZ **1986** 469.
[118] BGHSt **10** 88, 93; OLG Bamberg StV **1981** 402, 403.
[119] LR-*Beulke* § 154, 48 mit weit. Nachw.
[120] *Weidemann* 348.
[121] LR-*Beulke* § 153a, 134 mit weit. Nachw.
[122] OLG Stuttgart NStZ **1994** 401.
[123] Zur Rechtsmittelbefugnis näher LR-*Hanack* Vor § 296, 17 ff.
[124] § 304, 58 f.
[125] *Ellersiek* 108.

§ 304

433 Abs. 1) sowie im selbständigen („objektiven") Verfahren (§§ 440 f) und im Nachverfahren (§§ 439, 441), **andere Beteiligte** (etwa bei Verfall, Vernichtung, Unbrauchmachung gem. § 442), die **Vertreter einer juristischen Person oder Personenvereinigung** (§ 444), sowie gem. § 304 Abs. 2 **andere betroffene Personen** wie der Zeuge oder Sachverständige und schließlich diejenigen Personen, denen das Gesetz in einer **Sondervorschrift** ausdrücklich allgemein oder für eine bestimmte Verfahrenslage ein Beschwerderecht einräumt (vgl. z. B. § 124 Abs. 2).

47 bb) Beim **Verteidiger** ist zu unterscheiden, ob er in seiner Eigenschaft als Beistand des Beschuldigten eine diesen beschwerende Entscheidung anficht oder eine ihn selbst in eigenen Rechten beeinträchtigende Maßnahme. **Der Verteidiger** hat nur dort ein eigenes Beschwerderecht, wo er neben dem Beschuldigten **eigene Rechte** geltend macht. Dies ist bei der sofortigen Beschwerde gem. § 138d Abs. 6 S. 1 gegen einen Ausschluß gem. §§ 138a f gegeben[126]. Bei Zurückweisung gem. § 146a wegen Mehrfachverteidigung besteht ein eigenes Beschwerderecht des Verteidigers[127], ebenso bei Zurückweisung gem. § 138 Abs. 1[128]. Bei Überwachungsmaßnahmen des Richters in Bezug auf einen konkreten Untersuchungsgefangenen – bei generellen Anordnungen der JVA ist der Rechtsweg gem. §§ 23 ff EGGVG gegeben – kann § 148 verletzt sein und durch den Verteidiger in eigenem Namen angefochten werden[129]. Gegen seine Abberufung als Pflichtverteidiger steht ihm ein eigenes Beschwerderecht nur zu bei einer willkürlichen Entscheidung des Vorsitzenden[130], sonst nicht[131]. Kein Beschwerderecht hat der Verteidiger, wenn er nicht beigeordnet wurde[132]. Der Verteidiger, der sich gegen die Bestellung eines Pflichtverteidigers wendet, muß zunächst einen Antrag auf Aufhebung aus wichtigem Grund gem. §§ 49 Abs. 2, 48 Abs. 2 BRAO stellen[133].

48 cc) Die **Staatsanwaltschaft** als „Vertreterin der Rechtsordnung" kann auf Grund der ihr übertragenen Verfahrensaufgabe jede Entscheidung als sachlich oder rechtlich unzutreffend beanstanden[134] und ist durch jede Entscheidung beschwert, die nach ihrer Auffassung unrichtig ist[135]. Nach der hier vertretenen Auffassung besteht allerdings **keine Befugnis** der Staatsanwaltschaft zur Einlegung des Rechtsmittels **der weiteren Beschwerde** gem. § 310 **zu Lasten des Beschuldigten**[136].

49 Zu beachten sind die §§ 142, 145 GVG; beispielsweise kann auch ein anderer als ein der örtlich zuständigen Staatsanwaltschaft angehörender Staatsanwalt Rechtsmittel einlegen, soweit er gem. § 145 Abs. 1 GVG mit der Wahrnehmung dieser Aufgabe beauftragt worden ist.[137] **Amtsanwälte und Referendare** können Rechtsmittel nur wirksam ein-

---

[126] Nicht aber bei Ablehnung der Ausschließung (vgl. § 138d Abs. 6 S. 3), BGH bei *Becker* NStZ-RR **2002** 258.
[127] BGHSt **26** 291; OLG Köln NStZ **1982** 129.
[128] BGHSt **8** 194.
[129] BGHSt **29** 135, 137.
[130] OLG Frankfurt NStZ-RR **1996** 272; StV **1995** 11; OLG Nürnberg StV **1995** 287, 289 ff; OLG Düsseldorf StV **1995** 117 f; NStZ **1986** 138; OLG Hamm MDR **1993** 1226; vgl. BVerfG NStZ **1998** 46 (keine Willkür, wenn Interessenkonflikte möglich sind).
[131] OLG Hamburg NJW **1998** 621; OLG Köln NStZ **1982** 129; vgl. BVerfG NStZ-RR **1997** 202 f; vgl. auch BVerfG StV **1998** 356 ff mit abl. Anm. *Lüderssen*; vgl. dagegen *Hilgendorf* NStZ **1996** 1, 6; LR-*Lüderssen* § 143, 16.
[132] OLG Düsseldorf StraFo. **2000** 414 f; NStZ **1986** 138; vgl. OLG Celle StV **1985** 184; *Meyer-Goßner*[46] § 141, 10, § 142, 19 mit weit. Nachw.; LR-*Lüderssen* § 141, 52.
[133] Vgl. BGH NStZ **1995** 296; HK-*Julius*[3] § 141, 15; LR-*Lüderssen* § 142, 31 f.
[134] *Ellersiek* 51; KK-*Engelhardt*[4] 32; *Meyer-Goßner*[46] Vor § 296, 16.
[135] Vgl. LR-*Hanack* § 296, 6 mit weit. Nachw.; auch z. B. zugunsten des Nebenklägers gegen eine Kostenentscheidung, OLG Dresden NStZ-RR **2000** 115.
[136] Ausf. § 310, 18 ff.
[137] BGH NStZ **1995** 204.

legen, soweit diese an das Amtsgericht als iudex a quo zu richten sind[138]. Im übrigen kommt es auf behördeninterne Zuständigkeit oder Befugnis für die Wirksamkeit des Rechtsmittels aber nicht an[139]. Zudem ist **ausschließlich die Staatsanwaltschaft Vertreter des Staates** im Beschwerdeverfahren, auch soweit die Belange einer Vollzugsanstalt – beispielsweise in Fällen des § 119 – oder die Kosteninteressen des Staates betroffen sind. Der **Bezirksrevisor** etwa ist grundsätzlich nicht befugt, Beschwerde gegen eine die Staatskasse belastende Kostenentscheidung einzulegen[140]. Eine gesetzliche Ausnahme besteht in § 16 Abs. 2 ZuSEntschG, wo ein spezielles Beschwerderecht der Staatskasse vorgesehen ist.

dd) Privat- und Nebenkläger haben – im Unterschied zur Staatsanwaltschaft – die Befugnis zur Wahrnehmung des Allgemeininteresses nicht. Sie sind nur beschwerdeberechtigt, soweit sie durch eine Entscheidung (Privatklage gem. § 390 Abs. 1)[141], bei der Nebenklage (§ 401 Abs. 1 S. 1) in den zulässig verfolgten eigenen Verfahrensinteressen beschwert sind. So wird beispielsweise der Nebenkläger durch die Haftentscheidung (z. B. Außervollzugsetzung eines Haftbefehls) nicht in seinen mit der Nebenklage wahrzunehmenden Interessen beschwert[142]. Gleiches gilt für Nebenentscheidungen gem. § 268a, so daß eine Beschwerde gem. § 305a mangels Beschwer des Nebenklägers nicht zulässig ist[143]. Unzulässig ist eine Beschwerde des Nebenklägers bei Eröffnung vor einer anderen Kammer, weil die Tat nur als gefährliche Körperverletzung und nicht als versuchter Totschlag bewertet wird (§ 400 Abs. 2 S. 1)[144]. Ebenfalls unzulässig ist gem. § 400 Abs. 2 S. 2 die Anfechtung einer vorläufigen Einstellung nach § 205[145].

ee) Andere betroffene Personen. § 304 Abs. 2 dehnt das Beschwerderecht auf alle anderen Personen aus, die durch eine gerichtliche Maßnahme selbst betroffen sind[146]. Betroffen ist, wer durch die gerichtliche Maßnahme unmittelbar in Freiheit, Vermögen oder einem sonstigen Recht bzw. rechtlich geschützten Interessen[147] beeinträchtigt wird oder eine Beschränkung in der Wahrnehmung geschützter Interessen vorliegt[148]. In Betracht kommen **Zeugen, Sachverständige**, aber auch **andere Personen**, wie beispielsweise die Freundin des Untersuchungsgefangenen bei **Ablehnung einer Besuchserlaubnis**[149]. Auch sind **Erben durch eine Auslagenentscheidung betroffen**, wenn die notwendigen Auslagen des vor Rechtskraft Verstorbenen gem. § 467 nach Einstellung gem. § 206a

---

[138] *Pfeiffer*[4] § 296, 2.
[139] BGH **19** 377, 382.
[140] OLG Hamm Rpfleger **1962** 187 mit abl. Anm. *Tschischgale*; KG JR **1967** 472 f; OLG Karlsruhe NJW **1968** 857; LG Essen NJW **1962** 1025; LG Wuppertal AnwBl. **1974** 89; ferner OLG Köln NJW **1970** 874; MDR **1971** 240 unter Aufgabe von NJW **1961** 1639, wo der Staatskasse gegen die Feststellung der Leistungsfähigkeit des Angeklagten nach § 100 BRAO, die als Grundlage für den Erstattungsanspruch des Pflichtverteidigers gegenüber der zur Erstattung der notwendigen Auslagen des Angeklagten verpflichteten Staatskasse dienen soll, ein eigenes Beschwerderecht zuerkannt wurde; ebenso OLG Oldenburg NdsRpfl. **1972** 228 unter Aufhebung von LG Hannover NdsRpfl. **1971** 211; vgl. auch OLG Düsseldorf JMBlNW **1971** 59; KK-*Engelhardt*[4] 29.
[141] LR-*Hilger* § 390, 5; *Meyer-Goßner*[46] § 390, 3; vgl. HK-*Kurth*[3] § 390, 4.
[142] OLG Frankfurt StV **1995** 594.
[143] § 305a, 2.
[144] Unstreitig seit StVÄG 1987, OLG Karlsruhe NStZ **1989** 442; HK-*Kurth*[3] § 400, 20; vgl. LR-*Hilger* § 400, 24.
[145] LR-*Hilger* § 400, 25; *Meyer-Goßner*[46] § 400, 9; **a. A** *Rieß* NStZ **2001** 355.
[146] Vgl. LR-*Gollwitzer*[24] 52 f, 55 mit älteren Einzelbeispielen; SK-*Frisch* 44.
[147] So *Ellersiek* 111 ff, er nimmt eine Betroffenheit in rechtlich anerkannten Interessen bei jeder materiellen Beschwer an.
[148] BGHSt **27** 175 lehnt die Unterscheidung zwischen unmittelbarer und mittelbarer Betroffenheit zu Recht ab und läßt jede Beschränkung in der Wahrnehmung geschützter Rechte und Interessen genügen; ebenso *Meyer-Goßner*[46] 7; SK-*Frisch* 43; dagegen *Peters* JR **1978** 84.
[149] *Schäfer*[6] 1864; BGHSt **27** 175.

§ 304　Drittes Buch. Rechtsmittel

nicht der Staatskasse auferlegt werden[150]. Zur Beschwerde befugt können auch **private Telekommunikationsbetreiber** sein[151].

52　ff) **Kein Beschwerderecht.** Wer durch die Entscheidung (Tenorbeschwer) nicht selbst in eigenen Rechten betroffen wird, sondern nur durch ihre faktischen Auswirkungen, hat kein Beschwerderecht. Das bloße Anliegen, daß der Beschuldigte verfolgt oder nicht verfolgt werde, genügt allein nicht, auch nicht das Berührtsein in der Vertretung eines Allgemein- oder Gruppeninteresses[152]. **Keine Beschwerde** steht daher dem Absender zu, wenn die einem Gefangenen übersandte Sache zu dessen Habe genommen wird[153]. Nicht betroffen ist der Leiter der Strafanstalt bei Entscheidungen des Gerichts nach § 119, sondern die Staatsanwaltschaft ist der Vertreter des Staates, der auch die Belange der Strafanstalt – ggfs. auf Anregung des Anstaltsleiters – mit wahrzunehmen hat[154]. Den Angehörigen (Eltern, Ehefrau) des Verurteilten fehlt die rechtliche Betroffenheit bei Versagung der bedingten Entlassung[155]. Die Rechtsanwaltskammer hat kraft gesetzlichen Ausschlusses gem. § 138d Abs. 6 S. 2 keine Befugnis zur sofortigen Beschwerde. Keine eigene Beschwerdebefugnis hat auch die Jugendgerichtshilfe, die sich jedoch ebenfalls an die Staatsanwaltschaft wenden kann[156].

53　c) **Erledigung und Überholung.** Gegen Maßnahmen, die **aufgehoben** oder sonst **unwirksam** (z. B. nach rechtskräftigem Verfahrensabschluß) geworden sind, fehlt es im Normalfall an der **Beschwer.** Wenn die angefochtene Entscheidung bereits vollzogen ist, die dadurch hervorgerufene Beeinträchtigung abgeschlossen ist und rückwirkend nicht mehr ungeschehen gemacht werden kann, d. h. zusammengefaßt durch den Fortgang des Verfahrens keine selbständige Bedeutung mehr hat, sollte nach der früheren Meinung der überwiegenden Rechtsprechung auch die Zulässigkeit der Beschwerde entfallen mangels einer **fortwirkenden prozessualen Beschwer**[157]. Diese frühere Rechtsprechung ist durch verschiedene **Entscheidungen des Bundesverfassungsgerichts seit 1997** überholt[158], nachdem sich bereits zuvor im Schrifttum die Auffassung durchsetzte, daß in Fällen endgültig vollzogener oder abgeschlossener richterlich angeordneter Zwangsmaßnahmen die Beschwerde – mit dem **Ziel der Feststellung der Rechtswidrigkeit** dieser richterlichen Entscheidung – zulässig sein muß, sofern der Betroffene durch Nachwirkungen der Anordnung über ihre prozessuale Erledigung hinaus beschwert ist. Das Bundesverfassungsgericht hat grundlegend entschieden, daß das **Erfordernis eines effektiven Rechtsschutzes gem. Art. 19 Abs. 4 GG** dem Betroffenen das Recht gibt, in Fällen **tiefgreifender**, tatsächlich jedoch nicht mehr fortwirkender **Grundrechtseingriffe** auch dann die Berechtigung des Eingriffs gerichtlich klären zu lassen, wenn die direkte Belastung durch den angegriffenen Hoheitsakt sich nach dem typischen Verfahrensablauf auf eine Zeitspanne beschränkt, in welcher der Betroffene die gerichtliche Entscheidung in der von der Prozeßordnung gegebenen Instanz kaum erlangen kann[159].

---

[150] LR-*Hilger* § 464, 41 mit weit. Nachw.; *Meyer-Goßner*[46] § 464, 22; **a. A.** früher noch BGHSt **34** 184; allerdings hat der BGH seine damalige Rechtsprechung insoweit aufgegeben, daß ein Einstellungsbeschluß gem. § 206a zu erfolgen hat, BGHSt **45** 108; dazu ausf. LR-*Hilger* § 467, 10 ff; LR-*Rieß* § 206a, 36 f, jeweils mit weit. Nachw.
[151] OLG Hamm CR **1999** 697; OLG Celle NStZ-RR **2000** 216; LG Stuttgart NJW **2001** 455; vgl. BGH NStZ **2003** 272.
[152] Vgl. aber OLG Hamm MDR **1969** 161 (Gefangenengewerkschaft).
[153] OLG Stuttgart Justiz **1976** 485; *Schlüchter* 661; SK-*Frisch* 45; AK-*Altenhain/Günther* 83.
[154] LR-*Hilger* § 119, 156; KK-*Engelhardt*[4] 29.
[155] KK-*Engelhardt*[4] 31; *Meyer-Goßner*[46] 7; SK-*Frisch* 45; vgl. OLG Schleswig SchlHA **1958** 288 f.
[156] OLG Frankfurt NStZ-RR **1996** 251.
[157] BVerfGE **49** 329; BGH NJW **1995** 3397 mit weit. Nachw.
[158] Vgl. ausführlich Vor § 304, 68 ff.
[159] BVerfGE **96** 27 = NJW **1997** 2163.

Für die **Zulässigkeit der Beschwerde** ist trotz prozessualer Überholung demnach zu prüfen, ob ein **Rechtsschutzinteresse** des Betroffenen besteht, d. h. (1) ein tiefgreifender Grundrechtseingriff vorliegt, (2) eine zu kurze Zeitspanne nach dem typischen Verfahrensablauf besteht, um vollen gerichtlichen Rechtsschutz während der direkten Belastung zu erlangen, und ggfs. (3) bei nicht tiefgreifenden Grundrechtsverletzungen oder ausreichender Zeitspanne ein berechtigtes Interesse an der nachträglichen Feststellung der Rechtswidrigkeit der Maßnahme (z. B. wegen Wiederholungsgefahr, Rehabilitierungsinteresse, Willkür)[160] besteht. Wenn das Bundesverfassungsgericht zutreffend sagt, „bei **Durchsuchungen von Wohn- oder Redaktionsräumen** ist ... (ein Rechtsschutzinteresse) schon wegen des Gewichts des Eingriffs in das Grundrecht des **Art. 13 Abs. 1 sowie des Art. 5 Abs. 1 S. 2 GG** ... zu bejahen"[161], wird ein solches **Rechtsschutzinteresse** trotz prozessualer Überholung **bei allen strafprozessualen Zwangsmaßnahmen (Grundrechtseingriffen) bis zum Ende des Beschwerdewegs** anzunehmen sein[162].

Unzulässig ist trotz dieser Rechtsprechung des Bundesverfassungsgerichts die **Beschwerde einer Staatsanwaltschaft** gegen eine richterliche Maßnahme, die bereits vollzogen und somit überholt ist, soweit nicht nach wie vor erhebliche Konsequenzen zu zeitigen sind oder substantiierte Wiederholungsgefahr besteht. Der Staatsanwaltschaft kommt als Staatsorgan **keine Grundrechtsfähigkeit** zu[163]. Die Rechtsprechung des Bundesverfassungsgerichts beruht aber erkennbar auf der Ermöglichung eines effektiven Rechtsschutzes gem. Art. 19 Abs. 4 GG unter Berücksichtigung der Schwere von gegebenen Grundrechtseingriffen zum Schutze des Bürgers und Grundrechtsträgers. Gleichwohl bleibt zu bedenken, daß eine nachträgliche Überprüfung im Rahmen der Begründetheit nur eingeschränkt möglich sein kann am Maßstab der Vertretbarkeit, folgt man der Rechtsprechung des Bundesgerichtshofs[164].

Unzulässig bleiben Beschwerden gegen tatsächlich „überholte" richterliche Entscheidungen, zum Beispiel eine Entscheidung, wenn das Verfahren bezüglich des Betroffenen inzwischen rechtskräftig abgeschlossen worden ist[165], oder wenn die anzufechtende Entscheidung inzwischen keine Wirkung mehr äußert, weil zwischenzeitlich eine neue Entscheidung über den gleichen Gegenstand ergangen ist[166]. Wenn die Beschwerde bereits im Zeitpunkt ihrer Einlegung überholt war, ist sie mangels Beschwer als unzulässig zu verwerfen. Tritt das überholende Ereignis aber erst später ein, so ist die Beschwerde ohne Kostenentscheidung für erledigt zu erklären.[167]

Zu beachten ist außerdem die **Sonderregelung für den großen Lauschangriff in § 100d Abs. 6** bei erledigten Maßnahmen, die mit einer systemwidrigen Möglichkeit für das erkennende Gericht verbunden ist, nämlich die Entscheidung erst in dem das Verfahren abschließenden Urteil zu treffen[168].

5. Rechtsmittelverzicht und Rücknahme. Nach Rechtsmittelverzicht oder -rücknahme – beschränkbar nach den bereits dargestellten Grundsätzen[169] – ist eine danach eingelegte

---

[160] OLG Celle NJW **1997** 2964.
[161] BVerfG NJW **1998** 2131, 2132.
[162] Näher Vor § 304, 70, 72 mit vielen Nachw.
[163] OLG Frankfurt NJW **1995** 1302.
[164] Vgl. BGHSt **41** 30; **47** 362, 366 ff; kritisch dazu Vor § 304, 73 (Fn. 165).
[165] Haftbeschwerde nach Rechtskraft: OLG Hamm StraFo. **2002** 100 f; Beschwerde gegen § 111a-Beschluß nach Rechtskraft: Vor § 304, 75 mit weit. Nachw. zur Zulässigkeit der Beschwerde parallel zur Revision.
[166] Beschwerde gegen Beschlagnahme, nachdem Bestätigungsbeschluß gem. § 98 Abs. 2 S. 2 ergangen ist: BGH NStZ **2000** 154.
[167] SK-*Frisch* 53 und Vor § 296, 174; KK-*Ruß*[4] Vor § 296, 8; *Meyer-Goßner*[46] Vor § 296, 17; vgl. § 309, 6.
[168] *Meyer-Goßner*[46] § 100d, 12.
[169] LR-*Hanack* § 302, 44; Vor § 304, 16 ff; § 304, 30.

§ 304 Drittes Buch. Rechtsmittel

Beschwerde als unzulässig zu verwerfen[170]. Bei einer entsprechenden Erklärung während des Beschwerdeverfahrens bedarf es lediglich eines Beschlusses, die Beschwerde für erledigt zu erklären, wenn die Wirksamkeit des Rechtsmittelverzichts oder der Rücknahme von einem Beteiligten (zu Unrecht) bestritten wird.[171] Liegen die Akten bereits dem Rechtsmittelgericht vor, so wird eine Rücknahme- oder Verzichtserklärung erst mit Eingang bei dem Rechtsmittelgericht wirksam (vgl. Nr. 152 Abs. 2 S. 1 RiStBV).

59   Eine **Teilanfechtung (Beschränkung der Beschwerde)**[172] muß nicht notwendigerweise auch bereits einen Verzicht auf künftige (weitere) Anfechtung bedeuten[173], auch ist eine Rücknahme nicht zwingend als Verzicht auszulegen. In Streitfällen muß eine exakte Auslegung, ggfs. auch durch Rückfrage bei dem Beschwerdeführer erfolgen[174]. Die Rechtsfolge des wirksamen Rechtsmittelverzichts ist jedoch umfassend der unwiderrufliche Verlust der weiteren Anfechtungsmöglichkeit. Grundsätzlich ist im Falle von Rechtsmittelverzicht oder -rücknahme durch den Verteidiger dessen ausdrückliche Ermächtigung gem. § 302 Abs. 2 zu prüfen und ggfs. der Nachweis vom Verteidiger oder vom Beschuldigten einzufordern (vgl. Nr. 152 Abs. 1 RiStBV).

II. Beschlüsse und Verfügungen

1. Entscheidungen der Amts- und Landgerichte

60   a) Die Beschwerde erfaßt, soweit sie nicht ausgeschlossen ist[175], grundsätzlich **alle richterlichen Anordnungen** im Strafverfahren, ohne Rücksicht auf die Bezeichnung[176]. Die Aufzählung des Absatzes 1, die durch die Absätze 4 und 5 sachlich begrenzt wird, geht davon aus, daß die **Entscheidungen im Ermittlungsverfahren, im ersten Rechtszug und in der Berufungsinstanz** generell der Beschwerde zugänglich sind, sofern nicht die Einschränkungen des Absatzes 4 und 5 für Bundesgerichtshof und Oberlandesgerichte Platz greifen. Wie die besondere Erwähnung des beauftragten und ersuchten Richters zeigt, dient die Aufzählung vor allem der Hervorhebung der wichtigsten Fälle und nicht der logischen Abgrenzung aller Verfahren, in denen der Beschwerde zugängliche Entscheidungen ergehen können.

61   Der **Bereich der Beschwerde gem. §§ 304 ff** ist durch einschränkende systematische Auslegung, nämlich durch **Berücksichtigung des § 310 Abs. 2**, zu ermitteln. Betrifft die Beschwerde eine Verhaftung oder vorläufige Unterbringung, dann kann eine „auf die Beschwerde hin" erlassene Entscheidung durch weitere Beschwerde angefochten und insgesamt dreimal gerichtlich überprüft werden, in allen anderen Fällen darf der Prozeßstoff nur zweimal Gegenstand gerichtlicher Überprüfung sein[177].

62   b) **Entscheidungen des Richters im Vorverfahren** sind alle während des Ermittlungsverfahrens ergangenen richterlichen Anordnungen, vor allem die des Ermittlungsrichters. Dies gilt auch bei Entscheidungen, die im Ermittlungsverfahren bereits durch

---

[170] SK-*Frisch* § 302, 81 mit weit. Nachw.
[171] LR-*Hanack* § 302, 76 mit weit. Nachw.; zu Problemen der Wirksamkeit einer Rücknahme oder des Verzichts vgl. die Kommentierungen zu § 302.
[172] Zur Zulässigkeit der Beschränkung ausf. Vor § 304, 16 ff.
[173] BGHSt 38 366 f unter Aufgabe der früheren Rechtsprechung; vgl. auch für den Fall einer späteren Konkretisierung des Rechtsmittels BGHSt 38 4 f.
[174] Vgl. SK-*Frisch* § 302, 4 f; LR-*Hanack* § 302, 28 ff, jeweils mit weit. Nachw.
[175] Dazu oben § 304, 17 ff.
[176] Entscheidet ein Gericht z. B. versehentlich im Urteil über Bewährungszeit oder Auflagen, so gilt dieser Urteilsteil als abtrennbarer beschwerdefähiger Beschluß nach §§ 268a, 305a; vgl. LR-*Hanack* § 333, 7; § 304, 4 ff und § 305a, 1.
[177] § 310, 1 f.

das für das Zwischen- und Hauptverfahren zuständige Gericht getroffen werden (z. B. bei Unterbringung gem. § 81 Abs. 3)[178]. Nicht mehr zum „Vorverfahren" gehören die Maßnahmen im Zwischenverfahren, mit denen das Gericht die Entscheidung über die (Nicht-) Eröffnung des Hauptverfahrens vorbereitet[179]. Für Verfahren und Verfügungen des Ermittlungsrichters des Bundesgerichtshofs und der Oberlandesgerichte gelten die Einschränkungen des § 304 Abs. 5.

c) Erster Rechtszug umfaßt gem. § 304 Abs. 1, in Abgrenzung zum Ermittlungsverfahren und zum Berufungsverfahren, den **Zeitraum des erstinstanzlichen gerichtlichen Verfahrens nach Erhebung der öffentlichen Klage**[180], d. h. das **Zwischen- und Hauptverfahren** bei den Amts- und Landgerichten, denn für erstinstanzliche Verfahren vor dem Oberlandesgericht gelten die Einschränkungen gem. § 304 Abs. 4. Dem Verfahren des ersten Rechtszuges unterfällt demnach nicht jede Entscheidung irgendeines Gerichts nach Erhebung der öffentlichen Klage, das sich erstmals mit dem Beschwerdegegenstand befaßt hat[181], also auch nicht teilweise das Berufungsverfahren, soweit erstmals Entscheidungen getroffen werden[182]. Dennoch kann der erste Rechtszug auch noch im Beschwerdeverfahren bei dem Beschwerdegericht vorliegen[183], beispielsweise bei einem Antrag – gestellt erst im Beschwerdeverfahren – auf Wiedereinsetzung in den vorigen Stand[184]. Folglich kommt es auch nicht darauf an, ob das in der ersten Instanz zuständige Gericht die Entscheidung selbst getroffen hat[185], sondern auf den **Zeitpunkt der Entscheidung**, nämlich – nach Abschluß des Ermittlungsverfahrens – während des ersten Rechtszuges bis zum Abschluß desselben. Zu diesem sachgerechten Ergebnis läßt sich bereits im Wege der Wortauslegung kommen, so daß es methodisch nicht richtig ist, den Begriff des ersten Rechtszuges zu reduzieren auf Entscheidungen der erstinstanzlichen Gerichte unmittelbar und im übrigen auf Analogie – „wegen des gleichen Rechtsgedankens"[186] – auszuweichen, um andere Fälle[187] miteinbeziehen zu können. In bestimmten Fällen ist daher eine Beschwerde auch gegen Entscheidungen möglich, die sich nicht erstmals mit einem Gegenstand generell befassen (Fälle einer „Zweitbefassung"), aber erstmals mit einem bestimmten konkreten Gegenstand[188]. Hat beispielsweise das Landgericht irrtümlich als Beschwerdegericht entschieden, obwohl es die Entscheidung als Gericht des ersten Rechtszugs zu treffen hatte[189] oder weil es bei richtiger Beurteilung der Rechtslage für die Rechtsmittelentscheidung überhaupt nicht zuständig war (im Fall einer Rechtsbeschwerde in einem OWiG-Verfahren)[190], so ist gegen diese Entscheidungen – trotz Zweitbefassung – die Beschwerde gegeben[191].

Ebenfalls umfaßt der Begriff des ersten Rechtszuges das **Wiederaufnahmeverfahren** in erster Instanz (§§ 359 ff)[192]. Soweit sich der Wiederaufnahmeantrag gem. § 140a Abs. 1 S. 1 GVG gegen das Urteil erster Instanz – bzw. ein Urteil der Revisionsinstanz aufgrund einer Revision gegen ein erstinstanzliches Urteil (§ 140a Abs. 1 S. 2 GVG)[193] – wendet, ist diese Zuordnung ohnehin unproblematisch. Gleiches muß jedoch gelten für

63

64

---

[178] SK-*Frisch* § 304, 22.
[179] KK-*Engelhardt*⁴ 18; vgl. § 202, 17.
[180] SK-*Frisch* § 304, 13; *Ellersiek* 63 f.
[181] So die wohl h. M; vgl. SK-*Frisch* 15; KK-*Engelhardt*⁴ 4.
[182] Vgl. die Kritik an der h. M LR-*Gollwitzer*²⁴ 11 (Fn. 21).
[183] OLG Koblenz NJW **1961** 1418.
[184] BayObLGSt **1952** 8; *Eb. Schmidt* Nachtr. I 2.
[185] LR-*Gollwitzer*²⁴ 11.
[186] LR-*Gollwitzer*²⁴ 11.
[187] Z. B. den Fall der Wiedereinsetzung durch das Beschwerdegericht mit erstmaliger Sachentscheidung.
[188] Ähnlich die Argumentation bei SK-*Frisch* 15 f.
[189] Vgl. OLG Bremen NJW **1967** 1975; OLG Frankfurt NJW **1980** 1808; OLG Hamm NJW **1972** 1725 f; OLG Düsseldorf MDR **1982** 518; NStZ-RR **2001** 111 ff (wahre Rechtslage); vgl. § 310, 7 ff mit weit. Nachw.
[190] SK-*Frisch* 16; KK-*Engelhardt*⁴ 4.
[191] Vgl. § 310, 9.
[192] KK-*Engelhardt*⁴ 4; *Pfeiffer*³ 3; SK-*Frisch* 13.
[193] Vgl. LR-*Franke* § 140a GVG, 6.

§ 304 Drittes Buch. Rechtsmittel

das Wiederaufnahmeverfahren in erster Instanz, soweit sich der Wiederaufnahmeantrag gegen ein Berufungsurteil (§ 140a Abs. 1 S. 1 GVG)[194] – bzw. ein Urteil der Revisionsinstanz aufgrund einer Revision gegen ein Berufungsurteil (§ 140a Abs. 1 S. 2 GVG) – wendet, da eine Differenzierung nicht sachgerecht wäre und das Berufungsverfahren ebenfalls von § 304 Abs. 1 vollständig umfaßt ist. Schließlich spricht hierfür auch der Wortlaut des § 372 Abs. 1 (sofortige Beschwerde gegen Entscheidungen über Zulässigkeit oder Begründetheit des Wiederaufnahmeantrags „von dem Gericht im ersten Rechtszug")[195].

65 Im übrigen eröffnet der weite Begriff des ersten Rechtszuges die **vollständige Erfassung aller erstinstanzlicher Verfahren** nach der StPO, z. B. Strafbefehlsverfahren §§ 407 ff, beschleunigtes Verfahren §§ 417 ff oder Privatklageverfahren §§ 374 ff. Die **Nachtragsentscheidung nach § 33a** gehört mithin zum selben Rechtszug wie die vorangegangene Sachentscheidung, die sie bestätigt oder ändert[196].

66 Einen **Sonderfall** stellen Verfahrenssituationen **während eines Revisionsverfahrens** dar, soweit Urteile der ersten Instanz angefochten werden. Gem. § 126 Abs. 2 S. 2 bleibt das erkennende Gericht zuständig für Haftentscheidungen (vgl. aber die Ausnahmefälle einer Entscheidung des Revisionsgerichts gem. § 126 Abs. 3)[197], gleiches gilt bei anderen vorläufigen Maßnahmen wie dem Entzug der Fahrerlaubnis gem. § 111a[198]. Entsprechend ist auch während des Revisionsverfahrens die Beschwerde gegen solche Maßnahmen des Gerichts „im ersten Rechtszug" zulässig gem. § 304 (vgl. auch § 305 S. 2) und bewirkt keine Einschränkung der Sachentscheidungskompetenz des Beschwerdegerichts[199].

67 **Nicht zum ersten Rechtszug** gehören strafvollstreckungsrechtliche Entscheidungen[200], auch wenn sie dem Gericht des ersten Rechtszuges übertragen sind (§ 462a Abs. 2 und 3), ebenfalls nicht die nachträgliche Gesamtstrafenbildung gem. §§ 460, 462. Solche Entscheidungen sind nur nach Maßgabe der spezielleren Vorschriften im siebenten Buch (§§ 453 ff, 462, 462a, 463) anfechtbar, auf dieser Grundlage – „kraft ausdrücklicher Anordnung"[201] – jedoch unter Anwendung der §§ 304 ff[202]. Ebenfalls unterfallen nicht dem ersten Rechtszug Entscheidungen des gemeinschaftlichen oberen Gerichts über das Verfahren des ersten Rechtszugs gem. §§ 12 Abs. 2, 13 Abs. 2 S. 2 und 3, 14, 15, 19, die sämtlich unanfechtbar sind[203].

68 d) Vom Begriff des **Berufungsverfahrens** sind alle Entscheidungen umfaßt nach Einlegung der Berufung (§ 314 Abs. 1)[204]. Der angefochtene Beschluß kann noch vom Erstgericht stammen, wenn er für das Berufungsgericht seine Gültigkeit behält. Gem. § 321 ist das Berufungsgericht von der **Vorlage der Akten** an als erkennendes Gericht zuständig und folglich auch für Erlaß oder Änderung aktueller Verfahrensentscheidungen (z. B. über einen Haftbefehl gem. § 126 Abs. 2 oder eine vorläufige Entziehung der Fahrerlaubnis[205]). Nach **Einlegung der Revision** bleibt das **Berufungsgericht zuständig** in

---

[194] Vgl. *Meyer-Goßner*[46] § 140a, 6 mit weit. Nachw.
[195] Die einfache Beschwerde gem. § 304 soll beispielsweise den notwendigen Rechtsschutz bei Entscheidungen gem. §§ 364a, 364b gewährleisten; vgl. LR-*Gössel* § 372, 6; KK-*Schmidt*[4] § 372, 1; *Pfeiffer*[4] § 372, 1.
[196] Zu den Einzelheiten vgl. LR-*Wendisch* § 33a, 20, 21; ferner etwa *Ellersiek* 67; *Hanack* JZ 1966 43, 48; JR 1974 112, 113; § 311a, 15.
[197] BGH NStZ 1997 145; BGHSt 41 16.
[198] BGH NJW 1978 384; *Hentschel* 16 A Rdn. 262.
[199] OLG Düsseldorf NStZ-RR 2000 240; OLG Koblenz NStZ-RR 1997 206 mit weit. Nachw.
[200] OLG Stuttgart NStZ 1989 492 f mit Anm. *Katholnigg*; OLG Hamm NStZ 1989 443 f.
[201] *Ellersiek* 42.
[202] SK-*Frisch* 14; *Meyer-Goßner*[46] 2.
[203] *Giesler* S. 164 ff; KK-*Engelhardt*[4] 5; SK-*Frisch* 14; *Meyer-Goßner*[46] 2; LR-*Wendisch* Vor § 7, 36; § 304, 28; Vor § 304, 66.
[204] *Ellersiek* 64; KK-*Engelhardt*[4] 16; *Eb. Schmidt* 3.
[205] OLG Hamm NJW 1974 1574 f; OLG Karlsruhe MDR 1974 159; KK-*Engelhardt*[4] 16.

Haftsachen gem. § 126 Abs. 2 S. 2²⁰⁶, gleiches gilt bei anderen vorläufigen Maßnahmen wie dem Entzug der Fahrerlaubnis gem. § 111 a²⁰⁷. Entsprechend ist während des Revisionsverfahrens die Beschwerde gegen Maßnahmen des Berufungsgerichts – wie auch bezüglich des Gerichts des „ersten Rechtszuges" – zulässig gem. § 304 (vgl. auch § 305 S. 2) und bewirkt keine Einschränkung der Sachentscheidungskompetenz des Beschwerdegerichts²⁰⁸. In den bezeichneten Fällen unterfallen daher dem Begriff der anfechtbaren Entscheidungen im Berufungsverfahren gem. § 304 Abs. 1 in erweiternder Auslegung auch solche Entscheidungen des Berufungsgerichts, die während des Revisionsverfahrens in der Zuständigkeit des Berufungsgerichts liegen.

e) **Ersuchter Richter.** Die Entscheidungen des ersuchten Richters sind der Beschwerde offen, wie der Wortlaut des § 304 Abs. 1 klarstellt, obwohl dies schon daraus folgt, daß solche Maßnahmen je nach Verfahrenslage dem Ermittlungsverfahren, dem ersten Rechtszug oder dem Berufungsverfahren zuzuordnen sind. Die Beschwerde gegen die Entscheidung des ersuchten Richters – gem. § 157 Abs. 1 GVG immer ein Amtsgericht – geht an das **diesem** gem. § 73 Abs. 1 GVG **übergeordnete Beschwerdegericht** (bei Nichtabhilfe gem. § 306 Abs. 2)²⁰⁹. Der ersuchte Richter ist jedoch regelmäßig (Ausnahmen: § 158 Abs. 2 GVG) an das Ersuchen gebunden. Für eine Beschwerde ist daher nur Raum, soweit ihm bei Erledigung des Ersuchens ein eigenes Ermessen und ein selbständiges Entscheidungsrecht zusteht oder die Beschwerde deshalb erhoben wird, weil er nicht dem Ersuchen entsprechend verfahren sei²¹⁰. Voraussetzung ist demnach, daß sich die Beschwerde in Wahrheit **nicht gegen den Inhalt des Ersuchens**, also gegen die **Entscheidung des ersuchenden Gerichts** wendet. In diesem Fall kann die Beschwerde nur an das diesem Gericht übergeordnete Beschwerdegericht gehen (ebenfalls nur bei Nichtabhilfe gem. § 306 Abs. 2). In dem Fall, daß das Ersuchen abgelehnt oder entgegen § 158 Abs. 2 GVG stattgegeben wird, entscheidet auf Antrag das Oberlandesgericht gem. § 159 Abs. 1 S. 1 und Abs. 2 GVG, die Beschwerde hiergegen zum Bundesgerichtshof ist einschränkend in § 159 Abs. 2 GVG geregelt²¹¹.

69

f) **Beauftragter Richter.** Ist ein Mitglied eines Gerichts beauftragt, eine Untersuchungshandlung vorzunehmen, so kann sich die Beschwerde gegen das Verfahren des beauftragten Richters oder gegen den Auftrag, also gegen die Entscheidung des beauftragenden Gerichts, wenden. Das **beauftragende Gericht** kann **nicht über die Beschwerde** entscheiden, abgesehen von einer Abhilfeentscheidung gem. § 306 Abs. 2²¹², insoweit ist **das zuständige Beschwerdegericht die dem beauftragenden Gericht übergeordnete Instanz**. Der beauftragte Richter ist Mitglied dieses Gerichts, an dessen Auftrag gebunden und würde im übrigen nach § 23 Abs. 1 bei der Entscheidung über die Beschwerde nicht mitwirken können. Aus der Aufgabe des beauftragten Richters folgt allerdings, daß das beauftragende Gericht jederzeit in sein Verfahren eingreifen darf, auch auf Grund einer Gegenvorstellung durch einen Prozeßbeteiligten. Doch wird hierdurch dessen Recht, die Entscheidung des Beschwerdegerichts anzurufen, nicht berührt.

70

---

²⁰⁶ Zu den Ausnahmefällen einer Entscheidung des Revisionsgerichts gem. § 126 Abs. 3 siehe nochmals BGH NStZ **1997** 145; BGHSt **41** 16.
²⁰⁷ BGH NJW **1978** 384; *Meyer-Goßner*⁴⁶ § 111a, 14 mit weit. Nachw.
²⁰⁸ OLG Düsseldorf NStZ-RR **2000** 240; OLG Koblenz NStZ-RR **1997** 206; OLG Frankfurt NStZ-RR **1996** 205; OLG Schleswig StV **1995** 345; vgl. OLG Stuttgart NStZ-RR **2001** 377; **a. A** OLG Brandenburg NStZ-RR **1996** 170.

²⁰⁹ In der Reichstagskommission (Prot. *Hahn* 989, 1384) wurde erörtert, ob eine über den ersuchten Richter geführte Beschwerde durch Entscheidung des *ihm* vorgeordneten Beschwerdegerichts zu erledigen sei.
²¹⁰ *Ellersiek* 165; *KK-Engelhardt*⁴ 24; *Eb. Schmidt* 14.
²¹¹ Zu den Einzelheiten und zur begrenzt zulässigen weiteren Beschwerde an den BGH vgl. bei LR-*Boll* § 159 GVG, 11 ff.
²¹² *Ellersiek* 166; *Eb. Schmidt* 13; *SK-Frisch* 24.

2. Entscheidungen der Oberlandesgerichte und des Bundesgerichtshofes

71 **a) Ausschluß der Beschwerde.** Die Beschwerde gegen **Beschlüsse und Verfügungen des Bundesgerichtshofs und Entscheidungen der Oberlandesgerichte** ist in der Regel nicht statthaft (§ 304 Abs. 4 Satz 1, 2 erster Halbsatz). Die wesentlichen gesetzgeberischen Gründe für den Ausschluß sind Würde und Rang der Obergerichte, die Entlastung von nebensächlichen Entscheidungen im Interesse ihrer wesentlichen Rechtsprechungsaufgaben und die Entbehrlichkeit eines Rechtsmittels wegen der Qualität der Entscheidungen[213]. **Ausnahmen** bestehen bei Entscheidungen der Landeshauptstadt-Oberlandesgerichte (§ 120 GVG) und deren Zuständigkeit im ersten Rechtszug (**§ 304 Abs. 4 Satz 1, 2 zweiter Halbsatz mit Ausnahmekatalog**)[214] sowie bei Entscheidungen der Ermittlungsrichter des Bundesgerichtshofs und der Oberlandesgerichte (**§ 304 Abs. 5 mit Ausnahmekatalog**). Nur in den bezeichneten Ausnahmefällen ist die Beschwerde (im Rahmen der Zulässigkeitsprüfung)[215] statthaft und führt zu einer Prüfung der Begründetheit, ansonsten ist sie als **unzulässig durch das Beschwerdegericht zu verwerfen**[216]. Grundsätzlich sind alle Verfahrensbeteiligten, soweit sie nach allgemeinen Kriterien der Zulässigkeit beschwert sind[217], **Beschwerdeberechtigte**[218].

72 **Nicht statthaft** ist die Beschwerde zum Beispiel gegen Entscheidungen, die eine Verfahrensabtrennung betreffen[219], die einer Richterablehnung nicht stattgeben[220], bei Entscheidungen nach §§ 137 Abs. 1, 146[221] oder über Maßnahmen nach § 148 Abs. 2[222], bei richterlicher Bestätigung der Aufnahme von Finger- und Handflächenabdrücken[223], bei Entscheidungen über Entnahme von Körperzellen zur Feststellung des DNA-Identifizierungsmusters[224], über die Auswahl eines Sachverständigen[225], über die Nichtaushändigung eines Schreibens an den Gefangenen[226], über die Entschädigungspflicht nach §§ 2 ff StrEG[227], über die Wiedereinsetzung im Verfahren über die Entschädigung[228], bei Entscheidungen während des Wiederaufnahmeverfahrens[229], über die Verhängung von Ordnungsgeld[230] oder Ordnungshaft[231], bei Auslagenentscheidung nach Einstellung wegen Verfahrenshindernisses (strittig wegen Verhältnis § 464 Abs. 3 S. 1 und § 304 Abs. 4 und 5)[232], aber auch bei Entscheidungen des Oberlandesgerichts gem. § 172 Abs. 4[233].

---

[213] Vgl. *Giesler* 44 ff, 91 ff; *Voßkuhle* Rechtsschutz gegen den Richter (1993) 320 ff; SK-*Frisch* 58.

[214] Absatz 4 Satz 2 ist mit dem Grundgesetz vereinbar, vgl. BVerfGE **45** 363, 374; zu verfassungsrechtlichen Bedenken vgl. *Giesler* 10 ff; 91 ff (mit Gleichheitsgrundsatz unvereinbare Differenzierung).

[215] § 304, 2 ff.

[216] Dem Gericht, welches die angefochtene Entscheidung erlassen hat, ist eine Abhilfeentscheidung möglich, aber eine abschließende negative Entscheidung versagt, § 306 Abs. 2. Der Grundsatz lautet: Jede Beschwerde ist dem Beschwerdegericht vorzulegen, soweit ihr nicht vollständig abgeholfen wird; siehe Vor § 304, 8 f; § 304, 1; § 306, 13, 22.

[217] § 304, 41 ff.

[218] § 304, 46 ff; im Unterschied zu § 310 ist auch die Staatsanwaltschaft (fast) uneingeschränkt zur Beschwerde befugt, siehe hingegen bei der weiteren Beschwerde (nicht zu Lasten des Beschuldigten), § 310, 18 ff. Die Rechtsprechung schränkt zutreffend lediglich in einem Fall die Beschwerdebefugnis auch bei § 304 Abs. 4 und 5 ein, nämlich bei Ablehnung oder Aufhebung der Anordnung von Erzwingungshaft gem. § 70 Abs. 2, BGHSt **43** 262; vgl. OLG Frankfurt NStZ-RR **2000** 26, 382; § 310, 42.

[219] BGH NStZ **1993** 296.

[220] BGHSt **27** 96, 98; BVerfGE **45** 363; abl. *Schmidt-Leichner* NJW **1977** 1804.

[221] BGH NJW **1977** 156 f.

[222] BGH bei *Schmidt* MDR **1984** 183, 187.

[223] BGH NJW **1994** 465.

[224] BGH NJW **2002** 765; BGH Beschluß vom 21.03.2002 (3 BJs 1/01–4(1) StB 3/02).

[225] BGH StV **1995** 628; SK-*Frisch* 63.

[226] BGH NStZ-RR **2002** 190.

[227] BGHSt **26** 250, 254 f.

[228] BGH NJW **1976** 523, 525.

[229] BGH NJW **1976** 431; NStZ **1981** 489.

[230] BGH NStZ **1994** 198; vgl. auch BGHSt **36** 192, 197; **43** 262, 264; OLG Frankfurt NStZ-RR **2000** 26, 382.

[231] BGHSt **36** 192, 197; **43** 262, 264; BGH NStZ **1994** 198; OLG Frankfurt NStZ-RR **2000** 26, 382, im Unterschied zu Entscheidungen über Erzwingungshaft, dazu § 310, 42.

[232] BGH NStZ **2000** 330 mit krit. Anm. *Hilger*; dazu näher zu Kostenbeschwerde, § 304, 36.

[233] BGH MDR **1992** 549; BGH Beschlüsse vom 28.05.2003 (2 ARs 82/03, 2 AR 53/03) und 13.06.2003 (2 ARs 179/03).

b) Ausnahmen bei Entscheidungen der Oberlandesgerichte im ersten Rechtszug

Ausnahmen von der Unanfechtbarkeit sieht § 304 Abs. 4 Satz 2 nur bei bestimmten **73** Beschlüssen und Anordnungen der Landeshauptstadt-Oberlandesgerichte im ersten Rechtszug (§ 120 Abs. 1 bis 4 GVG) vor, die besonders nachteilig in die Rechtssphäre des Betroffenen eingreifen, einen Abschluß des Verfahrens herbeiführen oder sonst von besonderem Gewicht sind[234]. Der **Katalog** des Absatz 4 Satz 2 zählt **abschließend** auf, welchen Gegenstand die Entscheidungen haben müssen, um die Beschwerde zum Bundesgerichtshof zu eröffnen. Die Ausnahmen in den Nummern 1 bis 5 sind nach Wortlaut und Regelungszweck eng auszulegen[235]. Eine analoge Anwendung innerhalb des typisierten Regelungsraums der einzelnen Fallgruppen ist nur in engsten Grenzen zulässig[236].

aa) Verhaftung

aa) Verhaftung (und einstweilige Unterbringung) sind ebenso auszulegen wie bei **74** § 310 Abs. 1[237]. Alle Beschlüsse, anhand derer unmittelbar entschieden wird, ob der Beschuldigte in Haft zu nehmen oder zu halten ist, fallen unter den Begriff der Verhaftung gem. §§ 304 Abs. 4 und 5, 310 Abs. 1[238]. Statthaft ist in diesen Fällen auch die Beschwerde gegen den Bestand eines nicht vollzogenen Haftbefehls[239] und eine Beschwerde gegen eine Entscheidung, mit der ein bereits bestehender Haftbefehl durch einen anderen ersetzt und nicht nur um einen Haftgrund ergänzt wird[240]. Mit der Beschwerde anfechtbar gem. §§ 304 Abs. 4 und 5, 310 Abs. 1 ist auch ein Haftbefehl, der nicht vollzogen, aber als Überhaft notiert ist[241]. Unter den Begriff der Verhaftung fällt insbesondere die Untersuchungshaft gem. §§ 112 ff[242], aber auch die Ungehorsamshaft gem. §§ 230 Abs. 2, 236[243], Erzwingungshaft gegen Zeugen gem. §§ 70 Abs. 2, 161a Abs. 2, 95 Abs. 2 S. 1[244] sowie der Sicherungshaftbefehl gem. § 453c[245], wobei diese auch ausdrücklich in § 304 Abs. 4 S. 2 Nr. 5 als Ausnahme aufgeführt ist. Zusammenfassend ist festzustellen, daß alle Entscheidungen anfechtbar sind, die das „Ob" der Inhaftierung bzw. des Haftbefehls betreffen. Insoweit kann auch die Anfechtung einzelner Auflagen bei einer Haftverschonung zulässig sein, denn der Bestand des Haftbefehls wird in der Regel ohnehin zu prüfen sein[246].

Nicht statthaft ist de lege lata nach zutreffender h. M. eine Beschwerde gem. §§ 304 **75** Abs. 4 und 5 beschränkt auf einen Haftgrund, ohne daß die erfolgreiche Beschwerde zu einer Haftentlassung führen könnte[247]. Nicht anfechtbar sind ebenso Modalitäten des Haftvollzugs, die den Bestand und Vollzug des Haftbefehls als solchen unberührt lassen

---

[234] BGHSt **25** 120 f.
[235] BGHSt **25** 120, 121; **30** 32, 33; **30** 168, 170; **30** 250, 251; **32** 365, 366; **34** 34, 35; **43** 262, 263; BGH NStZ 2000 330; KK-*Engelhardt*[4] 6; *Meyer-Goßner*[46] 12; vgl. auch BVerfGE **45** 363.
[236] BGHSt StV **1995** 628; BGHSt **27** 96 f; **29** 13 f; **30** 168, 171 mit Anm. *Gollwitzer* JR **1983** 85; *Schmidt* NStZ **1996** 481, 484 mit weit. Nachw.
[237] BGHSt **30** 52, 53 f; OLG Frankfurt NStZ-RR **2000** 26 f; *Meyer-Goßner*[46] 13; SK-*Frisch* 61; HK-*Rautenberg*[3] 21; KMR-*Plöd* 13.
[238] BGHSt **26** 270; **30** 52; § 310, 29 f.
[239] BGHSt **26** 270; **29** 200; **30** 52; BGH NJW **1973** 664 f (in BGHSt **25** 120 nicht vollst. abgedruckt); NJW **1980** 1401, 1402; § 310, 32 f (mit vielen Nachweisen, auch zur zunehmend weniger vertretenen Mindermeinung in der Rechtsprechung der Oberlandesgerichte).

[240] BGHSt **34** 34, 36; vgl. BGHSt **47** 249 (Hinzutreten eines Haftgrundes in dem angefochtenen Beschluß, ohne daß der Bestand des ursprünglichen Haftbefehls angegriffen wird); dazu *Hilger* NStZ **2002** 445; vgl. § 310, 36.
[241] § 310, 34.
[242] § 310, 30.
[243] § 310, 39.
[244] § 310, 41 ff (Abgrenzung zu Ordnungsgeld und -haft); BGHSt **36** 192, 195 (unter Aufgabe von BGHSt **30** 52); BGHSt **43** 262, 263 (Ablehnung oder Aufhebung nicht anfechtbar); KK-*Senge*[4] § 70, 15a; vgl. OLG Frankfurt NStZ-RR **2000** 26, 382.
[245] § 310, 44.
[246] Siehe die ausf. Behandlung bei § 310, 35 f mit weit. Nachw.; **a. A** BGHSt **25** 120 f; **34** 34, 36.
[247] BGHSt **34** 34, 36; BGHSt **47** 249; § 310, 36.

§ 304 Drittes Buch. Rechtsmittel

und nur das „Wie" der Haft betreffen[248]. Auch Bewährungsauflagen sind nicht anfechtbar gem. §§ 304 Abs. 4 und 5, 310 Abs. 1[249].

76 **bb) Einstweilige Unterbringung.** Im Unterschied zu § 310 nennt § 304 Abs. 4 S. 2 Nr. 1 neben der einstweiligen Unterbringung gem. § 126a auch die **Unterbringung zur Beobachtung** gem. § 81 als Ausnahme[250].

77 **cc) Beschlagnahme und Durchsuchung.** Der Begriff der Beschlagnahme umfaßt die im Gesetz ausdrücklich so bezeichneten Maßnahmen (§§ 94, 98; §§ 111b, 111c), aber auch die Anordnung des dinglichen Arrestes nach § 111d, jedenfalls soweit er die Einziehung oder den Verfall von Wertersatz sichern soll[251]. Die vorläufige Sicherstellung eines Gegenstandes nach § 108 wird dagegen wegen ihrer Vorläufigkeit der Beschlagnahme nicht gleichgestellt[252]. Der Begriff der Durchsuchung bezieht sich zunächst auf die klassischen **Durchsuchungen gem. §§ 102 ff**[253]. Die **Überwachung des Fernmeldeverkehrs** nach § 100a ist aber auch sinngemäß als **Durchsuchung** anzusehen oder jedenfalls gleichzustellen und fällt daher unter die Ausnahmeregelung der Nummer 1[254], zumal nach der neueren Rechtsprechung des Bundesverfassungsgerichts noch nachträglich die Rechtswidrigkeit der Maßnahme festgestellt werden kann trotz prozessualer Überholung[255]. Gleiches muß für Maßnahmen gem. § 100c gelten (vgl. aber § 100d Abs. 6).

78 **dd)** § 304 Abs. 4 S. 2 Nr. 2 betrifft die **Ablehnung der Eröffnung des Hauptverfahrens** nach § 210 Abs. 2 (wegen der Verweisung an ein Gericht niedrigerer Ordnung vgl. § 304 Abs. 4 S. 2 Nr. 3) und die **Einstellung wegen eines Verfahrenshindernisses** nach § 206a. Die Beschwerde kann sich auch gegen die **Untätigkeit** des Gerichts richten[256]. Die **Einstellung wegen Gesetzesänderung** gem. § 206b ist zwar nicht vom Wortlaut des § 304 Abs. 4 S. 2 Nr. 2 mitumfaßt, eine Beschwerdemöglichkeit erscheint jedoch in analoger Anwendung durchaus vertretbar[257]. Hingegen ist der Beschluß über die Verfahrensabtrennung keine Ausnahme im Sinne der Nr. 2, wenn eine Eröffnungsentscheidung möglich bleibt[258].

79 **ee)** Zulässig ist die Beschwerde gegen die Anordnung der **Hauptverhandlung in Abwesenheit des Angeklagten** (§ 231a Abs. 3 Satz 3) sowie bei den Beschlüssen, die gem. § 209 Abs. 1 die **Verweisung an ein Gericht niedrigerer Ordnung** aussprechen (§ 210 Abs. 2; § 120 Abs. 2 Satz 2 GVG). Die Ausnahme der Nummer 3 gilt nicht für Beschlüsse nach § 231 Abs. 2, selbst wenn sie zu Unrecht auf § 23a gestützt werden[259].

80 **ff)** Bei den Entscheidungen über **Versagung oder Beschränkung der Akteneinsicht nach § 147** besteht ebenfalls die **Befugnis der Beschwerde**. Die Beschwerdemöglichkeit

---

[248] BGHSt 26 270 f; BGH bei *Schmidt* NStZ 2000 363 (StB 6/98); vgl. § 310, 37.
[249] BGHSt 30 32.
[250] Nach h. M umfaßt die Befugnis zur weiteren Beschwerde gem. § 310 Abs. 1 nicht die Anfechtung einer Maßnahme gem. § 81; vgl. § 310, 46.
[251] BGHSt 29 13; BGH bei *Pfeiffer* NStZ 1982 188, 190; KK-*Engelhardt*[4] 9; *Meyer-Goßner*[46] 13; *Schlüchter* 655.
[252] BGHSt 28 349, 350 (unter Hinweis, daß BGHSt 19 374 nicht entgegensteht, da zur früheren Fassung ergangen); BGHSt 29 13, 15; KK-*Engelhardt*[4] 8; SK-*Frisch* 64; *Meyer-Goßner*[46] 13.
[253] Nicht umfaßt sind aber Entscheidungen über die Art und Weise der Durchsuchung, BGH NJW 2000 84, 86.
[254] LR-*Schäfer* § 100b, 11; KK-*Nack*[4] § 100b, 17; 100d, 4; KK-*Engelhardt*[4] 9; HK-*Rautenberg*[3] 21; vgl. auch BGHSt 29 13 f; a. A *Meyer-Goßner*[46] 13.
[255] Zur prozessualen Überholung siehe Vor § 304, 68 ff und § 304, 51 ff; vgl. noch SK-*Frisch* 66.
[256] § 304, 7 ff; Vor § 304, 31; OLG Frankfurt NStZ 2002 220; OLG Braunschweig NStZ-RR 1996 172.
[257] LR-*Rieß* § 206b, 17; a. A *Meyer-Goßner*[46] § 206b, 11.
[258] BGH NJW 1993 1279 f; *Meyer-Goßner*[46] 14; HK-*Rautenberg*[3] 22; SK-*Frisch* 67.
[259] BGH bei *Schmidt* MDR 1981 89, 94; KK-*Engelhardt*[4] 11; *Meyer-Goßner*[46] 15; SK-*Frisch* 68.

gilt nur für Verfahrensbeteiligte[260]. Der Antrag, die noch nicht fertig gestellten Protokollentwürfe einsehen zu können, eröffnet nicht die Beschwerde[261]. Diese ist auch nicht statthaft gegen Entscheidungen, die nicht die Akteneinsicht selbst betreffen, sondern nur ihre Modalitäten regeln, wie etwa die zusätzliche Überlassung von Ablichtungen an den Angeklagten[262]. Die Beschwerde ist jedoch zulässig, wenn nach dem Beschwerdevorbringen der Verteidigung durch die gerichtliche Entscheidung faktisch das Recht auf Akteneinsicht beschränkt oder diese versagt würde, also eine sachgerechte Verteidigung vereitelt würde.[263] Soweit allerdings § 147 Abs. 4 Satz 2 die Beschwerde ausschließt, wird sie auch durch § 304 Abs. 4 S. 2 Nr. 4 nicht zugelassen[264].

gg) Entscheidungen im Strafvollstreckungsverfahren. Mit der Beschwerde **anfechtbar** 81 sind nur die aufgeführten **Ausnahmen** wie der Widerruf der Strafaussetzung, nicht aber die Entscheidung über Bewährungsauflagen und Weisungen[265] oder bei Entscheidungen nach § 68f StGB[266]. Auch nicht anfechtbar ist der Beschluß des Oberlandesgerichts, der den vom Verurteilten beantragten Erlaß der Reststrafe einstweilen ablehnt und den Widerruf der Aussetzung des Strafrestes zurückstellt[267]. Dagegen ist Absatz 4 Satz 2 Nr. 5 nach Sinn und Zweck der Ausnahmeregelung entsprechend anwendbar, wenn das Oberlandesgericht nachträglich eine Gesamtstrafe bildet und deren Aussetzung zur Bewährung versagt[268].

hh) Entscheidungen im Wiederaufnahmeverfahren sind ebenfalls nur in dem gesetzlich 82 erwähnten Umfang beschwerdefähig bei Entscheidungen des Oberlandesgerichts (§ 372 S. 1), nicht dagegen ablehnende Entscheidungen gem. §§ 364a, 364b[269].

ii) Entscheidungen im selbständigen Einziehungsverfahren unterliegen ebenfalls der 83 (sofortigen) Beschwerde gem. §§ 440, 441 Abs. 2, gleiches gilt für Entscheidungen über Verfall und Unbrauchmachung, aber auch über Vernichtung und Beseitigung eines gesetzwidrigen Zustandes gem. § 442 Abs. 1.

jj) Verteidigerausschluß § 138d Abs. 6. § 304 Abs. 4 S. 2 letzter Halbsatz[270] stellt klar, 84 daß die sofortige Beschwerde gegen den Ausschluß des Verteidigers durch das Oberlandesgericht (§ 138d Abs. 6) von der Beschränkung der Beschwerde nicht betroffen wird. Die Zurückweisung eines Verteidigers gem. §§ 137 Abs. 1 S. 2, 146, 146a ist hingegen nicht anfechtbar[271].

c) Ausnahmen bei Entscheidungen des Ermittlungsrichters des Bundesgerichtshofs und 85 **des Oberlandesgerichts.** Die früher nur den Ermittlungsrichter des Bundesgerichtshofs betreffende Sonderregelung des § 304 Abs. 5 gilt seit dem StVÄG 1987 auch beim Er-

---

[260] BGHSt **36** 338 f; SK-*Frisch* 69.
[261] BGHSt **29** 394 (unter Hinweis, daß die Entwürfe noch kein Teil der Akten sind).
[262] BGHSt **27** 244 f.
[263] SK-*Frisch* 70.
[264] BGHSt **27** 244, 246; HK-*Rautenberg*[3] 24; Meyer-Goßner[46] 16; vgl. LR-*Lüderssen* § 147, 141 ff, 146.
[265] BGHSt **25** 120, 122; BGHSt **30** 32 f (keine Erweiterung des Katalogs durch den auf § 454 Abs. 2, 3 verweisenden Klammerzusatz auf Annexentscheidungen) = JR **1981** 306 mit Anm. *Peters*.
[266] BGHSt **30** 250.
[267] BGHSt **32** 365, 366.
[268] BGHSt **30** 168, 170 = JR **1983** 84 mit Anm. *Gollwitzer*.

[269] BGH NJW **1976** 431; Meyer-Goßner[46] 17; SK-*Frisch* 74.
[270] Art. 1 Nr. 23 Buchst. a StVÄG 1987 hat den früheren Satz 3 als letzten Halbsatz bei Satz 2 angefügt und so die strittige Frage, ob auch Entscheidungen des BGH der sofortigen Beschwerde nach § 138d Abs. 6 zugänglich seien – vgl. etwa *Ellersiek* 40, 81 ff; *Giesler* 61 – im Sinne der vorherrschenden Meinung verneinend klargestellt (zur früheren Rechtslage etwa *Dünnebier* FS Dreher 669, 675; NJW **1976** 1, 4); LR-*Lüderssen* § 138d, 15.
[271] BGH NJW **1977** 156 f; SK-*Frisch* 74; KK-*Engelhardt*[4] 14.

mittlungsrichter des Oberlandesgerichts, so daß hier keine Unterschiede mehr bestehen. Die Einschränkung der Anfechtungsmöglichkeit, die der Entlastung der Obergerichte dienen soll, erschien dem Gesetzgeber wegen der höheren Qualität der Gerichte vertretbar[272]. Die **Beschwerde** ist in Staatsschutzsachen gem. § 169 Abs. 1, § 120 GVG **ausnahmsweise** bei bestimmten – intensiv in die Rechtsstellung des Beschuldigten eingreifenden – Maßnahmen der Ermittlungsrichter des Bundesgerichtshofs und der Oberlandesgerichte **statthaft**. Der Gesetzgeber hält hier dieselbe Abgrenzung für angezeigt wie bei dem die Beschwerde gegen Entscheidungen der Landeshauptstadt-Oberlandesgerichte regelnden § 304 Abs. 4 S. 2. Daher werden aus dem Katalog des § 304 Abs. 4 S. 2 Nr. 1 diejenigen Anordnungen übernommen, die auch beim Ermittlungsrichter anfallen können. Statthaft ist die Beschwerde nur in den in Absatz 5 **abschließend** aufgezählten Fällen[273]. Für eine erweiternde Auslegung ist ebenso wie bei § 304 Abs. 4 nur in engsten Grenzen Raum[274]. In **allen anderen Fällen** ist die Beschwerde gegen die Verfügungen des Ermittlungsrichters **nicht statthaft**.

86 **Verhaftung und einstweilige Unterbringungen** sind hier im gleichen Sinne zu verstehen wie bei § 304 Abs. 4 S. 2 Nr. 1 und bei § 310 Abs. 1[275]. Unter **Beschlagnahme** und **Durchsuchung** sind die in §§ 94 ff, 111b, 111c, 111d sowie §§ 102 ff – erweiternd auch die in § 100a, § 100c – geregelten Maßnahmen zu verstehen, nicht aber die vorläufige Beschlagnahme eines Gegenstandes nach § 108[276].

87 d) **Sondervorschriften**, die ausdrücklich eine Überprüfungsentscheidung des Bundesgerichtshofs vorsehen, werden durch die Absätze 4 und 5 nicht eingeschränkt. Dabei ist unerheblich, ob der Rechtsbehelf vom Gesetzgeber als „Beschwerde" bezeichnet wird. Dies gilt vor allem für Rechtsbehelfe, die sich nach Regelungsziel und verfahrensrechtlicher Ausgestaltung von der eigentlichen Prozeßbeschwerde unterscheiden, die also schon der Rechtsnatur nach keine „Beschwerden im engeren Sinn" sind, wie etwa die Beschwerde zum Bundesgerichtshof nach § 159 Abs. 1 S 2 und 3 GVG für den Fall, daß das Oberlandesgericht die **Rechtshilfe** für unzulässig erklärt und das ersuchende und das ersuchte Gericht verschiedenen Oberlandesgerichtsbezirken angehören[277]. Unberührt bleibt der Rechtsweg zum Bundesgerichtshof auch im Falle des § 42 IRG.

§ 305

¹**Entscheidungen der erkennenden Gerichte, die der Urteilsfällung vorausgehen, unterliegen nicht der Beschwerde.** ²**Ausgenommen sind Entscheidungen über Verhaftungen, die einstweilige Unterbringung, Beschlagnahmen, die vorläufige Entziehung der Fahrerlaubnis, das vorläufige Berufsverbot oder die Festsetzung von Ordnungs- oder Zwangsmittels sowie alle Entscheidungen, durch die dritte Personen betroffen werden.**

---

[272] Vgl. Begr. RegEntw. BTDrucks. **10** 1313, 30; und zum früheren Absatz 5 BTDrucks. **8** 976, 57.
[273] Vgl. etwa BGHSt **30** 250 (zu § 68f StGB); BGH bei *Pfeiffer* NStZ **1982** 188, 190 (zu Entscheidungen nach § 117 Abs. 4); ferner die Beispiele bei *Schmidt* MDR **1981** 89, 94.
[274] § 304, 71 ff mit vielen Nachw.
[275] § 304, 74 ff; § 310, 29 ff, jeweils mit vielen Nachw.
[276] § 304, 77 mit vielen Nachw.
[277] Vgl. *Giesler* 140; LR-*Boll* § 159 GVG, 11 ff.

§ 305

Entstehungsgeschichte. § 305 Satz 2 wurde durch Art. 2 Nr. 27 AGGewVerbrG, durch Art. 3 StraßenVSichG und durch Art. 21 Nr. 80 EGStGB geändert. Die letzte Änderung fügte das „vorläufige Berufsverbot" ein und ersetzte „Straffestsetzungen" durch „Festsetzung von Ordnungs- und Zwangsmitteln". Bezeichnung bis 1924: § 347.

Übersicht

	Rdn.		Rdn.
I. Einschränkung der Statthaftigkeit der Beschwerde		6. Möglichkeit eines Rechtsmittels gegen das Urteil	19
1. Gesetzeszweck	1	7. Objektive Verzögerung und Eingriff	20
2. Tragweite der Einschränkung	4	8. Keine besondere Beeinträchtigung	21
a) Exemplarische Aufzählung von Ausnahmen in § 305 S. 2	5	9. Keine weitere prozessuale Bedeutung	22
b) Auslegung von § 305 S. 1	6	**III. Beispiele aus der Rechtsprechung**	
c) Entsprechende Anwendbarkeit von § 305	7	1. Beweisaufnahme	23
II. Die Voraussetzungen im einzelnen		2. Vorbereitende Entscheidungen	25
1. Erkennendes Gericht	8	3. Aussetzung	26
2. Entscheidungen vor der Urteilsfällung	15	4. Akteneinsicht	27
3. Innerer Zusammenhang mit der Urteilsfällung	16	5. Terminsverlegung	28
4. Vorbereitung des Urteils	17	6. Pflichtverteidigung	29
5. Überprüfung durch das erkennende Gericht bei Urteilsfällung	18	7. Exemplarischer Ausnahmekatalog	30
		8. Andere Einzelfälle	34

I. Einschränkung der Statthaftigkeit der Beschwerde

1. Gesetzeszweck. § 305 schränkt zur Sicherung einer konzentrierten, beschleunigten Durchführung des Verfahrens die Statthaftigkeit der Beschwerde ein. Schon die Motive[1] zu der Vorschrift begründen den Ausschluß der Beschwerde gegen der Urteilsfällung unmittelbar vorausgehende Entscheidungen der erkennenden Gerichte damit, „daß diese Entscheidungen regelmäßig in irgendwelchem inneren Zusammenhang mit der nachfolgenden Urteilsfällung stehen und zur Vorbereitung der letzteren dienen, daß sie demzufolge sich aber meistens als bloß vorläufige Beschlüsse darstellen und bei der Urteilsfällung selbst nochmals der Prüfung des Gerichts unterliegen. Hier würde ein schon vor der Urteilsfällung stattfindendes Eingreifen des höheren Gerichts in das Verfahren mit der Stellung und Aufgabe des Gerichts erster Instanz unvereinbar sein. Dies gilt vor allem von solchen Beschlüssen, welche eine Beweisaufnahme anordnen oder ablehnen. In allen diesen Fällen bleibt demjenigen, der sich durch die Entscheidung beschwert fühlt, die Geltendmachung seiner Beschwerdegründe insofern vorbehalten, als dieselben zur Begründung des Rechtsmittels (der Berufung oder der Revision) gegen das demnächst ergehende Urteil benutzt werden können. Die Beschwerde geht hier also in diesem Rechtsmittel auf. Gegen solche Entscheidungen des erkennenden Gerichts hingegen, welche in keinem inneren Zusammenhang mit der Urteilsfällung stehen ... ist das Rechtsmittel der Beschwerde zulässig."

---

[1] *Hahn* 247.

2   Die Einschränkung der Beschwerde gem. § 305 trägt wichtigen **Verfahrensrücksichten für das Hauptverfahren** Rechnung und hat daher nur in diesem Verfahrensabschnitt Geltung. Sie gewährleistet die **Verfahrensherrschaft** des erkennenden Gerichts[2] und die **Beschleunigung und Konzentration des Hauptverfahrens**[3]. Wenn die Beschwerde gegen urteilsvorbereitende Zwischenentscheidungen zulässig wäre, würde dies die Hauptverhandlung zerreißen können und es bestünde aufgrund unterschiedlicher Entscheidungsträger die Gefahr widersprüchlicher Entscheidungen für das Verfahren der Urteilsfindung. Auch der Aspekt möglicher Prozeßverschleppung und die Verfahrensökonomie sprechen dagegen, einen vorzeitigen Rechtsbehelf für Fragen zu eröffnen, die später bei Erlaß des Urteils bereits keine Bedeutung mehr haben können[4]. Die Beteiligten verlieren hierdurch keine Instanz[5], lediglich ein potentielles Rechtsmittel vor dem Urteilsspruch. Die Überprüfung des Verfahrens bleibt möglich im Wege der Berufung oder Revision und wird nur hinausgeschoben auf den Zeitraum nach dem Urteil[6]. Die nach § 305 nicht der Beschwerde zugänglichen Entscheidungen sind daher mangels Erschöpfung des Rechtswegs auch nicht (isoliert) mit der **Verfassungsbeschwerde** anfechtbar[7].

3   Soweit die Beschwerde nach § 305 nicht statthaft ist, bedeutet das nur, daß das Beschwerdegericht während des Fortgangs des Verfahrens nicht über Sachfragen entscheiden darf. Die Beschwerde muß bei Vorliegen der Voraussetzungen des § 305 S. 1 und dem Nichtvorliegen einer Ausnahme entsprechend § 305 S. 2 als unzulässig verworfen werden. Hierzu ist indes nur das Beschwerdegericht befugt. Das Gericht der angefochtenen Entscheidung darf der Beschwerde grundsätzlich nur in der Sache **(vollständig) abhelfen** – auch bei Unzulässigkeit[8] – oder muß die Beschwerde **dem Beschwerdegericht** zur Entscheidung gem. § 306 Abs. 2 **vorlegen**. Eine abschließende negative Entscheidung durch den Erstrichter ist – auch bei Unzulässigkeit der Beschwerde – immer ausgeschlossen. Die faktische Einlegung der Beschwerde bleibt daher immer möglich, sollte aber grundsätzlich zur Vermeidung einer „sinnlosen" Weitergabe an das Beschwerdegericht (alleine zuständig für die Verwerfung wegen Unzulässigkeit) als Gegenvorstellung behandelt werden[9], wenn der Rechtsbehelfsführer einverstanden ist[10]. Dieses Einverständnis ist schon deswegen erforderlich, da es dem Beschwerdeführer auch auf eine Entscheidung des Beschwerdegerichts ankommen kann, nämlich insbesondere in allen Fällen, in denen die Unzulässigkeit der Beschwerde gem. § 305 S. 1 nicht offensichtlich ist[11]. Eine Bindung des Gerichts an die eigenen Zwischenentscheidungen tritt ohnehin bis zur Urteilsfällung nicht ein, es darf alle Entscheidungen – ob auf Gegenvorstellung oder (unzulässige) Beschwerde hin – **jederzeit abändern**[12].

4   **2. Tragweite der Einschränkung.** Der **Wortlaut** des § 305 S. 1 reicht über den anerkannten und auch historischen **Gesetzeszweck** hinaus. Praxis und Lehre stimmen daher

---

[2] Nach KK-*Engelhardt*[4] 1 bedürfte es dazu des Ausschlusses der Beschwerde nicht.
[3] Vgl. zum Verhältnis dieser Grundsätze bzw. Maximen *Beulke*[6] 26; differenz. LR-*Rieß* Einl. H 64 f. sowie G 29 ff.
[4] Zu den Gründen des Ausschlusses vgl. etwa *Amelung* (Rechtsschutz) 20; *Ellersiek* 120; *Giesler* 111; SK-*Frisch* 2 ff; KK-*Engelhardt*[4] 1; *Meyer-Goßner*[46] 1; *Roxin*[25] § 54 B II 2; *Eb. Schmidt* 1.
[5] RGSt **74** 394, 395; *Amelung* 20.
[6] OLG Köln NJW **1981** 1523; vgl. etwa OLG Frankfurt GA **1973** 51 f; vgl. MDR **1983** 253; OLG Stuttgart NJW **1976** 1647 f.
[7] BVerfGE **1** 9 f; **9** 261, 265; BVerfG Beschluß vom 05.03.1998 (2 BvQ 5/98); *Meyer-Goßner*[46] 1; SK-*Frisch* 3; HK-*Rautenberg*[3] 1.
[8] Siehe näher § 306, 10, 13, 22, § 304, 1.
[9] *Meyer-Goßner*[46] § 306, 12; SK-*Frisch* § 306, 16.
[10] Zu Problemen der Umdeutung Vor § 304, 49 ff.
[11] Vgl. schon zur Statthaftigkeit der Beschwerde bei § 304, 25.
[12] RGSt **59** 241, 244; HK-*Rautenberg*[3] 1; *Meyer-Goßner*[46] § 306, 1.

überein, daß der Ausschluß der Beschwerde auf die Fälle beschränkt sein muß, welche nach dem gekennzeichneten Gesetzeszweck in Betracht kommen.

a) Zum einen verdeutlicht die **exemplarische Aufzählung von Ausnahmen in § 305 S. 2**, welche Entscheidungen nicht in innerem Zusammenhang mit der Urteilsfällung stehen und bei Urteilsfällung oder durch Berufung oder Revision nicht notwendig überprüft werden. Diese Ausnahmefälle sind daher auch schon nicht unter § 305 S. 1 zu subsumieren[13]. Folglich enthält der **Ausnahmekatalog gem. § 305 S. 2 keine abschließende Aufzählung**, sondern ist in erweiternder Auslegung[14] zu ergänzen um vergleichbare Maßnahmen, insbesondere wenn sie eine eigene – durch die Urteilsanfechtung ggfs. nicht behebbare – Beeinträchtigung darstellen (z. B. körperliche Untersuchung)[15] oder eine eigene prozessuale Bedeutung entfalten (z. B. Pflichtverteidigerbestellung)[16].

b) Auslegung von § 305 S. 1. Zum anderen ist § 305 S. 1 aufgrund des anerkannten und historischen Gesetzeszwecks **unmittelbar restriktiv dahingehend auszulegen**, daß folgende **neun Voraussetzungen kumulativ erfüllt** sein müssen zur Anwendbarkeit des § 305 S. 1 und somit zur Beschränkung der Statthaftigkeit der Beschwerde, nämlich daß (1) das erkennende Gericht (2) vor dem Urteil entscheidet, daß (3) ein innerer Zusammenhang mit der Urteilsfällung bestehen muß, daß (4) die Entscheidung der Vorbereitung des Urteils dienen muß, daß (5) die Entscheidung bei Urteilsfällung durch das erkennende Gericht nochmals überprüft werden kann und (bei Erheblichkeit) muß, daß (6) der Betroffene gegen das Urteil zulässig Rechtsmittel einlegen darf, daß (7) objektiv durch Eröffnung des Rechtsmittels der Beschwerde eine Verzögerung des Verfahrens und ein Eingriff in die konzentrierte Verfahrensherrschaft des erkennenden Gerichts bewirkt würde, daß (8) keine besonderen – durch Urteilsanfechtung ggfs. nicht mehr behebbaren – Beeinträchtigungen vorliegen und daß (9) die Entscheidung keine eigene prozessuale Bedeutung entfaltet.

c) Entsprechende Anwendbarkeit von § 305 kommt dessen Zielsetzung nach auch bei Zwischenentscheidungen in Betracht, die der **Vorbereitung einer Sachentscheidung** in einem außerhalb der Hauptverhandlung durchgeführten Erkenntnisverfahren dienen (z. B. Beauftragung eines Sachverständigen), etwa in **Verfahren der Strafvollstreckungskammer**[17], in **Wiederaufnahmeverfahren**[18], aber auch während des Beschwerdeverfahrens gem. § 308 Abs. 2 beispielsweise[19]. Für das Zwischenverfahren hat § 305 keine Bedeutung, da die Verfahrensherrschaft des Gerichts bis zur (Nicht-) Eröffnungsentscheidung durch konkrete Vorschriften hinreichend gesichert ist (§§ 201 Abs. 2, 202 S. 2). Ergeht eine mit der Urteilsfällung im inneren Zusammenhang stehende Entscheidung ausnahmsweise in der Beschwerdeinstanz, besteht jedoch kein Grund, eine ohnehin in der Beschwerdeinstanz ergehende Entscheidung der weiteren Anfechtung zu entziehen, wenn diese (weitere Beschwerde) ausnahmsweise zulässig sein sollte[20].

---

[13] Meyer-Goßner[46] 6; HK-Rautenberg[3] 10; SK-Frisch 5, 26 f; vgl. Ellersiek 124.
[14] In Wahrheit handelt es sich um eine restringierende Auslegung des § 305 S. 1 nach dem (auch historischen) Gesetzeszweck.
[15] OLG Hamburg NStZ-RR **1998** 337; OLG Koblenz NStZ **1994** 355 f stellt – insoweit fehlerhaft – in Fällen nicht unerheblicher Eingriffe auf eine „analoge" Erweiterung des § 305 S. 2 ab; ähnlich Pfeiffer[4] § 81a, 8; vgl. auch KK-Senge[4] § 81a, 13.
[16] § 305, 29 mit weit. Nachw.
[17] KG NStZ **2001** 448; OLG Düsseldorf NStZ **1999** 29, 590 (für Strafvollstreckungskammer); OLG Hamm NStZ **1987** 93; OLG Frankfurt Beschluß vom 02.04.2002 (3 Ws 367–368/02); SK-Frisch 6; KK-Fischer[4] 454, 34.
[18] LR-Gössel § 372, 7 f mit weit. Nachw.
[19] § 308, 22.
[20] SK-Frisch 6 unter Verweis auf OLG Köln JMBlNW **1956** 116 f; KG JR **1969** 194; dagegen wie hier KK-Engelhardt[4] 3.

II. Die Voraussetzungen im einzelnen

8 1. **Erkennendes Gericht** ist im Sinne dieser Vorschrift das Gericht, bei welchem das Hauptverfahren anhängig ist[21]. Der Begriff ist funktional zu verstehen[22] und umfaßt jedes Gericht, das vom Erlaß des Eröffnungsbeschlusses[23] bis zur instanzabschließenden Entscheidung das Hauptverfahren betreibt[24]. Wenn das beschließende Gericht das Verfahren vor einem Gericht niedrigerer Ordnung eröffnet (§§ 209 Abs. 1, 209a) und gleichzeitig weitere Beschlüsse für das Hauptverfahren trifft, gilt sowohl das Gericht, vor dem eröffnet wird[25], als auch das Gericht, das den Eröffnungsbeschluß erlassen hat, als erkennendes Gericht[26]. Gleiches gilt, wenn das rechtshängige Verfahren nach § 225a Abs. 4 S. 2 oder § 270 an ein anderes Gericht verwiesen wird. In den Fällen der Übernahme gem. §§ 209 Abs. 2, 225a Abs. 1 bis 3, Abs. 4 S. 1 kommt es auf den Zeitpunkt des Beschlusses an, entsprechend § 210.

9 Trifft das Gericht **gleichzeitig mit dem Eröffnungsbeschluß** einen weiteren Beschluß mit Wirkung für das Hauptverfahren, greift grundsätzlich auch § 305 S. 1[27], sofern die übrigen Voraussetzungen für die Beschränkung der Statthaftigkeit der Beschwerde im Sinne der dargelegten Auslegungskriterien gegeben sind, beispielsweise bei einem Beschluß über Verbindung oder Beiziehung von Akten.

10 Findet das **Verfahren** ganz – oder funktional in der Instanz, wie beim Berufungsverfahren – **ohne Eröffnungsbeschluß** statt, beginnt die Eigenschaft des *erkennenden* Gerichts spätestens mit der ersten richterlichen Verfügung im Hinblick auf die Hauptverhandlung. Allerdings erscheint es sachgerecht, die **strenge Abgrenzung aus § 28 Abs. 2 S. 2 nicht zu übernehmen**, denn der dortige Beschwerdeausschluß soll nur gelten für die (erkennenden) Richter, die aufgrund eigener bestätigender Entscheidung tatsächlich berufen sind, an der Hauptverhandlung teilzunehmen und die Sache insoweit rechtshängig ist. Rechtshängig ist das Verfahren jedoch erst durch einen richterlichen Akt, der die Feststellung in sich trägt, daß das Gericht zuständig und das zur Entscheidung berufene Gericht (§ 27 Abs. 4) ist[28]. Eine solche Erklärung des Gerichts ist immer mit der Anberaumung der Hauptverhandlung gegeben. Für § 305 S. 1 erscheint es jedoch ausreichend, daß das **Verfahren funktional** gesehen **anhängig** ist, d. h. für die Eigenschaft des *erkennenden* Gerichts ist ein vorhergehender richterlicher Akt – im Unterschied zu § 28 Abs. 2 S. 2 – nicht unbedingt erforderlich, wie beispielsweise im Berufungsverfahren anerkannt[29]. Auf den – beim Eröffnungsbeschluß gegebenen – Zeitpunkt der Rechtshängigkeit kommt es nicht an.

11 Im **Strafbefehlsverfahren** ist folglich das *erkennende* Gericht, welches Termin zur Hauptverhandlung (§ 408 Abs. 3 S. 2 oder nach Einspruch § 411 Abs. 1 S. 2) anberaumt[30], aber funktional auch schon mit Erlaß des Strafbefehls, denn für den Fall eines Einspruchs ist die Zuständigkeit für die Hauptverhandlung bereits durch den Strafbe-

---

[21] Vgl. RGSt **43** 179, 181; BGHSt **2** 1, 2; OLG Stuttgart NStZ **1985** 524.
[22] KG JR **1979** 479; SK-*Frisch* 9.
[23] OLG Köln NJW **1993** 608.
[24] RGSt **43** 179, 181; HK-*Rautenberg*[3] 2; *Meyer-Goßner*[46] 2; vgl. auch LR-*Wendisch* § 28, 11 ff.
[25] BayObLGSt **1955** 113, 114.
[26] KG JR **1979** 479; *Meyer-Goßner*[46] 2; KMR-*Plöd* 2; HK-*Rautenberg*[3] 2; SK-*Frisch* 9; **a.A** *Giesler* 120; KK-*Engelhardt*[4] 2.
[27] HK-*Rautenberg*[3] 2; SK-*Frisch* 9; *Meyer-Goßner*[46] 2.
[28] LR-*Wendisch* § 28, 11 ff, 19; insbesondere im Zusammenhang des Berufungsverfahrens ist dieser dogmatische Ausgangspunkt umstritten, vgl. die Nachweise bei LR-*Wendisch* § 28, 19, 21 und hier Fn. 29, 41.
[29] Diese Unterscheidung wird in der gängigen Kommentarliteratur zu § 305 übersehen, vgl. etwa SK-*Frisch* 8; HK-*Rautenberg*[3] 2; KMR-*Plöd* 2; *Pfeiffer*[4] 1; *Meyer-Goßner*[46] 2; KK-*Engelhardt*[4] 2.
[30] LR-*Wendisch* § 28, 24 f; *Pfeiffer*[4] 1; SK-*Frisch* 10; HK-*Rautenberg*[3] 3; KMR-*Plöd* 2; KK-*Engelhardt*[4] 2.

fehlserlaß richterlich geprüft und präjudiziert³¹. Vor Erlaß des Strafbefehls oder der Anberaumung einer Hauptverhandlung gem. § 408 Abs. 3 ist das Verfahren bei Gericht hingegen im gleichen Verfahrensstadium wie im Zwischenverfahren (vgl. § 408 Abs. 2 für den Fall der Ablehnung des Strafbefehlserlasses) und die Eigenschaft eines erkennenden Gerichts noch nicht gegeben.

Entsprechend ist die Sache im **beschleunigten Verfahren** (§ 418) schon **mit Terminsanberaumung** bei Gericht anhängig³², obwohl die Sache erst mit Beginn der Vernehmung des Angeklagten zur Sache³³ oder mit Urteilsverkündung³⁴ bei diesem Gericht rechtshängig wird. Wird die Entscheidung im beschleunigten Verfahren nämlich gem. § 419 Abs. 2 abgelehnt (bis zum Beginn der Urteilsverkündung möglich), kann und soll bei hinreichendem Tatverdacht erst noch ein Eröffnungsbeschluß gem. § 419 Abs. 3 S. 1 mit der Folge der Rechtshängigkeit³⁵ ergehen³⁶. Ansonsten werden die Akten und somit die Herrschaft über das Verfahren an die Staatsanwaltschaft zurückgegeben, ein Nichteröffnungsbeschluß ergeht nicht.³⁷ Die Eigenschaft des *erkennenden* Gerichts ist in diesem Fall wieder entfallen.

12

Das **Berufungsgericht** ist erkennendes Gericht im Sinne des § 305 S. 1, wenn die **Akten mit der Berufung** bei diesem Gericht nach § 321 S. 2 **eingegangen** sind³⁸. Ab diesem Zeitpunkt geht die Zuständigkeit für das weitere Verfahren auf das Berufungsgericht über und die des Erstgerichts erlischt, die Sache ist jetzt dort anhängig.³⁹ Entsprechendes gilt für das jeweilige Gericht nach Zurückverweisung gem. §§ 328 Abs. 2, 354 Abs. 2 und 3, 355⁴⁰. Einer richterlichen Verfügung bedarf es zur Begründung dieser Eigenschaft nicht, wie es für § 28 Abs. 2 S. 2 erforderlich wäre⁴¹.

13

§ 305 gilt auch für Verfügungen, die der **Vorsitzende** kraft seiner Verhandlungsleitung (§ 238 Abs. 1)⁴² oder für das erkennende Gericht erläßt (§§ 219 bis 221), und für solche des **beauftragten Richters**⁴³. Der Wortlaut und der Gesetzeszweck des § 305 sprechen nicht dagegen, vielmehr kommen hier auch die Gründe in Betracht, aus welchen das Gesetz bestimmte Entscheidungen dem Vorsitzenden überläßt⁴⁴. Es wäre sinnwidrig, das erkennende Gericht von der einstweiligen Entscheidung über Herbeischaffung von Beweismitteln gesetzlich auszuschließen und diese Befugnis nur dem Vorsitzenden zu übertragen, zugleich aber insoweit das Eingreifen des Beschwerdegerichts unter Ausschluß des § 305 vorzusehen, obwohl dieses auch künftig nicht in die Lage kommt, eine

14

---

[31] Diese Unterscheidung wird in der sonstigen Kommentarliteratur nicht getroffen, *Meyer-Goßner*⁴⁶ (Rn. 2) verweist sogar ausdrücklich auf die eigene Kommentierung § 28, 6.
[32] LR-*Wendisch* § 28, 19 f; HK-*Rautenberg*³ 3.
[33] Auflösend bedingte Rechtshängigkeit: *Meyer-Goßner*⁴⁶ § 418, 4.
[34] LR-*Gössel* § 418, 2; § 419, 35.
[35] LR-*Gössel* § 419, 35; LR-*Wendisch* § 28, 12 mit weit. Nachw.; vgl. grundsätzlich zur Rechtshängigkeit durch den Eröffnungsbeschluß BGHSt 29 341, 343; vgl. differenz. *Sprenger* NStZ 1997 574, 576, der eine fortdauernde Rechtshängigkeit annimmt.
[36] HK-*Krehl*³ 419, 4; LR-*Gössel* § 419, 32 ff; *Meyer-Goßner*⁴⁶ § 419, 9; *Loos/Radtke* NStZ 1995 569, 572.
[37] LR-*Gössel* § 419, 39; KK-*Tolksdorf*⁴ § 419, 15.
[38] KG JR 1981 168 f; KMR-*Plöd*; SK-*Frisch* 10; HK-*Rautenberg*³ 3 und § 321, 5; KK-*Engelhardt*⁴ 3; *Meyer-Goßner*⁴⁶ 2.
[39] LR-*Gössel* § 322, 4 mit weit. Nachw.; LR-*Wendisch* § 28, 19; BGHSt **12** 217, 219; OLG Bremen NStZ **1991** 96.
[40] *Meyer-Goßner*⁴⁶ 2; SK-*Frisch* 10; HK-*Rautenberg*³ 3.
[41] LR-*Wendisch* § 28, 21; OLG Bremen NStZ **1991** 96; OLG Düsseldorf StV **1993** 482; KK-*Pfeiffer*⁴ § 28, 3; *Meyer-Goßner*⁴⁶ § 28, 6.
[42] Vgl. etwa OLG Düsseldorf NStZ **1986** 138; OLG Hamm NStZ **1985** 518; OLG Köln NJW **1981** 1523; OLG Stuttgart NJW **1976** 1647; OLG Zweibrücken StV **1981** 288; *Giesler* 123; KK-*Engelhardt*⁴ 4; *Wagner* JR **1986** 257, 259; ferner LR-*Gollwitzer* § 238, 38; **a. A** OLG Koblenz wistra **1983** 122; OLG Hamburg NStZ **1985** 518; früher *v. Kries* 365 (Entscheidungen des Vorsitzenden in eigener Zuständigkeit fallen nicht unter § 305 Satz 1); ferner *Paulus* NStZ **1985** 519 ff.
[43] HK-*Rautenberg*³ 4; *Giesler* 123; vgl. auch LR-*Gollwitzer* § 223, 43.
[44] *Schwentker* 45.

Entscheidung über Beweisfragen zu treffen[45]. Eine andere Frage ist, ob bei Entscheidungen des Vorsitzenden die übrigen Voraussetzungen für die Anwendbarkeit des § 305 S. 1 vorliegen. Zweifel daran rechtfertigen indessen nicht, die Entscheidungen des Vorsitzenden grundsätzlich nicht denen des erkennenden Gerichts qualitativ gleichzustellen[46].

15 **2. Entscheidungen vor der Urteilsfällung.** Die Entscheidung muß dem Urteil zeitlich vorausgehen, um § 305 S. 1 anwenden zu können. Für Beschwerden gegen Entscheidungen, die erst nach dem Urteil ergehen, findet § 305 keine Anwendung. Unterbricht das Gericht die Urteilsverkündung, um nochmals in die Hauptverhandlung einzutreten, so gilt § 305 nach wie vor[47]. Soweit in der Literatur der Standpunkt vertreten wird, allgemein auf den Zeitpunkt der letzten Beratung abzustellen[48], ist dies abzulehnen. Dabei werden nämlich nicht die Fälle erfaßt, in denen es das Gericht nach der Beratung unterläßt, nochmals in die Verhandlung einzutreten, obwohl auch insoweit die Zielsetzung des § 305 S. 1 (Einschränkung der Beschwerde vor Urteilsfällung) noch Geltung hat. Es kann nicht richtig sein, nach der letzten Beratung des Gerichts, aber vor oder während der Urteilsverkündung, die Beschwerde uneingeschränkt zuzulassen, d. h. § 305 nicht mehr anzuwenden.

16 **3. Innerer Zusammenhang mit der Urteilsfällung.** Die Entscheidung muß auch sachlich dem Urteil vorausgehen, um die Beschwerde gem. § 305 S. 1 ausschließen zu können. Das klassische Beispiel für das Vorliegen eines solchen inneren Zusammenhangs sind alle Maßnahmen im Zusammenhang der Beweisaufnahme[49]. Ein innerer Zusammenhang mit der Urteilsfällung ist insbesondere nicht gegeben, wenn Entscheidungen über vorläufige Maßnahmen zur Sicherung des Verfahrens (wie Untersuchungshaft gem. §§ 112 ff) oder zum Schutz der Allgemeinheit (wie die einstweilige Unterbringung gem. § 126a)[50] getroffen werden. Nicht allen Maßnahmen des exemplarischen Ausnahmekatalogs in § 305 S. 2 mangelt es an diesem inneren Zusammenhang. Beispielsweise dient eine Beschlagnahme von Beweismitteln nach §§ 94, 98 sachlich durchaus der Urteilsfindung, etwa im Unterschied zu einer Beschlagnahme nach §§ 111b ff, die wiederum ausschließlich die Sicherung der Vermögensabschöpfung nach entsprechenden Verurteilungen verfolgt und somit nicht in innerem Zusammenhang mit der Urteilsfällung steht[51]. Dennoch wird erneut deutlich, daß der Ausnahmekatalog des § 305 S. 2 allenfalls klarstellenden Charakter hat, welche Maßnahmen definitiv nicht von der Anfechtung durch die Beschwerde trotz laufenden Hauptverfahrens ausgeschlossen sein sollen.

17 **4. Vorbereitung des Urteils.** Zur Anwendbarkeit des § 305 S. 1 muß die Entscheidung zudem prozessual der Urteilsfindung dienen. Hierbei ist es unerheblich, ob sich die Entscheidung auch konkret für die Urteilsvorbereitung eignet. Alle Entscheidungen gem. § 244 Abs. 2 zur Aufklärung des Sachverhalts einschließlich der Beschlüsse zur Gewinnung von Beweismitteln (z. B. Durchsuchung, Beschlagnahme), aber selbstverständlich auch die Ablehnungsbeschlüsse gem. § 244 Abs. 3 bis 6 dienen beispielsweise prozessual dem Verfahren der korrekten Urteilsfindung. Dieser Kategorie zuzurechnen sind auch die zulässigen Maßnahmen zur Sicherung des Verfahrens (z. B. Vorführung oder Haft-

---

[45] *Giesler* 123; *Eb. Schmidt* 4.
[46] OLG Düsseldorf NStZ **1986** 138; SK-*Frisch* 11; a. A KK-*Laufhütte*[4] § 141, 12.
[47] SK-*Frisch* 12.
[48] *Giesler* 122; *Schwentker* 33.
[49] Vgl. SK-*Frisch* 15 f.
[50] LR-*Hilger* § 126a, 1 mit weit. Nachw.: rein präventiv-polizeiliche Vorschrift, dient nicht der Verfahrenssicherung, sondern alleine der Gefahrenabwehr.
[51] Vgl. *Schmid/Winter* NStZ **2002** 8 ff, 14.

befehl gem. § 230 Abs. 2), soweit diesen nicht bereits die notwendige Voraussetzung eines inneren Zusammenhangs zur Urteilsfällung abgeht (wie z. B. bei Untersuchungshaft).

5. Überprüfung durch das erkennende Gericht bei Urteilsfällung. Diese Voraussetzung schließt an die bereits geschilderte Bedingung der Anwendung von § 305 S. 1, den inneren Zusammenhang mit der Urteilsfällung, an, beschreibt jedoch einen eigenen Aspekt. Ersichtlich ist für alle Entscheidungen über die Beweisaufnahme auch diese Voraussetzung erfüllt, da das Gericht aus dem Inbegriff der Hauptverhandlung seine Überzeugung schöpft und alle Beweise würdigt (§ 261), nachdem es seiner Aufklärungspflicht gem. § 244 Abs. 2 vollständig nachgekommen ist. Beispielsweise erfüllt auch die vorläufige Maßnahme gem. § 111a diese Voraussetzung, da es sich hierbei um eine Maßnahme „im Vorgriff auf ein Urteil" handelt, auch wenn zugleich der Schutz der Allgemeinheit vor einem ungeeigneten Kraftfahrer erstrebt wird[52], und eine eigenständige Prüfung über die weitere Ungeeignetheit bei Urteilsfällung zu erfolgen hat (§§ 69, 69a StGB). Demgegenüber wird die Frage der Rechtmäßigkeit einer Durchsuchung nur ausnahmsweise bei Urteilsfällung zu prüfen sein, nämlich bei möglichen Beweisverwertungsverboten aufgrund rechtswidriger Durchsuchungsmaßnahmen. Die Beschwerde gegen Durchsuchungsbeschlüsse muß daher während des Hauptverfahrens zulässig sein und unterfällt nicht § 305 S. 1, auch wenn Durchsuchungen im Hinblick auf die Gewinnung von Beweismitteln einen inneren Zusammenhang mit der Urteilsfällung aufweisen.

6. Möglichkeit eines Rechtsmittels gegen das Urteil. Die Befugnis zur Einlegung von Rechtsmitteln gegen Urteile ist gesetzlich abschließend geregelt. In Betracht kommen der Beschuldigte (Angeklagte) und die Staatsanwaltschaft (§ 296), für den Beschuldigten der Verteidiger (§ 297), gesetzliche Vertreter des Beschuldigten (§ 298), der Privatkläger (§ 390), der Nebenkläger (nach Maßgabe der §§ 400 f), Einziehungsbeteiligte (nach Maßgabe der §§ 433 ff) sowie andere Beteiligte (§ 442), juristische Personen (nach Maßgabe des § 444) und im Falle des § 67 Abs. 3 JGG Erziehungsberechtigte[53]. Alle anderen Verfahrensbeteiligten haben keine Rechtsmittelbefugnis, z. B. Zeugen oder Sachverständige, so daß in diesen Fällen wie auch bei eingeschränkter Rechtsmittelbefugnis hinsichtlich des Urteils die Beschwerde während des Hauptverfahrens statthaft ist und § 305 S. 1 keine Anwendung findet. Insoweit wird erneut deutlich, daß die Erwähnung von Ordnungs- und Zwangsmitteln und betroffenen „Dritten" im Ausnahmekatalog des § 305 S. 2 nur klarstellende, nicht aber abschließende Bedeutung hat (z. B. bei §§ 70, 81c, 103). Im übrigen kann ein Dritter das Recht auf Beschwerde gegen eine gerichtliche Entscheidung haben, auch wenn der Angeklagte aufgrund von § 305 S. 1 von der Anfechtung ausgeschlossen ist[54].

7. Voraussetzung sind ferner **objektive Verzögerung und Eingriff** in die konzentrierte Verfahrensherrschaft durch Zulässigkeit einer Beschwerde. Der Gesetzeszweck des § 305 S. 1 ist insbesondere, dem Beschleunigungsgrundsatz und der Konzentrationsmaxime entsprechend das Verfahren zu fördern und rechtsstaatlich hinnehmbare Einschränkungen der Beschwerdemöglichkeiten während des Hauptverfahrens zu gestatten, um zum einen eine einheitliche und widerspruchsfreie Verfahrensherrschaft des Gerichts zu ermöglichen und zum anderen zeitliche Verzögerungen einzudämmen. Diese Zielsetzung

---

[52] LR-*Schäfer* § 111a, 1 f.
[53] LR-*Hanack* Vor § 296, 1.
[54] SK-*Frisch* 22.

geht fehl, wenn die Eröffnung der Beschwerdemöglichkeit das Verfahren umgekehrt beschleunigt oder jedenfalls nicht objektiv verzögert, ohne daß in die sachliche Verfahrensführung des erkennenden Gerichts eingegriffen würde. Im Zusammenhang der Beweisaufnahme ist offensichtlich, daß eine Beschwerdemöglichkeit das Verfahren nicht nur tendenziell verzögern würde, sondern immer auch einen Eingriff in die sachliche Verfahrensführung darstellte und das Verfahren nicht konzentrieren, sondern auf verschiedene Gerichte ausweiten würde. Diese Voraussetzung (zur Anwendung des § 305 S. 1) kann aber insbesondere streitig sein, wenn eine Aussetzungsentscheidung des Gerichts mit der Beschwerde angefochten wird. Hier kommt es auf die Umstände des Einzelfalls an.

21   8. **Keine besondere** – durch Urteil oder Urteilsanfechtung nicht behebbare – **Beeinträchtigung.** Maßnahmen, die eine vom Urteil nicht umfaßte, selbständige Beschwer eines Verfahrensbeteiligten bewirken und die insoweit vom erkennenden Gericht weder bei Erlaß des Urteils noch auch im Rahmen einer Urteilsanfechtung nachprüfbar sind, bleiben selbständig anfechtbar und unterfallen nicht § 305 S. 1. Maßnahmen gegen Dritte (z. B. bei §§ 70, 81c, 103) können auch insoweit, unabhängig von der klarstellenden Erwähnung in § 305 S. 2 oder der ggfs. fehlenden Rechtsmittelbefugnis, nicht von der Anfechtung (durch die Betroffenen) ausgeschlossen sein. Beispielsweise erfüllen aber auch nicht unerhebliche, ggfs. mit Freiheitsentziehung verbundene, körperliche Untersuchungen gem. § 81a nicht diese (negative) Voraussetzung, so daß hier § 305 S. 1 nicht zur Anwendung kommen darf. Demgegenüber sind die typischen Maßnahmen im Rahmen einer Beweisaufnahme nicht mit solchen Beeinträchtigungen verbunden und insoweit gem. § 305 S. 1 nicht beschwerdefähig.

22   9. **Keine weitere prozessuale Bedeutung.** Diese vom Gesetzeszweck gebotene weitere Einschränkung des Beschwerdeausschlusses folgt daraus, daß eine Maßnahme zwar alle acht vorher genannten Voraussetzungen erfüllen kann, dennoch aber aufgrund einer selbständigen prozessualen Beschwer anfechtbar sein muß, um einen effektiven Rechtsschutz im Sinne des Art. 19 Abs. 4 GG zu gewähren. Eine solche selbständige verfahrensrechtliche Bedeutung kommt insbesondere Entscheidungen zu, die konstitutiv für die Begründung oder Beendigung der Verfahrensstellung eines Verfahrensbeteiligten sind (z. B. Nebenkläger oder Pflichtverteidiger). Bei richterlichen Entscheidungen zur Beweisaufnahme hingegen ist diese (negative) Voraussetzung (keine weitere prozessuale Bedeutung) ebenfalls regelmäßig gegeben und die Beschwerde gem. § 305 S. 1 unzulässig.

III. Beispiele aus der Rechtsprechung

23   1. **Beweisaufnahme.** Der **Beschwerde entzogen** sind Beschlüsse oder Verfügungen über die Beweisaufnahme[55]. Dieser Fallgruppe ist zu eigen, daß alle neun Voraussetzungen für die Anwendung des § 305 S. 1 regelmäßig erfüllt sind. Sofern durch Entscheidungen nicht am Verfahren beteiligte Dritte betroffen werden, haben diese ein Beschwerderecht. Dies ist zum einen in § 305 S. 2 klargestellt, folgt im übrigen aber aus dem Fehlen einzelner Voraussetzungen für die Anwendung des § 305 S. 1, beispielsweise der nicht vorhandenen Befugnis des Dritten, das Urteil anzufechten. **Einzelfälle:** Entscheidungen über Beweisanträge; die Entscheidung über die Vereidigung eines Zeugen

---

[55] SK-*Frisch* 16 mit weit. Nachw.

oder sonstige, die Durchführung der Beweisaufnahme betreffenden Entscheidungen, wie etwa über die Zulässigkeit einer Frage oder die Auswahl eines Sachverständigen[56]; eine Entscheidung, die die Verhandlungsfähigkeit des Angeklagten feststellt[57]; die Ablehnung eines Antrags auf Übersetzung der Aufzeichnungen von Telefongesprächen[58].

Drohender **Beweisverlust** kann in Ausnahmefällen die Anfechtung einer die Beweissicherung ablehnenden Entscheidung des erkennenden Gerichts rechtfertigen[59], beispielsweise auch bei Ablehnung eines Protokollberichtigungsantrages[60]. Eine solche Entscheidung betrifft zwar die sachlichen Grundlagen der Urteilsfällung, kann aber auch eine zusätzliche Beeinträchtigung der Verfahrensstellung des Antragstellers bedeuten. **24**

2. Vorbereitende Entscheidungen. Der **Beschwerde entzogen** sind ferner Beschlüsse und Verfügungen, deren Wirkung sich darauf beschränkt, daß sie das **Verfahren vorbereiten**, seinen **Fortgang betreiben** oder es sonst **fördern**. Einzelfälle: Ablehnung einer beantragten Übertragung[61], meist die Beschlüsse über Trennung und Verbindung der Verfahren[62]; die Ablehnung des Antrags des Angeklagten nach § 233, vom Erscheinen in der Hauptverhandlung entbunden zu werden; die Anordnung des persönlichen Erscheinens des Angeklagten nach § 236 oder des Privatklägers nach § 387 Abs. 3; die Anordnung, die Hauptverhandlung ohne den Angeklagten nach § 415 durchzuführen[63]. **25**

3. Aussetzung. Unanfechtbar nach § 305 ist auch ein Beschluß, der die **Aussetzung der Hauptverhandlung ablehnt**, da er jederzeit mit dem Urteil überprüft werden kann[64]. Gleiches gilt für eine Verfügung, mit der der Vorsitzende außerhalb der Hauptverhandlung die **Vertagung ablehnt**[65], der Antragsteller muß die Gründe für die Vertagung in der Hauptverhandlung mit einem Aussetzungsantrag (§§ 228, 246, 265 Abs. 4) geltend machen[66]. Ob und unter welchen Voraussetzungen ein das Verfahren **aussetzender Beschluß** mit Beschwerde anfechtbar ist, ist von der Fallkonstellation abhängig. Die Beschwerde ist zulässig, wenn die Aussetzung ohne sachlich verständigen Grund rechtlich fehlerhaft angeordnet wurde. So ist beispielsweise eine Entscheidung mit der Beschwerde anfechtbar, wenn das Gericht das Verfahren aussetzt, um eine Entscheidung des Bundesverfassungsgerichts abzuwarten, die den rechtskräftig gewordenen Schuldspruch betrifft[67]. Bei der Aufhebung eines Hauptverhandlungstermins bzw. der nicht nur kurzfristigen Vertagung durch den Vorsitzenden, die in der Wirkung einer Aussetzung gleichkommen, gelten die gleichen Überlegungen[68]. Im übrigen folgt die Anfechtbarkeit nicht etwa daraus, daß jeder Aussetzungsbeschluß das Verfahren in einer nicht mehr behebbaren Weise hemmt[69]. Nach zutreffender Ansicht ist ein Aussetzungsbeschluß, **26**

---

[56] OLG Düsseldorf NStZ-RR **1999** 29; OLG Frankfurt Beschluß vom 02.04.2002 (3 Ws 367–368/02); OLG Schleswig StV **2000** 543 ff mit Anm. *Wagner*.
[57] OLG Celle MDR **1978** 160 f.
[58] OLG Koblenz NStZ **1995** 611 f (in Abgrenzung zur zulässigen Beschwerde gegen die Versagung von Akteneinsicht).
[59] LG Düsseldorf NStZ **1983** 42; **a.A** OLG Hamburg JR **1985** 300 mit abl. Anm. *Meyer*.
[60] LG Bielefeld StV **2002** 532 f.
[61] BGH Beschluß vom 05.02.2003 (2 ARs 31/03, 2 AR 7/03).
[62] HK-*Rautenberg*[3] 6; *Meyer-Goßner*[46] 4; OLG Hamm wistra **1999** 235, 237; OLG Frankfurt NStZ-RR **2003** 117 (faktische Abtrennung durch Zurückstellen der Eröffnungsentscheidung); dies ist aber dann nicht der Fall, wenn die Verbindung der Verfahren zu einer deutlichen Verzögerung des Verfahrens beiträgt, denn dies kann rechtsstaatswidrig sein, vgl. BVerfG StV **2002** 578 ff.
[63] OLG Koblenz MDR **1976** 602.
[64] OLG Düsseldorf NJW **1997** 2533; OLG Hamm NJW **1978** 283; KG StV **1982** 10; *Giesler* 117; KK-*Engelhardt*[4] 6; *Meyer-Goßner*[46] 4; *Eb. Schmidt* 7.
[65] *Giesler* 117; KK-*Engelhardt*[4] 6; **a.A** OLG Hamm MDR **1975** 245.
[66] Vgl. etwa *Meyer-Goßner*[46] § 213, 6; sofern man die Beschwerde für generell ausgeschlossen hält, stellt sich auch die Frage der Anwendbarkeit des § 305 nicht.
[67] OLG Frankfurt NJW **1966** 992 f.
[68] OLG Stuttgart NJW **1973** 2309 f.
[69] **A.A** BayObLGSt **1953** 86 f; OLG Frankfurt GA **1973** 51; OLG Karlsruhe GA **1974** 285; OLG Schleswig SchlHA **1958** 116 f; *Giesler* 116; KK-

insbesondere wenn er der weiteren Sachaufklärung oder der besseren Vorbereitung der Verfahrensbeteiligten dient, eine in unmittelbarem inneren Zusammenhang mit der Urteilsfindung stehende und nicht darüber hinauswirkende Entscheidung.[70] Das Beschwerdegericht, das die Beweiserwägungen des erkennenden Gerichts nicht kennt, darf und kann hier nicht eingreifen[71]. Die Aussetzung muß aber ausschließlich bestimmt und geeignet sein, die Urteilsfällung vorzubereiten[72]. Fehlt es daran, weil die Aussetzung andere Zwecke verfolgt oder das Verfahren unnötig hemmt und verzögert[73], etwa weil sie ein völlig ungeeignetes Mittel zu dem erstrebten Verfahrenszweck ist[74], dann steht § 305 Satz 1 der Beschwerde auch nach der hier vertretenen Ansicht nicht entgegen.

27   **4. Akteneinsicht.** Eine Beschwerde gegen die während laufender Hauptverhandlung erfolgende Versagung von Akteneinsicht ist zulässig[75]. Hierbei ist zu differenzieren zwischen der Rolle des Angeklagten und der seines Verteidigers. Der Verteidiger kann gem. § 147 ein eigenes prozessuales Recht geltend machen, so daß ihm als „dritter" Person die Beschwerdebefugnis durch § 305 S. 2 erhalten bleibt. Diese Entscheidung steht auch nicht in einem inneren Zusammenhang mit dem Urteil[76].

28   **5. Terminsverlegung.** Ausnahmsweise sind Beschwerden gegen die Ablehnung von beantragten Terminsverlegungen zulässig, da dem Angeklagten das Recht zusteht, sich in jeder Lage des Verfahrens eines Verteidigers seines Vertrauens zu bedienen. Der faktische Ausschluß eines Wahlverteidigers aufgrund nicht behebbarer Terminskollisionen stellt insoweit eine besondere prozessuale Beschwer für den Angeklagten dar, die daher auch mit der Beschwerde angefochten werden kann[77].

29   **6. Pflichtverteidigung.** Der Angeklagte kann sich gegen die Bestellung eines (weiteren) Pflichtverteidigers mit der Beschwerde wenden, da es eine eigene prozessuale Beschwer darstellt, daß ein ggfs. ohne das Vertrauen des Angeklagten agierender Verteidiger Prozeßhandlungen unternimmt, die nicht mit ihm abgestimmt sind[78]. Auch ist die Beschwerde gegen die Ablehnung der Beiordnung des bisherigen Wahlverteidigers als Pflichtverteidiger zulässig[79]. Die Entscheidung über den Ausschluß eines Pflichtverteidigers gem. der §§ 138a ff ist generell nicht von § 305 S. 1 erfaßt, da jedenfalls auch der Verteidiger als „Dritter" ein eigenes Beschwerderecht hat[80].

---

[4] *Engelhardt* 7; *Eb. Schmidt* 6; vgl. auch *Ellersiek* 126 (nur die sachlich nicht notwendige Aussetzung).
[70] OLG Braunschweig StV **1987** 332 f; OLG Bremen MDR **1976** 777; OLG Hamm NJW **1978** 283 f; OLG Karlsruhe GA **1974** 285; JR **1985** 387 f; Justiz **1977** 277; KG JR **1959** 350; OLG Stuttgart NJW **1973** 2309 f; *Meyer-Goßner*[46] § 228, 10; *Schlüchter* 657.
[71] Vgl. OLG Stuttgart NJW **1973** 2309; vgl. allg. OLG Bremen MDR **1976** 777.
[72] Vgl. KG JR **1959** 350.
[73] Vgl. OLG Braunschweig StV **1987** 332; OLG Karlsruhe GA **1974** 285.
[74] KG JR **1966** 230 f mit Anm. *Kleinknecht*.
[75] OLG Köln StV **1999** 12; **1995** 12 f; OLG Stuttgart NJW **1996** 1908 (Dritter); OLG Brandenburg NJW **1996** 67; *Meyer-Goßner*[46] § 147, 41; LR-*Lüderssen* § 147, 167; **a. A** OLG Frankfurt NStZ-RR **2001** 374; **2003** 177.
[76] OLG Frankfurt StV **2001** 611 (zwischenzeitlich aufgegeben, NStZ-RR **2003** 177).
[77] OLG Frankfurt StV **2001** 157 f; **1995** 9 f; **1993** 6 f; **1990** 201 f; OLG Hamburg StV **1995** 11; OLG München NStZ **1994** 451; OLG Oldenburg StV **1991** 152; SK-*Frisch* 19; vgl. *Meyer-Goßner*[46] § 213, 8.
[78] OLG Frankfurt StV **2001** 610 f; OLG Düsseldorf VRS **100** (2001) 130.
[79] OLG Koblenz (1. Senat) NStZ-RR **2000** 176 (**a. A** 2. Senat NStZ-RR **1996** 206 mit weit. Nachw.); LG Arnsberg StV **2002** 648; OLG Braunschweig StV **1996** 6 f; OLG Düsseldorf NStZ **1986** 138; OLG Celle NStZ **1985** 519; OLG Stuttgart Beschluß vom 25.11.1997 (4 Ws 256/97).
[80] OLG Köln NStZ **1982** 129 f; OLG Düsseldorf Beschluß vom 10.02.1988 (3Ws 72/88).

7. Exemplarischer Ausnahmekatalog. Schließlich ist die **Beschwerde zulässig bei allen** 30
in § 305 S. 2 exemplarisch aufgeführten Ausnahmen, denn hier ist regelmäßig sowohl eine
eigene prozessuale Beschwer – unabhängig von dem späteren Urteil – als auch eine
besondere materielle Beeinträchtigung gegeben. Teilweise wird methodisch unzutreffend
der Ausnahmekatalog des § 305 S. 2 „analog" erweitert. Richtig ist im Ergebnis, bestimmte Maßnahmen mit **eigener prozessualer Beschwer** oder solche, die eine **besondere Beeinträchtigung** darstellen, vom Anwendungsbereich des Beschwerdeausschlusses gem.
§ 305 S. 1 auszunehmen. Die zutreffende Methode ist die der **restriktiven Auslegung des
§ 305 S. 1** anhand der dargelegten, sich am anerkannten und auch historischen Gesetzeszweck orientierenden, **neun Voraussetzungen**[81] unter Berücksichtigung des exemplarischen Ausnahmekatalogs in § 305 S. 2.

Entscheidungen über **Verhaftungen** sind alle Entscheidungen im Zusammenhang mit 31
Untersuchungshaft, d. h. solche über den Erlaß, die Aufhebung oder Aufrechterhaltung
des Haftbefehls und Verschonungsentscheidungen nach den §§ 116 f[82]. Die Beschwerdefähigkeit der Entscheidungen nach § 119, welche den Vollzug der Untersuchungshaft
betreffen, wird durch § 305 nicht eingeschränkt, da kein Zusammenhang mit der Urteilsfällung besteht[83].

Entscheidungen über **einstweilige Unterbringung** sind solche nach § 126a und § 71 32
Abs. 2 JGG, über **Beschlagnahme und Durchsuchung** solche nach den §§ 94, 98, 99, 111b,
111c, 100, 102 ff, über die **vorläufige Entziehung der Fahrerlaubnis** solche nach § 111a.

Beschwerdefähig sind ferner sämtliche Entscheidungen, die **dritte Personen betref-** 33
fen[84], auch wenn der Angeklagte nach § 305 kein Beschwerderecht hat. In Betracht kommen z. B. Entscheidungen nach den §§ 70, 81c, 103 oder nach den §§ 177, 178 GVG.

8. Andere Einzelfälle. Gegen Maßnahmen nach dem im Satz 2 nicht erwähnten § 81a 34
ist die Beschwerde ebenfalls zulässig, soweit sie mit nicht unerheblichen körperlichen
Eingriffen oder Freiheitsbeschränkungen verbunden ist[85]. Gleiches gilt bei der Anordnung der Feststellung und Speicherung des DNA-Identifizierungsmusters des Beschuldigten gem. § 81g, da diese nur präventiven Gesichtspunkten dient und nicht der Urteilsfällung[86].

§ 305a

(1) ¹Gegen den Beschluß nach § 268a Abs. 1, 2 ist Beschwerde zulässig. ²Sie
kann nur darauf gestützt werden, daß eine getroffene Anordnung gesetzwidrig ist.

(2) Wird gegen den Beschluß Beschwerde und gegen das Urteil eine zulässige
Revision eingelegt, so ist das Revisionsgericht auch zur Entscheidung über die
Beschwerde zuständig.

---

[81] § 305, 8 ff.
[82] SK-*Frisch* 28; *Meyer-Goßner*[46] 7.
[83] Vgl. OLG Schleswig Beschluß vom 22.03.2000 (2 Ws 113/00) bei Anhalten eines Briefes an Sachverständigen.
[84] Vgl. auch § 305, 19.
[85] OLG Hamburg NStZ-RR **1998** 337; OLG Koblenz NStZ **1994** 355 („analog", vgl. dazu § 305, 5); SK-*Frisch* 30 mit weit. Nachw.
[86] OLG Köln NStZ-RR **2002** 306.

§ 305a

Entstehungsgeschichte. § 305a ist durch Art. 4 Nr. 33 der 3. StRÄndG 1953 eingefügt worden. Das 1. StrRG vom 25.6.1969 hat bei Absatz 1 Satz 2 den durch die materiellrechtliche Regelung überflüssig gewordenen 2. Halbsatz gestrichen, Art. 81 EGStGB die Verweisung auf § 268 a Abs. 1 durch die Verweisung auf § 268a Abs. 1, 2 ersetzt.

Übersicht

	Rdn.		Rdn.
1. Gesetzeszweck	1	c) Gesetzwidrigkeit	5
2. Beschwerdeberechtigte	2	d) Entscheidung des Beschwerdegerichts	6
3. Eingeschränkte Nachprüfungsmöglichkeit des Beschwerdegerichts		e) Verschlechterungsverbot	7
a) Keine Zulässigkeitsanforderungen	3	4. Verhältnis der Beschwerde zu anderen Rechtsbehelfen	8
b) Entscheidung über (Nicht-)Abhilfe	4		

1 **1. Gesetzeszweck.** Im Interesse der Beschleunigung und Vereinfachung des Verfahrens bringt § 305a Sondervorschriften für die Beschwerde gegen die abänderbaren Nebenentscheidungen, die gem. § 268a in einem mit dem Urteil zu verkündenden Beschluß ergehen. Diese Entscheidungen sind nicht Teil des Urteils[1], stehen mit diesem aber in akzessorischem Zusammenhang und haben ohne Urteil keinen selbständigen Bestand[2]. Das Gericht trifft solche Nebenentscheidungen nach dem materiellen Strafrecht (§§ 56a bis 56d, 59a, 68a bis 68c StGB), wenn es eine Strafe zur Bewährung aussetzt, eine Verwarnung mit Strafvorbehalt ausspricht oder Führungsaufsicht anordnet. Für Nachtragsentscheidungen enthält § 453 Abs. 2 S. 2 eine vergleichbare Regelung[3], soweit nicht in § 453 Abs. 2 S. 3 auf die sofortige Beschwerde ausdrücklich verwiesen ist (für solche Entscheidungen, denen Rechtskraft erwächst, z. B. der Bewährungswiderruf). Entscheidet das Erstgericht über Bewährungszeit oder Auflagen **versehentlich im Urteil**, so gilt dieser Urteilsteil als abtrennbarer **beschwerdefähiger Beschluß** nach §§ 268a, 305a, da es nicht auf die Form der Entscheidung, sondern auf ihren Gegenstand ankommt[4].

2 **2. Beschwerdeberechtigte.** Entsprechend der allgemeinen Zulässigkeitsvoraussetzung einer notwendigen Beschwer (Tenorbeschwer)[5] kommen als Beschwerdeberechtigte[6] nur der **Beschuldigte, sein Verteidiger** oder ein gesetzlicher Vertreter für den Beschuldigten und **die Staatsanwaltschaft** in Betracht, in Ausnahmefällen auch ein Privatkläger[7]. Keine Beschwerdebefugnis haben mangels Beschwer der Geschädigte[8] oder der Nebenkläger[9], wobei sich dies auch aus der Rechtsmittelbeschränkung gegen Urteile gem. § 400 Abs. 1 (a maiore ad minus) für die Nebenentscheidungen gem. § 268a ergibt[10].

---

[1] BGHSt **25** 333, 335.
[2] LR-*Gollwitzer* § 268a, 2.
[3] Ebenfalls § 59 Abs. 2 S. 2 JGG, vgl. *Eisenberg* § 59 JGG, 26 mit weit. Nachw..
[4] KK-*Engelhardt*[4] 3; SK-*Frisch* 2; vgl. LR-*Hanack* § 333, 7; vgl. BGH StV **1982** 61; § 304, 6, 60.
[5] § 304, 41 mit weit. Nachw.
[6] Dazu allg. § 304, 46 ff.
[7] Vgl. § 304, 50.
[8] OLG Düsseldorf StV **2001** 228.
[9] Vgl. im Zusammenhang einer Untersuchungshaftentscheidung OLG Frankfurt StV **1995** 594.
[10] *Pfeiffer*[4] 2; HK-*Rautenberg*[3] 2.

Stand: 1.6.2003

3. Eingeschränkte Nachprüfungsmöglichkeiten des Beschwerdegerichts

a) Keine Zulässigkeitsanforderungen stellt die Vorschrift des § 305a an den Beschwerdeführer. Trotz des mißverständlichen Gesetzestextes in § 305a Abs. 1 S. 2 („nur darauf gestützt werden") besteht **keine Pflicht zur Begründung** der Beschwerde gegen einen Beschluß nach § 268a[11]. Vielmehr handelt es sich um eine Nachprüfungsbeschränkung für das Beschwerdegericht auf Gesetzeswidrigkeit.[12]

b) Entscheidung über (Nicht-) Abhilfe. Die Zulässigkeit der Beschwerde und das Verfahren richten sich demnach vollständig nach den §§ 304 ff[13]. Entsprechend kann das **Erstgericht** auch im Rahmen von § 306 Abs. 2 eine **Abhilfeentscheidung in vollem Umfang** treffen, ohne den Nachprüfbarkeitsbeschränkungen des Beschwerdegerichts gem. § 305a Abs. 1 S. 2 zu unterliegen[14]. Die **Nichtabhilfeentscheidung** ist jedenfalls dann näher **zu begründen**, wenn das Beschwerdevorbringen erhebliche Tatsachenbehauptungen enthält und der angefochtene Beschluß gem. § 268a nicht förmlich begründet ist, wozu auch keine Verpflichtung besteht, um das Beschwerdegericht in die Lage zu versetzen, über die Frage der Gesetzwidrigkeit zu entscheiden[15]. Dies deckt sich mit den materiell-rechtlichen Kompetenzen gem. der §§ 56e, 59a Abs. 2 S. 3, 68d StGB im Rahmen **nachträglicher Entscheidungen** über die Strafaussetzung oder bei Verwarnung mit Strafvorbehalt gem. § 453 Abs. 1, bei denen ebenfalls eine Nachprüfbarkeitsgrenze für das Beschwerdegericht gem. § 453 Abs. 2 S. 2 gegeben ist[16].

c) Gesetzwidrigkeit. Die im Auflagenbeschluß getroffenen oder unterlassenen Anordnungen sind **gesetzwidrig**, wenn die Festsetzung der Bewährungszeit oder die Auflagen und Weisungen, die der Beschluß enthält, dem materiellen Recht widersprechen[17]. Beispielsweise kann das Gericht unzumutbare Anforderungen an den Verurteilten stellen, den Grundsatz der Verhältnismäßigkeit verletzen[18] oder sonst die seinem Ermessen vom Gesetz gezogenen Grenzen verkannt haben. Das Gericht kann bei Anwendung des Gesetzes, insbesondere bei Anwendung der dort verwendeten unbestimmten Rechtsbegriffe, von rechtsirrigen Erwägungen geleitet worden sein. Die Gesetzwidrigkeit einer Anordnung kann ferner darin liegen, daß eine Maßnahme, die nur mit ausdrücklicher Einwilligung des Verurteilten zulässig ist (vgl. § 56c Abs. 3 StGB), ohne diese Einwilligung ausgesprochen wurde[19]. Gesetzwidrigkeit ist auch gegeben, wenn das Berufungsgericht einen gem. § 268a erforderlichen Bewährungsbeschluß nicht erläßt und bei der Nachholung eine Geldauflage erteilt[20]. Wegen der im einzelnen strittigen Fragen, welche Auflagen und insbesondere welche Weisungen zulässig und mit höherrangigem Recht, vor allem mit dem Grundgesetz, vereinbar sind, muß auf die Kommentare und Rechtsprechung zum Strafgesetzbuch verwiesen werden.

d) Die **Entscheidung des Beschwerdegerichts** ergeht gem. § 309 Abs. 1. Ergibt die Prüfung, daß eine Auflage oder Weisung gesetzwidrig ist, dann entscheidet das Beschwerdegericht trotz seiner beschränkten Prüfungsbefugnis in der Sache selbst (§ 309 Abs. 2). Das Beschwerdegericht darf dann auch **nach eigenem Ermessen** an Stelle der gesetzwid-

---

[11] *Meyer-Goßner*[46] 3; *KMR-Plöd* 3; *KK-Engelhardt*[4] 6; *SK-Frisch* 9; *HK-Rautenberg*[3] 5.
[12] *HK-Rautenberg*[3] 5; *Pfeiffer*[4] 1.
[13] § 305a Abs. 1 S. 1 hat rein deklaratorischen Charakter; *SK-Frisch* 2.
[14] § 304, 30; § 306, 10.
[15] BGHSt **34** 392 f; vgl. BGH NJW **1992** 2169.
[16] *HK-Julius*[3] § 453 Rdn. 8; vgl. auch OLG Frankfurt NStZ-RR **1998** 126.
[17] Vgl. etwa zu nicht gesetzwidrigen Auflagen BGH Beschluß vom 14.10.1994 (3 StR 115/94); Beschluß vom 12.07.2000 (2 StR 163/00).
[18] Vgl. etwa OLG Hamburg MDR **1980** 246; OLG Hamm MDR **1975** 1041.
[19] *Eb. Schmidt* Nachtr. II 3.
[20] OLG Köln NStZ-RR **2000** 338.

rig angeordneten oder auf Grund eines Rechtsirrtums unterlassenen Auflagen und Weisungen in Abänderung des Beschlusses die ihm erforderlich erscheinenden Auflagen und Weisungen erteilen oder an den Tatrichter zurückverweisen [21]. An die Anträge der Beteiligten ist es insoweit nicht gebunden. Für die etwa erforderlich werdenden Ermittlungen gilt das **Freibeweisverfahren**. Hält dagegen das Beschwerdegericht den Beschluß für **nicht gesetzwidrig**, dann ist ihm **jede weitere Nachprüfung versagt**. Es muß die Beschwerde als unbegründet verwerfen, auch wenn es die Auflagen und Weisungen für unzweckmäßig hält.

7 e) Das **Verschlechterungsverbot** (§§ 331, 358 Abs. 2, 373 Abs. 2) gilt für das Beschwerdegericht grundsätzlich nicht. Die fehlende Regelung eines Verschlechterungsverbots im Zusammenhang der Beschwerde erklärt sich aus der Verfahrenssituation, daß hier regelmäßig nicht über Art und Höhe von Rechtsfolgen rechtskräftig entschieden wird [22]. Auch im Bereich der Nebenentscheidungen gem. § 268a (z. B. Bewährungsauflagen), soweit jedenfalls das Berufungsgericht oder nach vorheriger Zurückverweisung das Erstgericht einen neuen Beschluß gem. § 268a erlassen hat, gilt kein Verschlechterungsverbot im Rahmen der Beschwerde gem. §§ 304, 305a [23]. Es ist jedoch daran zu denken, eine **normative Grenze der Verschlechterung** dort anzunehmen, wo das zur Entscheidung berufene **Gericht von Amts wegen** seine Erstentscheidung nicht zum Nachteil des Betroffenen **abändern** dürfte [24]. Die Entscheidungsmöglichkeiten gem. § 56 StGB stecken diesen normativen Rahmen bei Beschwerdeverfahren (§§ 268a, 305a) ab [25]. Beispielsweise kann eine nachträgliche Auferlegung einer „Geldbuße" gem. § 305 Abs. 1 S. 2 gesetzwidrig sein im Falle der Nachholung eines unterbliebenen Beschlusses gem. § 268a [26]. In einem solchen Fall soll allenfalls die gesetzlich vorgesehene Mindestdauer der Bewährung formell noch festgesetzt werden können, wenn ein innerer Zusammenhang zwischen Urteil und Bewährungsbeschluß (mehr) gegeben ist (etwa zwei Jahre nach Urteilsverkündung) [27]. Ein Verschlechterungsverbot kann aber nicht greifen, soweit die nachträgliche (Nicht-) Abänderungskompetenz des Gerichts reicht [28]. Die Entscheidung nach § 268a genießt also nach Ausgestaltung und Zielsetzung nicht den vollen Vertrauensschutz rechtskräftiger Urteile.

8 4. **Verhältnis der Beschwerde zu anderen Rechtsbehelfen.** Die ausdrückliche Anfechtung des Beschlusses gem. § 268a mit der Beschwerde gem. § 305a ist dann sinnvoll, wenn das Urteil nicht oder nur bezüglich eines Nebenpunktes (z. B. Entziehung der Fahrerlaubnis mit Sperre gem. §§ 69, 69a StGB) angefochten wird [29]. Im übrigen erlangt sie Bedeutung für den Fall einer unzulässigen Berufung oder bei Rücknahme [30]. Ist das **Urteil rechtskräftig** und nur der Beschluß gem. § 268a angegriffen, so entscheidet das für die Beschwerdeentscheidungen zuständige, sachlich und örtlich übergeordnete Gericht [31]. Die Beschwerde ist nach Rechtskraft des Urteils nicht deshalb unzulässig,

---

[21] Näher unten § 306, 12; vgl. auch Vor § 304, 12; § 304, 30; § 309, 7, 13 ff, 17 ff.
[22] Vor § 304, 13 ff; § 309, 21 f.
[23] BGH 4 StR 657/94 bei *Kusch* NStZ **1995** 220; OLG Oldenburg NStZ-RR **1997** 9 f; OLG Düsseldorf NStZ **1994** 198 f; HK-*Rautenberg*³ 7.
[24] Offen gelassen bei BGH NJW **1982** 1544; KMR-*Plöd* 5; SK-*Frisch* 18; siehe aber KK-*Engelhardt*⁴ 12; Vor § 304, 15.
[25] Auch bei § 56e StGB sollen Entscheidungen zuungunsten des Verurteilten denkbar sein (OLG Frankfurt NStZ-RR **1996** 220), aber nur in seinem Interesse, *Tröndle/Fischer*⁵⁰ § 56e, 1; a. A bei Auflagen gem. § 56b *Schönke/Schröder/Stree* § 56e, 3, jeweils mit weit. Nachw.
[26] OLG Köln NStZ-RR **2000** 338; OLG Düsseldorf StraFo. **1999** 238, 239; LG Osnabrück NStZ **1985** 378 f; vgl. auch OLG Frankfurt StV **1983** 24.
[27] OLG Hamm NStZ-RR **2000** 126.
[28] Vgl. OLG Düsseldorf NStZ **1994** 198 f mit weit. Nachw.
[29] *Meyer-Goßner*⁴⁶ § 268a, 10.
[30] KK-*Engelhardt*⁴ 16; *Pfeiffer*⁴ 3.
[31] OLG Düsseldorf NJW **1956** 1889, 1890.

weil nunmehr der Verurteilte beim Gericht des ersten Rechtszugs (der nicht identisch sein muß mit dem Gericht, das den Pflichtenbeschluß erlassen hat), dessen Abänderung nach § 56e StGB, § 453 beantragen kann[32]. Die an keine Frist gebundene Beschwerde kann auch noch nach Rechtskraft des Urteils eingelegt werden[33].

Ist gegen das erstinstanzliche Urteil **Berufung** eingelegt und erstreckt sich dieses Rechtsmittel auch auf die Strafaussetzung zur Bewährung, dann muß das Berufungsgericht zugleich mit dem Urteil auch über die (eventuelle) Aussetzung der Freiheitsstrafe zur Bewährung nach den §§ 332, 268a selbst neu entscheiden. An die Beschränkung des § 305a Abs. 1 S. 2 ist es dabei nicht gebunden. Der ursprüngliche Beschluß des Amtsgerichts gem. § 268a und die ggfs. eingelegte Beschwerde gem. § 305a werden durch die neue Entscheidung des Berufungsgerichts gegenstandslos. Auch wenn die Berufung als unbegründet verworfen wird, liegt eine **neue Sachentscheidung** über die Strafaussetzung zur Bewährung vor, welche eine erneute Beschlußfassung nach § 268a erfordert[34]. Wenn das Berufungsgericht den erstinstanzlichen Beschluß nur bestätigt, entscheidet es insoweit als das mit der Sache befaßte Tatgericht und nicht als Beschwerdegericht nach §§ 304 ff, 305a[35]. Gegen die Entscheidung des Berufungsgerichts ist daher – ohne daß § 310 entgegensteht – die Beschwerde nach § 305a erneut gegeben[36].

Hat das Berufungsgericht **irrigerweise als Beschwerdegericht** entschieden, kann sein Beschluß auf die Beschwerde hin von dem zuständigen Oberlandesgericht aufgehoben und die Sache wegen des eingeschränkten Entscheidungsspielraums bei § 305a Abs. 1 S. 2 zur erneuten Entscheidung zurückverwiesen werden[37] oder auch durch das Beschwerdegericht selbst ein Beschluß erlassen werden[38]. **Verweist das Berufungsgericht die Sache nach § 328 Abs. 2** an ein für das erstinstanzliche Verfahren zuständiges Gericht, so wird sowohl der Beschluß nach § 268a und als auch die Beschwerde gegen ihn gegenstandslos, da das angefochtene Urteil ebenfalls ausdrücklich aufzuheben ist bzw. in Wegfall kommt[39].

Nach Einlegung einer **zulässigen Revision** entscheidet nach der in § 305a Abs. 2 getroffenen Zuständigkeitsregelung das **Revisionsgericht** auch **als Beschwerdegericht**. Das Revisionsgericht ist nur zuständig, wenn derselbe Tatrichter, dessen Urteil mit der Revision angefochten wird, auch den Beschluß nach § 268a erlassen hat[40]. Hält das Revisionsgericht den angefochtenen Beschluß gem. § 268a für gesetzwidrig nach § 305a Abs. 1 S. 2, kann es zurückverweisen[41] oder selbst die Sachentscheidung treffen[42], wenn es die Revision verwirft oder wenn es selbst auf die zur Bewährung ausgesetzte, gesetzlich niedrigste Strafe erkennt (§ 354 Abs. 1)[43]. Die Entscheidung gem. § 268a sollte jedoch grundsätzlich dem Tatrichter überlassen werden, wenn nicht das Gericht die gesetzliche Mindestdauer der Bewährungszeit ohne weitere Auflagen für ausreichend hält[44]. Wenn eine Entscheidung als Beschwerdegericht nicht möglich ist, weil beispielsweise keine Begründung des Beschlusses gem. § 268a oder der Nichtabhilfeentscheidung vorhanden ist, endet die Zuständigkeit des Revisionsgerichts durch Verwerfung der Revision und geht auf das reguläre Beschwerdegericht über[45]. Gleiches gilt, wenn die

9

10

11

---

[32] OLG Hamm NJW **1964** 937.
[33] OLG Braunschweig MDR **1970** 69, a. A *Pusinelli* NJW **1962** 902, 903; vgl. auch OLG Hamm NJW **1964** 937 f.
[34] HK-*Rautenberg*[3] 6; KK-*Engelhardt*[4] 14; SK-*Frisch* 21.
[35] LR-*Gollwitzer* § 268a, 20.
[36] KK-*Engelhardt*[4] 15; HK-*Rautenberg*[3] 6.
[37] SK-*Frisch* 23; vgl. bei § 309, 13 ff.
[38] KK-*Engelhardt*[4] 15.
[39] Vgl. LR-*Gössel* § 328, 33 mit weit. Nachw.
[40] KG NJW **1957** 275.
[41] SK-*Frisch* 25; vgl. LR-*Hanack* § 354, 42.
[42] HK-*Rautenberg*[3] 9.
[43] KK-*Engelhardt*[4] 17; SK-*Frisch* 25.
[44] *Dahs/Dahs*[6] 590; SK-*Frisch* 25; LR-*Hanack* § 354, 42.
[45] BGHSt **34** 392 f.

§ 306

Beschwerde erst nach Verwerfung der Revision ansonsten entscheidungsreif wird[46] oder bei Rücknahme der Revision[47]. Die Zuständigkeit gem. § 305a Abs. 2 soll aber ausnahmsweise bestehen bleiben, wenn eine bei Abschluß des Revisionsverfahrens entscheidungsreife Beschwerde nur versehentlich nicht miterledigt wurde[48].

§ 306

(1) **Die Beschwerde wird bei dem Gericht, von dem oder von dessen Vorsitzenden die angefochtene Entscheidung erlassen ist, zu Protokoll der Geschäftsstelle oder schriftlich eingelegt.**

(2) **Erachtet das Gericht oder der Vorsitzende, dessen Entscheidung angefochten wird, die Beschwerde für begründet, so haben sie ihr abzuhelfen; andernfalls ist die Beschwerde sofort, spätestens vor Ablauf von drei Tagen, dem Beschwerdegericht vorzulegen.**

(3) **Diese Vorschriften gelten auch für die Entscheidungen des Richters im Vorverfahren und des beauftragten oder ersuchten Richters.**

Entstehungsgeschichte. Art. 1 Nr. 84 des 1. StRVG hat in Absatz 3 „Amtsrichter" durch „Richter" ersetzt und die Erwähnung des abgeschafften Untersuchungsrichters gestrichen. Durch Art. 4 Nr. 1 des Gesetzes zur Änderung des Gesetzes über Ordnungswidrigkeiten, des Straßenverkehrsgesetzes und anderer Gesetze vom 7.7.1986 (BGBl. I 977) wurde der Satz 2 des Absatzes 1 gestrichen, der vorsah, daß die Beschwerde in dringenden Fällen auch beim Beschwerdegericht eingelegt werden kann. Art. 6 Abs. 4 dieses Gesetzes enthält eine Übergangsvorschrift. Bezeichnung bis 1924: § 348.

Übersicht

	Rdn.		Rdn.
1. Einlegung der Beschwerde		3. Abhilfeverfahren	
a) Schriftform beim Erstgericht	1	a) Prüfung durch den iudex a quo	9
b) Erklärung zur Niederschrift der Geschäftsstelle	2	b) Nichtabhilfeentscheidung	14
		c) Positive Abhilfeentscheidung	18
c) Beim Gericht des Verwahrungsortes	4	d) Keine (Nicht-)Abhilfeentscheidung	21
d) Keine Einlegungsfrist	5	4. Vorlegungspflicht	
2. Begründung und Begründungsfrist	6	a) Keine Entscheidung über die Beschwerde	22
		b) Dreitagesfrist	23

1. Einlegung der Beschwerde

1   a) Schriftform beim Erstgericht. Die Beschwerde ist schriftlich[1] beim Erstgericht in deutscher Sprache[2] einzulegen[3], also bei dem Gericht, von dem oder von dessen Vor-

---

[46] BGHSt **10**, 19, 20; **34**, 392, 393; BGH bei *Dallinger* MDR **1971** 547; NStZ **1986** 423.
[47] HK-*Rautenberg*[3] 8.
[48] BGH NStZ **1986** 423 (unter Hinweis auf Bedeutung des gesetzlichen Richters und andere Auslegung des § 464 Abs. 3).

[1] Zur Schriftform vgl. *Meyer-Goßner*[46] Einl. 128; LR-*Wendisch* Vor § 42, 13 ff; LR-*Gössel* § 314, 15 ff, jeweils mit weit. Nachw.
[2] BGHSt **30** 182, 183; OLG Düsseldorf NStZ-RR **1999** 364; vgl. näher die zutreffende Kritik an der h.M und zur Verpflichtung zu einer Übersetzung

sitzenden die angefochtene Entscheidung erlassen wurde (§ 306 Abs. 1). Dies gilt **auch in dringenden Fällen**. Die frühere Ausnahme, die die unmittelbare Einlegung bei dem Beschwerdegericht gestattete, ist entfallen[4]. Erklärungen gegenüber einem unzuständigen Gericht, die schriftlich oder zur Niederschrift des Urkundsbeamten abgegeben werden, gelten mit Eingang bei dem Erstgericht als Beschwerde. Das unzuständige Gericht hat sie dorthin weiterzuleiten. Gleiches gilt für Beschwerdeschriften, die bei der Staatsanwaltschaft eingehen.

b) Erklärung zur Niederschrift der Geschäftsstelle hat die gleiche Bedeutung wie bei § 314 und § 341[5]. Die **Geschäftsstelle des zuständigen Gerichts** (§ 153 GVG) ist zur Entgegennahme der Erklärung verpflichtet, auch nach Ablauf einer eventuellen Rechtsmittelfrist (bei der sofortigen Beschwerde gem. § 311 Abs. 2). Der zuständige Urkundsbeamte darf die Aufnahme der Niederschrift nicht deshalb verweigern, weil die Beschwerde auch schriftlich eingelegt werden könnte, denn der Beschwerdeführer hat insoweit die freie Wahl. Eine zur Niederschrift des Urkundsbeamten der Geschäftsstelle abgegebene Erklärung liegt vor, wenn ein zur Aufnahme der Erklärung befugter Urkundsbeamter die mündliche Erklärung in einer Niederschrift als abgegeben beurkundet. Sie ist zugleich eine schriftliche, wenn der Erklärende sie unterzeichnet[6]. Dies ist von Bedeutung, wenn die Niederschrift im übrigen an einem Formmangel leidet. Durch Übersendung einer beglaubigten Abschrift der Niederschrift innerhalb einer Frist wird diese gewahrt, da der Beglaubigungsvermerk die Abgabe der Erklärung und die Identität des Erklärenden ausreichend bezeugt[7]. 2

Eine in der **Hauptverhandlung** in die Sitzungsniederschrift aufgenommene Erklärung steht der Einlegung der Beschwerde zur Niederschrift der Geschäftsstelle gleich[8]. Die protokollierte Erklärung, zu deren Aufnahme keine Pflicht besteht, nimmt an der Beweiskraft der Sitzungsniederschrift (§ 274) nicht teil[9]. Der Form ist genügt, wenn statt eines dazu befugten Urkundsbeamten der Geschäftsstelle ein Richter die in der Niederschrift beurkundete Erklärung entgegengenommen hat[10]. 3

c) Beim Gericht des Verwahrungsortes kann ein **nicht auf freiem Fuß befindlicher Beschuldigter** die Beschwerde in der Form des § 299 zu Protokoll der Geschäftsstelle, im Falle einer sofortigen Beschwerde auch mit fristwahrender Wirkung (§ 299 Abs. 2), einlegen. Zur Fristwahrung genügt Einlegung in Schriftform am Gericht des Verwahrungsortes nicht[11]. 4

d) Keine Einlegungsfrist. Die einfache Beschwerde ist an keine Frist gebunden. Nur für die sofortige Beschwerde gilt die Wochenfrist des § 311 Abs. 2. Jedoch kann eine sachlich überholte oder erledigte (einfache) Beschwerde durch den Fortgang des Verfahrens unzulässig sein[12]. Auch eine vor Erlaß der Entscheidung – etwa in Unkenntnis über einen vermeintlichen Fristablauf vorsorglich – eingelegte Beschwerde ist grundsätzlich (zunächst) unzulässig. Wenn jedoch die Erstentscheidung spätestens zum Zeitpunkt der 5

---

bei LR-*Wickern* § 184 GVG, 15 ff, 19 mit weit. Nachw.

[3] Zum Schriftformerfordernis ausführlich LR-*Gössel* § 314, 15 ff, insbesondere auch zu neueren Übermittlungsformen § 314, 24 ff mit weit. Nachw.

[4] Der frühere Absatz 1 Satz 2 wurde durch Gesetz vom 7.7.1986 aufgehoben; vgl. Entstehungsgeschichte.

[5] Vgl. ausführlich bei LR-*Gössel* § 314, 6 ff; LR-*Hanack* § 341, 11 ff, jeweils mit weit. Nachw.

[6] Vgl. LR-*Gössel* § 314, 14.

[7] Ausf. LR-*Gössel* § 314, 6 ff mit weit. Nachw.

[8] BGHSt **31** 109 = JR **1983** 383 mit Anm. *Fezer*; Meyer-Goßner[46] Einl. 137; KMR-*Plöd* 3; **a. A** BayObLG NStZ **1981** 445.

[9] Vgl. LR-*Gollwitzer* § 273, 21.

[10] Vgl. § 8 RpflG; BGH NJW **1984** 1974.

[11] LR-*Hanack* § 299, 8.

[12] Vgl. § 304, 15 (auch zur extrem seltenen Möglichkeit einer Verwirkung); Vor § 304, 68 ff; § 304, 53 ff.

Beschwerdeentscheidung durch das Beschwerdegericht vorliegt, ist die Zulässigkeit der Beschwerde zu diesem Zeitpunkt gegeben[13].

6 **2. Begründung und Begründungsfrist.** Eine **Begründung** der Beschwerde ist nicht vorgeschrieben, auch nicht bei einer Beschwerde gem. § 305a[14]. Selbstverständlich ist eine Begründung zur Förderung des sachlichen Anliegens empfehlenswert und liegt somit im Interesse einer zweckmäßigen Rechtswahrung[15]. Die Staatsanwaltschaft „muss" jedes eingelegte Rechtsmittel begründen gem. Nr. 156 Abs. 1 RiStBV (vgl. auch Nr. 147, 148). Die Begründung muß in der für die Einlegung der Beschwerde vorgesehenen schriftlichen Form – oder zu Protokoll der Geschäftsstelle – abgegeben werden. Der Beschwerdeführer kann sich aber auch bei der Einlegung der Beschwerde die nähere Begründung vorbehalten. Ggfs. sollte der Beschwerdeführer im eigenen Interesse selbst eine bestimmte Frist benennen, innerhalb derer die angekündigte Begründung bei dem Erstgericht eingehen soll und insoweit auch auf die **Einhaltung der Vorlagepflicht des Erstgerichts** an das Beschwerdegericht innerhalb von drei Tagen (§ 306 Abs. 2 Hs. 2) verzichten. Entsprechend kann der Beschwerdeführer verfahren, wenn die Beschwerde bereits dem Beschwerdegericht vorliegt.

7 Ist eine weitere Begründung der Beschwerde angekündigt, muß das Beschwerdegericht eine **angemessene Zeit abwarten** oder eine **bestimmte Frist zur näheren Begründung** setzen, bevor es entscheidet[16]. Auch das Erstgericht kann dem Beschwerdeführer eine Frist für die angekündigte Begründung setzen[17] mit dem Zusatz, daß die Vorlagefrist des § 306 Abs. 2 Hs. 2 in diesem Fall mit dem (vermuteten) Einverständnis des Beschwerdeführers nicht eingehalten und insoweit praktisch verlängert wird. Hat der Beschwerdeführer selbst innerhalb einer bestimmten Frist eine (weitere) Begründung angekündigt, muß das Gericht entweder diesen Zeitraum abwarten, bevor es entscheidet, oder ausdrücklich eine kürzere Frist setzen. Reagiert das Gericht nicht, muß der Beschwerdeführer davon ausgehen dürfen, daß der bezeichnete Zeitraum als Frist zur näheren Begründung der Beschwerde eingeräumt wurde. Die Frist muß der Sach- und Rechtslage angemessen sein und dem allgemeinen Beschleunigungsgebot gleichwohl Rechnung tragen[18]. Hat das Gericht eine **Begründungsfrist** eingeräumt, muß es diese **abwarten**, auch wenn die Sache schon früher entscheidungsreif ist[19]. Dies gilt sowohl für das Erstgericht als auch für das Beschwerdegericht.

8 Die **Nichteinhaltung der Frist** hat nur zur Folge, daß das Gericht, wenn sie angemessen war, ohne Verletzung des rechtlichen Gehörs entscheiden kann. Eine nach Fristablauf eingereichte Beschwerdebegründung ist aber, solange die Beschwerdeentscheidung nicht ergangen ist, zu berücksichtigen[20]. Wenn ein bei dem Erstgericht eingereichter Begründungsschriftsatz nicht rechtzeitig an das Beschwerdegericht weitergeleitet und daher nicht berücksichtigt wird, liegt ein Verstoß gegen Art. 103 Abs. 1 GG vor[21]. Da es sich

---

[13] § 304, 12 mit weit. Nachw.
[14] Trotz des mißverständlichen Wortlauts, siehe § 305a, 3 mit weit. Nachw.
[15] Vgl. § 304, 14 mit weit. Nachw.
[16] BVerfGE **8** 89, 90; **17** 191, 193; **18** 399, 406; **24** 23, 25; **60** 313, 317; OLG Bremen NJW **1963** 1321.
[17] A. A HK-*Rautenberg*[3] 10; *Meyer-Goßner*[46] 11; OLG Hamm StraFo. **2002** 177 f.
[18] Vgl. BVerfGE **4** 190, 192; KK-*Engelhardt*[4] 13.
[19] BVerfGE **12** 110, 113, **18** 380, 384, **42** 243; **46** 313, 314; **49** 212, 215 f; OLG Karlsruhe MDR **1983** 250.
[20] Vgl. KK-*Engelhardt*[4] 13; *Meyer-Goßner*[46] 6.
[21] BVerfGE **62** 347, 352 f; ggfs. sollte eine solche Beschwerdebegründungsschrift seitens des Gerichts in eine Gegenvorstellung umgedeutet werden und eine erneute Entscheidung unter Berücksichtigung des Vorbringens erfolgen. Das Verfahren gem. § 33a ist nicht einschlägig; *Meyer-Goßner*[46] 6; KMR-*Plöd* 6 unter Verweis auf OLG Bamberg MDR **1991** 665; vgl. auch die umgekehrte Konstellation bei fristgebundenem Rechtsmittel: OLG Düsseldorf StV **1983** 325.

um keine vom Gesetz gesetzte Erklärungsfrist mit Ausschlußwirkung handelt, gibt es gegen ihre Versäumung keine Wiedereinsetzung[22].

3. Abhilfeverfahren

a) Prüfung durch den iudex a quo. Das Gericht – auch der Richter im Vorverfahren oder der beauftragte bzw. ersuchte Richter (klarstellend § 306 Abs. 3), welche die Entscheidung erlassen haben – muß auf die Beschwerde hin prüfen, ob Anlaß besteht, seine Entscheidung abzuändern. Die Abhilfe ist bei den Entscheidungen ausgeschlossen, die mit sofortiger Beschwerde anfechtbar sind (§ 311 Abs. 3 S. 1), von der Ausnahme gem. § 311 Abs. 3 Satz 2 bei Verletzung des rechtlichen Gehörs abgesehen[23]. **Zweck der Abhilfe** ist es, aus Gründen der Prozeßwirtschaftlichkeit und der Verfahrensbeschleunigung dem Erstrichter die nachträgliche Korrektur seiner Entscheidung zu ermöglichen und dem Beschwerdegericht zu ersparen, sich mit einer Entscheidung zu befassen, an der auch der Erstrichter nicht mehr festhält[24]. Allerdings soll – nach gerichtlichem Zuständigkeitswechsel etwa wegen Anklageerhebung oder Aktenvorlage beim Berufungsgericht – das nachträglich zuständig gewordene Gericht die Beschwerde umdeuten in einen Antrag auf Aufhebung der Maßnahme, so daß diese Entscheidung eine Erst- und keine Abhilfeentscheidung ist und nochmals das vollständige Beschwerdeverfahren eröffnet ist[25]. 9

Es ist **Amtspflicht** des Gerichts oder Richters, einer sachlich für **begründet** erachteten **Beschwerde abzuhelfen.** Es steht nicht in seinem Ermessen, ob er tätig werden will[26]. Diese Pflicht zur Abhilfe besteht auch bei Unzulässigkeit der Beschwerde[27], da das Recht zur Abhilfe ohnehin so weit reicht wie die Befugnis des Gerichts, eine nachträglich als unrichtig erkannte Entscheidung auf Gegenvorstellung hin oder von Amts wegen zu ändern[28]. Beispielsweise ist der Erstrichter auch nicht – wie das Beschwerdegericht[29] – durch § 305 a oder § 453 Abs. 2 S. 2 oder § 59 Abs. 2 S. 2 eingeschränkt, vielmehr kann er eine umfassende Prüfung vornehmen[30]. 10

Die dem Erstrichter vor seiner Entscheidung über die Abhilfe obliegende Überprüfung der angegriffenen Entscheidung schließt auch **weitere Ermittlungen** ein, wenn ein ernstzunehmendes neues Vorbringen die tatsächlichen Grundlagen der angegriffenen Entscheidung in Frage stellt[31]. Es muß sich aber immer um Vorbringen handeln, das nach Ansicht des Erstrichters eine Änderung der Entscheidung erforderlich machen kann. Das Gericht muß gleichwohl auf die **Einhaltung der Vorlagefrist** des § 306 Abs. 2 Hs. 2 im Falle der nicht vollständigen Abhilfe sowie auf das allgemeine Beschleunigungsgebot achten. Ggfs. ist das ausdrückliche Einverständnis des Beschwerdeführers bezüglich einer verzögerten Vorlage einzuholen. 11

Die **Entscheidung über die Abhilfe** obliegt dem iudex a quo. Bei einem Wechsel der Zuständigkeit entscheidet das Gericht, das nunmehr an dessen Stelle für die angefoch- 12

---

[22] OLG Karlsruhe MDR **1983** 250; SK-*Frisch* 14; KMR-*Plöd* 6; *Meyer-Goßner*[46] 6; vgl. auch LR-*Wendisch* Vor § 42, 1 ff.
[23] Vgl. § 311, 1.
[24] OLG München JR **1974** 204 mit Anm. *Gollwitzer*; KK-*Engelhardt*[4] 14; *Meyer-Goßner*[46] 7.
[25] OLG Stuttgart NStZ-RR **2003** 142 (Anordnung eines dinglichen Arrestes).
[26] *Ellersiek* 169; *Gollwitzer* JR **1974** 204, 207; *Meyer-Goßner*[46] 8; *Eb. Schmidt* 7; bei § 571 ZPO wird die gleiche Ansicht vertreten, vgl. die ZPO-Kommentare zu dieser Vorschrift.
[27] SK-*Frisch* 16; vgl. *Meyer-Goßner*[46] 12.
[28] Vgl. Vor § 304, 47, 55 f.
[29] Vor § 304, 12; § 304, 30 f; § 305a, 7; § 309, 7, 14.
[30] § 304, 30; § 305a, 4.
[31] *Gollwitzer* JR **1974** 205; vgl. auch OLG Frankfurt NJW **1968** 57 zu § 571 ZPO; ferner KK-*Engelhardt*[4] 14 (soweit die Dreitagesfrist es erlaubt).

tene Entscheidung und damit auch für die Abhilfe zuständig geworden ist[32]. Außerhalb der Hauptverhandlung kann die Abhilfeentscheidung immer ohne Schöffen getroffen werden (vgl. §§ 30 Abs. 2, 76 Abs. 1 S. 2 GVG), auch wenn an dem angefochtenen Beschluß in der Hauptverhandlung Schöffen mitgewirkt haben[33]. Haben der ersuchte oder beauftragte Richter oder der Vorsitzende die Anordnung (im Rahmen ihrer Zuständigkeit) getroffen, so entscheiden sie auch über die Abhilfe und nicht etwa das Gericht[34]. **Vor einer positiven Abhilfeentscheidung** muß der Erstrichter auch dem Beschwerdegegner nochmals **rechliches Gehör gewähren**, sowohl im Hinblick auf das Beschwerdevorbringen (vgl. § 308 Abs. 1) als auch bezüglich neuer Tatsachen oder Beweisergebnisse (§ 33 Abs. 2 und 3; Art. 103 Abs. 1 GG). Vor einer Nichtabhilfeentscheidung kann das dem Beschwerdegericht überlassen bleiben.

13 Die Abhilfeentscheidung ergeht zwar im Beschwerdeverfahren, ist aber **keine Entscheidung über das Rechtsmittel der Beschwerde**[35]. Bei vollständiger Abhilfe wird die Beschwerde allerdings gegenstandslos. Soweit der Beschwerde nicht durch die Abhilfeentscheidung vollständig abgeholfen wird, muß immer – auch bei Unzulässigkeit des Rechtsmittels – die Sache dem Beschwerdegericht vorgelegt werden, damit dieses *über* die Beschwerde befinden kann[36].

14 **b) Nichtabhilfeentscheidung.** Die Entscheidung über die Abhilfe hat entsprechend ihrem Inhalt unterschiedliche Rechtsqualität und eine unterschiedliche verfahrensrechtliche Bedeutung. Die Feststellung, daß der **Beschwerde nicht abgeholfen** wird, ist ein formloser verfahrensinterner Vorgang, der allerdings aktenkundig zu machen ist. Die Unterzeichnung durch den Vorsitzenden genügt[37]. Eine **Begründung der Nichtabhilfeentscheidung** ist gem. § 34 nicht immer erforderlich. Sie ist jedoch geboten bei erheblichem Beschwerdevorbringen und dann unerläßlich, wenn der angefochtene Beschluß selbst nicht begründet wurde[38]. Eine Mitteilung an die Verfahrensbeteiligten gem. § 35 erfolgt nicht[39]. Die Entscheidung greift nicht förmlich in Rechte von Verfahrensbeteiligten ein und ist daher **nicht selbständig anfechtbar**[40]. Soweit das Gericht die Gründe für die Nichtabhilfe in einem Aktenvermerk darlegt, wird dieser Vermerk nicht Bestandteil des ursprünglich angefochtenen Beschlusses[41].

15 Hat der Erstrichter über **neues tatsächliches Vorbringen** in der Beschwerde **Beweis erhoben**, so kann er ebenso verfahren, wenn er auf Grund des Ergebnisses seiner Ermittlungen keinen Anlaß zur Abhilfe sieht. Allerdings ist in diesen Fällen ebenfalls grundsätzlich eine Begründung der Nichtabhilfeentscheidung notwendig und aktenkundig zu machen[42], um dem Beschwerdegericht auch insoweit eine Überprüfung zu ermöglichen[43]. Die zur **Gewährung des rechtlichen Gehörs** unter Umständen erforderliche formale Anhörung kann er dem **Beschwerdegericht überlassen** (vgl. § 308 Abs. 1, § 33 Abs. 2 und 3, Art. 103 Abs. 1 GG), wenn er nicht abhilft. In solchen Fällen dürfte jedoch eine förmliche Ergänzung der ursprünglichen Entscheidung und somit ein **förmlicher Be-**

---

[32] KK-*Engelhardt*[4] 17; vgl. aber zutreffend OLG Stuttgart NStZ-RR **2003** 142; oben § 306, 9.
[33] *Ellersiek* 170.
[34] KK-*Engelhardt*[4] 17; KMR-*Plöd* 18.
[35] *Ellersiek* 32 f.
[36] Dazu unten § 306, 22; vgl. Vor § 304, 1.
[37] *Meyer-Goßner*[46] 9.
[38] BGHSt **34** 392 f; OLG Hamm StV **1996** 421, 422.
[39] *Ellersiek* 170; KK-*Engelhardt*[4] 21; *Meyer-Goßner*[46] 9.
[40] KMR-*Plöd* 8.
[41] A. A HK-*Rautenberg*[3] 8; würde ein Vermerk mit Begründung der Nichtabhilfe förmlicher Bestandteil des angefochtenen Beschlusses, müßte diesbezüglich immer rechtliches Gehör gewährt werden. Dies erscheint jedoch zu weitgehend und widerspricht dem Anliegen, das Verfahren durch die Möglichkeit der Abhilfe zu beschleunigen.
[42] A. A KK-*Engelhardt*[4] 17; HK-*Rautenberg*[3] 8.
[43] Vgl. BGHSt **34** 392 f; OLG Hamm StV **1996** 421, 422.

schluß über die **Nichtabhilfe** sachgerechter sein, der den Verfahrensbeteiligten auch zur Kenntnis zu bringen ist, da er Elemente einer neuen Sachentscheidung in sich birgt[44]. Ergänzend sollte ein Hinweis an den Beschwerdeführer auf die sich anschließende Vorlage beim Beschwerdegericht erfolgen.

In gleicher Weise ist zu verfahren, wenn der Erstrichter die angefochtene Entscheidung aus **anderen** als den ursprünglich angeführten **Gründen** aufrecht hält, denn er ersetzt die ursprüngliche Entscheidung auf die Beschwerde hin durch eine neue, zum gleichen Ergebnis führende Sachentscheidung und hilft daher der Beschwerde nicht ab[45]. Auch diese neue förmliche Entscheidung ist den Verfahrensbeteiligten bekanntzugeben mit der Mitteilung, daß die Beschwerde nun dem Beschwerdegericht vorgelegt wird[46]. **16**

Eine **nachträgliche Abänderung der Nichtabhilfeentscheidung** ist möglich, bevor die Akten an das Beschwerdegericht weitergeleitet wurden. Trägt beispielsweise der Beschwerdeführer nach einer Nichtabhilfeentscheidung neue Tatsachen vor, die das Erstgericht zu einer positiven Abhilfeentscheidung bringen, kann dadurch die Befassung des Beschwerdegerichts mit dem Verfahren vermieden werden[47]. **17**

c) **Positive Abhilfeentscheidung.** Die Entscheidung, die der Beschwerde **ganz oder teilweise abhilft**, ist eine **neue Sachentscheidung** gleicher Art und gleicher Instanz wie die angefochtene Entscheidung, die sie ersetzt, ändert oder ergänzt[48]. Soweit die ursprüngliche Entscheidung nicht aufgehoben ist, bildet sie zusammen mit der Abhilfeentscheidung rechtlich eine Einheit, von der das weitere Verfahren auszugehen hat[49]. **Vor Erlaß dieser neuen Sachentscheidung**, die in Verfahrenspositionen eingreift, ist den Verfahrensbeteiligten, insbesondere bei Verwendung neuer Tatsachen[50], **rechtliches Gehör zu gewähren**[51]. Sie muß entsprechend der angefochtenen Entscheidung gem. § 34 begründet und nach § 35 den Verfahrensbeteiligten bekanntgemacht werden und ist mit der Beschwerde nach Maßgabe der für ihren neuen Inhalt geltenden Vorschriften anfechtbar (z. B. kann jetzt § 305 eingreifen). **18**

Bei nur **teilweiser Abhilfe** ist die Beschwerde dem Beschwerdegericht zur Entscheidung über den nicht erledigten Teil vorzulegen. Es kann sich empfehlen, den Beschwerdeführer gleichzeitig mit der Bekanntgabe der teilweise abhelfenden Entscheidung zu befragen, ob er den noch nicht erledigten Teil seiner Beschwerde aufrechterhalten will. Die ursprüngliche Beschwerde ist **gegenstandslos**, sofern die Abhilfe den Beschwerdegegenstand völlig beseitigt hat[52]. **19**

Führt die Beschwerde bei einem von **mehreren Betroffenen** zur Abhilfe, dann hat das Gericht von Amts wegen zu prüfen, ob es nicht auch hinsichtlich der anderen Betroffenen, die kein Rechtsmittel eingelegt haben, seine Entscheidung ändern muß. **20**

d) **Keine (Nicht-)Abhilfeentscheidung.** Das Beschwerdegericht kann über die Beschwerde auch dann sachlich entscheiden, wenn der Erstrichter sich nicht zur Abhilfe geäußert hat. Eine **Nichtabhilfeentscheidung ist keine Verfahrensvoraussetzung** für die **21**

---

[44] *Meyer-Goßner*[46] 9; SK-*Frisch* 26.
[45] Unklar LR-*Gollwitzer*[24] 23.
[46] Vgl. auch SK-*Frisch* 27.
[47] BGH NStZ **1992** 507 f; zust. OLG Hamm StV **1996** 421.
[48] KK-*Engelhardt*[4] 18; vgl. § 306, 10.
[49] *Gollwitzer* JR 1974, 205 f; *Ellersiek* 32; 170; KMR-*Plöd* 9.
[50] Nur bei Berücksichtigung neuer Tatsachen und Beweisergebnisse, sonst nicht: *Meyer-Goßner*[46] 8; „insbesondere bei Verwendung neuer Tatsachen" HK-*Rautenberg*[3] 7; ähnlich SK-*Frisch* 17; KMR-*Plöd* 9; *Pfeiffer*[4] 3.
[51] *Ellersiek* 172; vgl. auch LR-*Gollwitzer*[24] 24 mit weit. Nachw. zu dem früheren Meinungsstreit.
[52] HK-*Rautenberg*[3] 7; SK-*Frisch* 21; *Ellersiek* 32.

Entscheidung des Beschwerdegerichts[53]. In dringenden Fällen kann die unmittelbare Entscheidung des Beschwerdegerichts auch geboten sein[54]. Im übrigen aber hat das Beschwerdegericht unter Berücksichtigung seiner Pflicht, das Beschwerdeverfahren zügig zu erledigen, nach pflichtgemäßem Ermessen darüber zu befinden, ob es – eventuell nach weiteren Ermittlungen (§ 308 Abs. 2) – selbst entscheidet (§ 309) oder ob es ausnahmsweise dem Erstrichter nochmals Gelegenheit gibt, eine unterbliebene oder in Verkennung des Umfangs der Überprüfungspflicht[55] getroffene Entscheidung über die Abhilfe ordnungsgemäß nachzuholen. Eine **Rückgabe der Akten** zu diesem Zweck ist zulässig, aber nur in Ausnahmefällen mit dem Beschleunigungsgebot vereinbar, nämlich wenn das Verfahren durch diese Verfahrensweise beschleunigt wird[56]. Eine solche Rückgabe der Akten hebt den Devolutiveffekt wieder auf. Sie darf aber mit der Zurückverweisung nach Durchführung des Rechtsmittelverfahrens im Sinne der §§ 354, 328 nicht gleichgesetzt werden, denn die Beschwerde wird dadurch nicht erledigt. Eine **Zurückverweisung zur Nachholung des Abhilfeverfahrens** (im Rahmen des anhängigen Beschwerdeverfahrens) kommt insbesondere in Betracht, wenn die tatsächliche Richtigkeit des Beschwerdevorbringens vom örtlich näheren Erstrichter leichter und schneller festgestellt werden kann und zu erwarten ist, daß dieser dann ggfs. seine Entscheidung selbst korrigiert, weil die neuen Tatsachen auch nach der von ihm vertretenen Rechtsauffassung entscheidungserheblich sind. Eine Zurückverweisung mit Rückgabe der Akten scheidet aus, wenn das Beschwerdegericht selbst sofort entscheiden kann[57].

4. Vorlegungspflicht

22 a) **Keine Entscheidung über die Beschwerde.** Der Erstrichter ist nicht befugt, über die Beschwerde zu entscheiden, sondern nur über die (Nicht-) Abhilfe. Insbesondere darf der Erstrichter eine Beschwerde, die er für unzulässig hält, nicht zurückweisen oder über die **Zulässigkeit** entscheiden.[58] Der Rechtsgedanke der §§ 319, 346 ist nicht übertragbar, da dort jeweils ein weiterer Rechtsbehelf in Abs. 2 – ähnlich einer sofortigen Beschwerde – vorgesehen ist. Daraus folgt, daß **sofortige Beschwerden immer** (Ausnahme § 311 Abs. 3 S. 2) **vorzulegen** sind, denn gem. § 311 Abs. 3 S. 1 besteht hier ein **Abhilfeverbot**[59]. Zusammenfassend: Jede Beschwerde ist dem Beschwerdegericht vorzulegen, soweit ihr nicht vollständig abgeholfen wird[60]. Dies schließt nicht aus, daß das Gericht in den Fällen einer offensichtlich unzulässigen Beschwerde den Beschwerdeführer im Interesse der Verfahrensbeschleunigung und der Prozeßwirtschaftlichkeit darauf hinweist und ihm anheim gibt, die Beschwerde zurückzunehmen. Die Mitteilung, daß die Beschwerde als zurückgenommen gelte, wenn der Beschwerdeführer nichts Gegenteiliges verlauten läßt, ist unzureichend, jedenfalls ohne konkrete Setzung einer angemessenen Frist[61]. Zu denken ist zudem an die **Umdeutung** einer unzulässigen Beschwerde in eine Gegenvorstel-

---

[53] OLG Bremen MDR **1951** 56 mit Anm. *Dallinger*; KK-*Engelhardt*[4] 23; *Meyer-Goßner*[46] 10; KMR-*Plöd* 10; *Schlüchter* 664, 3.

[54] Vgl. etwa die Problematik im Fall Schill, BGH NJW **2001** 3275 und die Kritik von *Schaefer* NJW **2002** 734; vgl. auch Vor § 304, 5 Fn. 6.

[55] § 306, 10 f.

[56] SK-*Frisch* 31; KMR-*Plöd* 10; *Meyer-Goßner*[46] 10; vgl. OLG München JR **1974** 204 mit Anm. *Gollwitzer*; ferner auch BGHSt **34** 392 f.

[57] *Gollwitzer* JR **1974** 205, 207; KMR-*Plöd* 10; SK-*Frisch* 31; zu weit *Ellersiek* 171.

[58] RGSt **43** 179, 180; *Meyer-Goßner*[46] 12; KMR-*Plöd* 11; HK-*Rautenberg*[3] 9; SK-*Frisch* 24; § 304, 1.

[59] § 311, 1, 9 f.

[60] Vor § 304, 9.

[61] SK-*Frisch* 24; AK-*Altenhain/Günther* 17; früher schon KMR-*Paulus* 25, der die mit dem Hinweis verbundene Unterstellung einer Rücknahme für unwirksam hält; zu weit LR-*Gollwitzer*[24] 28, und *Meyer-Goßner*[46] 12 („wenn er nicht ausdrücklich auf ihr besteht").

lung, wenn der Rechtsbehelfsführer einverstanden ist[62]. Dieses **Einverständnis** ist erforderlich, um dem Beschwerdeführer die Disposition über das Rechtsmittel zu belassen, beispielsweise kann es ihm auf eine Entscheidung des Beschwerdegerichts über die Frage der Zulässigkeit ankommen[63].

b) Dreitagesfrist. Die Beschwerde ist **sofort, spätestens vor Ablauf von drei Tagen nach Eingang**[64] dem Beschwerdegericht vorzulegen (§ 306 Abs. 2 Hs. 2). Es handelt sich um eine der Verfahrensbeschleunigung dienende Sollvorschrift[65], die sich an den Erstrichter wendet, nicht um eine echte Frist. Ihre Überschreitung hat keine unmittelbaren verfahrensrechtlichen Konsequenzen[66]. Nach Sinn (Verhaltensregel für den Erstrichter) und Wortlaut der Vorschrift betrifft die Dreitagesfrist die Anordnung der Vorlage durch den Erstrichter und nicht den Zeitpunkt, bis zu dem die Beschwerde bei dem Beschwerdegericht eingehen soll[67]. Kann der Erstrichter noch nicht über die (Nicht-)Abhilfe entscheiden, weil etwa das Beschwerdevorbringen weitere Ermittlungen erfordert, so müssen diese mit der gebotenen Beschleunigung durchgeführt[68] und ggfs. das Einverständnis des Beschwerdeführers eingeholt werden, die Vorlagefrist zu verlängern. Hat das Gericht eine **Frist zur (weiteren) Begründung** eingeräumt, muß es diese **abwarten**, auch wenn die Sache schon früher entscheidungsreif ist[69]. Andernfalls ist die Vorlage vor Ablauf von drei Tagen zu verfügen.

23

Da es sich bei § 306 Abs. 2 um eine Vorschrift zur Verfahrensbeschleunigung handelt, ist im übrigen eine **Überschreitung der Vorlagefrist ausnahmsweise zu vertreten**, wenn dies geschieht, um die Abwicklung des Gesamtverfahrens zu beschleunigen, etwa wenn die Durchführung der unmittelbar bevorstehenden Hauptverhandlung sonst in Frage gestellt wäre. Allerdings wird es meist zweckmäßiger sein, die Beschwerde mit der Bitte um Rückgabe der Akten wegen des unmittelbar anstehenden Termins oder aber auch ohne die Akten vorzulegen.

24

In der Regel ist es zweckmäßig, die **Vorlage der Beschwerde über die Staatsanwaltschaft** durchzuführen (vgl. § 308 Abs. 1, § 309 Abs. 1). Eine Ausnahme bildet die Anfechtung von Maßnahmen gem. §§ 148a, 148 Abs. 2, bei denen die Staatsanwaltschaft nicht gehört wird[70]. Die Staatsanwaltschaft ist selbstverständlich auch an das bezeichnete Beschleunigungsgebot gebunden und darf die Weiterleitung der Akten nicht verzögern[71].

25

---

[62] Zur Problematik der Umdeutung Vor § 304, 49 ff; vgl. *Meyer-Goßner*[46] 12; KK-*Engelhardt*[4] 12; SK-*Frisch* 16.

[63] Vgl. auch § 305, 3.

[64] SK-*Frisch* 29; *Meyer-Goßner*[46] 11; HK-*Rautenberg*[3] 10; *Pfeiffer*[4] 4.

[65] *Ellersiek* 175; KK-*Engelhardt*[4] 22; *Meyer-Goßner*[46] 11; *Eb. Schmidt* 18.

[66] Dieser Rechtszustand ist insbesondere in Haftsachen unbefriedigend, da sich die Praxis mitunter weder an die Vorlagefrist von drei Tagen hält noch das Beschwerdegericht zügig entscheidet. Der Strafrechtsausschuß der Bundesrechtsanwaltskammer schlägt daher in seiner Denkschrift „Reform der Verteidigung im Ermittlungsverfahren" vor, eine gesetzlich bindende Frist von zwei Wochen bis zur Entscheidung des Beschwerdegerichts einzuführen, die nur bei Zustimmung der Verteidigung verlängert werden darf, beispielsweise im Hinblick auf Ermittlungen; vgl. auch Vor § 304, 38.

[67] *Gollwitzer* JR **1974** 205, 206; *Meyer-Goßner*[46] 11; SK-*Frisch* 29.

[68] Sind die Ermittlungen nicht innerhalb der drei Tage möglich, soll das Erstgericht gleichwohl an die Frist gebunden sein (*Meyer-Goßner*[46] 11; KK-*Engelhardt*[4] 18; HK-*Rautenberg*[3] 10), selbst wenn dadurch insgesamt eine Verzögerung des Verfahrens bewirkt würde. Dies erscheint nicht sachgerecht und widerspricht dem Beschleunigungsgebot, welches durch die Sollvorschrift des Abs. 2 unterstützt werden soll; wie hier: SK-*Frisch* 30; OLG München JR **1974**, 204 mit zust. Anm. *Gollwitzer*.

[69] Vgl. SK-*Frisch* 13; AK-Altenhain/Günther § 304, 87; BVerfGE **8** 89, 90 f; **12** 6, 8; OLG Karlsruhe MDR **1983** 250; a.A *Meyer-Goßner*[46] 11; HK-*Rautenberg*[3] 10; differenz. OLG Hamm StV **2002** 492, 493.

[70] LR-*Lüderssen* § 148a, 10; *Meyer-Goßner*[46] 11, § 148 a, 4, 12; BayObLG MDR **1979** 862.

[71] *Meyer-Goßner*[46] 11.

26 Unterbleibt die Vorlage, etwa im Hinblick auf den anstehenden Termin der Hauptverhandlung, so kann dieses Unterlassen unter Umständen mit der **Revision** gerügt werden. In der Regel wird das Urteil allerdings nicht auf dem Verstoß beruhen.

§ 307

(1) Durch Einlegung der Beschwerde wird der Vollzug der angefochtenen Entscheidung nicht gehemmt.
(2) Jedoch kann das Gericht, der Vorsitzende oder der Richter, dessen Entscheidung angefochten wird, sowie auch das Beschwerdegericht anordnen, daß die Vollziehung der angefochtenen Entscheidung auszusetzen ist.

Bezeichnung bis 1924: § 351.

Übersicht

	Rdn.		Rdn.
1. Zuständigkeit	1	5. Anhörung des Beschwerdegegners	7
2. Sofortiger Eintritt der Vollziehbarkeit	2	6. Ausdrückliche Entscheidung	8
3. Anordnung der Aussetzung der Vollziehung	5	7. Rechtsmittel	9
4. Dauer der Aussetzung	6		

1 **1. Zuständigkeit.** Die Vorschrift richtet sich gem. § 307 Abs. 2 sowohl an den **iudex a quo** (Erstrichter) als auch an den **iudex ad quem** (Beschwerdegericht). Eine Entscheidung gem. § 307 Abs. 2 kann frühestens ergehen, wenn eine **Beschwerde wirksam eingelegt** und somit das Beschwerdeverfahren gem. der §§ 304 ff eröffnet ist, denn auch nur dann liegen die nach dem Wortlaut und der Systematik geforderten Voraussetzungen („dessen Entscheidung angefochten wird") vor[1]. Bis zur Abgabe an das Beschwerdegericht ist der Richter oder das Gericht, welches die angefochtene Entscheidung erlassen hat, zuständig. **Nach Abgabe** ist ausschließlich das **Beschwerdegericht zuständig**[2]. Der Vorsitzende des Erstgerichts, der beauftragte und der ersuchte Richter können nur eigene Entscheidungen oder Verfügungen aussetzen, nicht aber Entscheidungen des Kollegialgerichts[3]. Wenn ein Gericht erkennt, daß es für die ursprüngliche Entscheidung nicht zuständig war, steht das der Aussetzung nicht entgegen und legt diese eher nahe[4]. Erfährt das Erstgericht nach Abgabe an das Beschwerdegericht Umstände, welche die Aussetzung erfordern oder rechtfertigen können, so teilt es diese dem Beschwerdegericht ebenso mit wie später noch eingehende Aussetzungsanträge[5].

---

[1] *Meyer-Goßner*[46] 2; **a.A** KK-*Engelhardt*[4] 8; HK-*Rautenberg*[3] 6; SK-*Frisch* 8 (wenn mit einer Anfechtung zu rechnen ist).
[2] HK-*Rautenberg*[3] 9; KMR-*Plöd* 4; SK-*Frisch* 5; *Meyer-Goßner*[46] 3; *Pfeiffer*[4] 2; **a.A** KK-*Engelhardt*[4] 4 (iudex a quo bleibt auch nach Abgabe zuständig).
[3] SK-*Frisch* 6; **a.A** *Meyer-Goßner*[46] 3 (beim Kollegialgericht des ersten Rechtszuges auch der Vorsitzende); zust. KMR-*Plöd* 4.
[4] KK-*Engelhardt*[4] 3; SK-*Frisch* 6.
[5] SK-*Frisch* 6.

2. Sofortiger Eintritt der Vollziehbarkeit

Vollzug der Entscheidung bedeutet Durchführung oder Vollstreckung der getroffenen Anordnung[6]. Grundsätzlich ist jede richterliche Entscheidung im Strafprozeß mit Ausnahme der Urteile (vgl. § 449) mit Erlaß vollstreckbar oder durchführbar, ohne daß es dazu einer besonderen Anordnung bedarf. Eine **Ausnahme** besteht dort, wo das Gesetz etwas anderes bestimmt. Aufschiebende Wirkung wird der Beschwerde eingeräumt in § 81 Abs. 4 S. 2, § 231a Abs. 3 Satz 3, § 454 Abs. 3 S. 2, § 462 Abs. 3 Satz 2, §§ 180, 181 Abs. 2 GVG, § 65 Abs. 2 und 3 JGG. In diesen Fällen ist § 307 nicht anwendbar. Im übrigen bedarf es einer ausdrücklichen Anordnung nach Absatz 2, um den sofortigen Vollzug zu hemmen[7].

Hängt die **Vollstreckung** eines Strafurteils oder eines über Rechtsfolgen abschließend entscheidenden Beschlusses vom Ergebnis einer sofortigen Beschwerde ab, soll in der Regel **in entsprechender Anwendung** des Grundgedankens **des § 449** die sofortige Vollstreckung ausgeschlossen sein, die sofortige Beschwerde also aufschiebende Wirkung haben, auch wenn das Gesetz dies nicht ausdrücklich angeordnet hat[8]. Dafür spricht auch § 453c, der bis zur Rechtskraft des Widerrufsbeschlusses einen Sicherungshaftbefehl zuläßt. Selbst wenn man dieser Ansicht nicht folgt, weil § 462 Abs. 3 S. 2 nur der sofortigen Beschwerde der Staatsanwaltschaft gegen die Unterbrechung der Vollstreckung aufschiebende Wirkung beimißt, dürfte bei der Schwere des Eingriffs eine Vollstreckung vor Abschluß des Beschwerdeverfahrens **unangebracht** sein[9]. Die (faktisch) aufschiebende Wirkung der sofortigen Beschwerde kommt insbesondere in den Fällen des § 453 Abs. 2 S. 3, des § 462 Abs. 3 und bei § 464 Abs. 3 in Betracht.

Wo das Gesetz **ausdrücklich** die **sofortige Vollziehung** anordnet, ist ein Aufschub der Vollziehung nach § 307 Abs. 2 ausgeschlossen. So muß bei Aufhebung des Haftbefehls der Beschuldigte freigelassen werden, auch wenn gegen die Aufhebung ein Rechtsmittel eingelegt ist (§ 120 Abs. 2)[10].

3. Anordnung der Aussetzung der Vollziehung.

Ob eine solche Anordnung zu erlassen ist, muß **von Amts wegen und auf Antrag** unter Berücksichtigung aller Umstände des Einzelfalls nach **pflichtgemäßem Ermessen und unter Berücksichtigung irreparabler Nachteile** entschieden werden[11]. Das öffentliche Interesse am sofortigen Vollzug und an der Verfahrensbeschleunigung sind dabei ebenso zu bedenken wie die mit einer sofortigen Vollziehung verbundenen Nachteile für den Beschwerdeführer[12] oder für Dritte und die Erfolgsaussichten der Beschwerde[13]. Umgekehrt hat ein Beschuldigter Interesse an der sofortigen Umsetzung eines Haftverschonungsbeschlusses, jedoch kann einhergehend mit der Beschwerde der Staatsanwaltschaft der Vollzug dieser Haftverschonung (Außervollzugsetzung des Haftbefehls) durch eine Entscheidung gem. § 307 Abs. 2 gehemmt werden[14]. Allerdings stünde eine solche Entscheidung des Erstrichters in logischem

---

[6] Die früheren Entwürfe sahen vor, das Wort „Vollzug" in selben Sinne zu ersetzen, ohne daß damit eine Änderung in der Sache beabsichtigt war (Begründung zu Entw. 1908, 304; Entw. 1909, 177).
[7] Dazu unten § 307, 5 ff.
[8] OLG Karlsruhe NJW **1964** 1085 f; HK-*Rautenberg*[3] 3; KK-*Engelhardt*[4] 1; Meyer-Goßner[46] 1; KMR-*Plöd* 1; *Pfeiffer*[4] 1; SK-*Frisch* 3.
[9] OLG Karlsruhe NJW **1972** 2007 (rechtlich bedenklich, zumindest unzweckmäßig).
[10] LR-*Hilger* § 120, 30; KK-*Boujong*[4] § 120, 19; Meyer-Goßner[46] 2 sowie § 120, 12.
[11] OLG Karlsruhe NStZ **1993** 557 f; **1994** 142 f; NJW **1976** 2274 f; LG Bonn NJW **1987** 790, 792; SK-*Frisch* 11 f.
[12] Vgl. OLG Frankfurt NJW **1976** 303 (Aussetzung der weiteren Vollziehung der Ordnungshaft nach § 178 GVG); OLG Karlsruhe NJW **1976** 2274.
[13] KK-*Engelhardt*[4] 7; Meyer-Goßner[46] 2; SK-*Frisch* 11; HK-*Rautenberg*[3] 5; LG Bonn NJW **1987** 790, 792.
[14] Vgl. KMR-*Plöd* 2.

§ 307 Drittes Buch. Rechtsmittel

Widerspruch zu seiner Hauptentscheidung, wenn nicht das Beschwerdevorbringen der Staatsanwaltschaft tatsächlich neue Erkenntnisse erbracht hat, so daß eine Aussetzung der Vollziehung sachlich aus Sicht des Erstrichters nicht zu rechtfertigen sein dürfte. Sie ist geboten, wenn das Erstgericht die Berechtigung des Beschwerdevorbringens erkennt, an der Abhilfe aber rechtlich gehindert ist (vgl. § 311 Abs. 3)[15]. Ist die angefochtene Maßnahme vollzogen oder sonst durch den Prozeßfortgang überholt, ist für eine Entscheidung über die Aussetzung kein Raum mehr.

6   **4. Die Dauer der Aussetzung** richtet sich nach der jeweiligen Sachlage, die sich unter Umständen ändern kann. Die Aussetzung kann auch später gewährt, geändert oder widerrufen werden. Es ist möglich, sie von vornherein zu befristen und sie dann gegebenenfalls zu verlängern. Wird die Aussetzung nicht befristet, so gilt sie bis zum Erlaß der Beschwerdeentscheidung, mit der sie entfällt, ohne daß dies ausdrücklich angeordnet werden müßte[16].

7   **5. Anhörung des Beschwerdegegners.** Dieser muß vor Anordnung der Aussetzung der Vollziehung nicht immer gehört werden, allerdings sollte **weitestgehend rechtliches Gehör** gewährt werden, auch wenn lediglich der bisherige Zustand aufrechterhalten wird. § 308 Abs. 1, der die Anhörung vor der Beschwerdeentscheidung in der Sache vorschreibt, ist zwar nicht entsprechend anwendbar und eine vorherige Anhörung des Beschwerdegegners würde überdies den Zweck des § 307 Abs. 2, der zur Abwendung von Nachteilen eine rasche Entscheidung fordert, vereiteln können[17]. Eine vorherige Anhörung dürfte nur in den Fällen zu rechtfertigen sein, wenn das durch die Aussetzung verfolgte Ziel nicht gefährdet oder vereitelt würde[18].

8   **6. Ausdrückliche Entscheidung.** Ob die Aussetzung der Vollstreckung wegen der Beschwerde geboten ist, muß bei jeder Beschwerde **vom Erstrichter und vom Beschwerdegericht** von Amts wegen geprüft werden. Eine ausdrückliche Entscheidung über die Aussetzung ist nur notwendig, wenn die angefochtene Entscheidung – auch von Amts wegen – ausgesetzt oder ein Aussetzungsantrag abgelehnt werden soll.[19] Die **Beschwerdeentscheidung** braucht sich darüber nur auszusprechen, wenn die Vollziehung ausgesetzt war und die weitere Beschwerde in Haft- und Unterbringungssachen zulässig ist (§ 310 Abs. 1). War die Vollstreckung ausgesetzt und wurde die Beschwerde (unanfechtbar) verworfen, bedarf es ebenso einer ausdrücklichen Entscheidung über das Ende der Aussetzung, d. h. die Wiederherstellung der Vollstreckbarkeit.

9   **7. Rechtsmittel.** Gegen die Aussetzungsentscheidung des iudex a quo ist gemäß § 304 **Beschwerde** zulässig, solange das Beschwerdegericht noch nicht in der Sache entschieden hat. Mit der Beschwerdeentscheidung in der Hauptsache wird das Rechtsmittel gegen die Aussetzungsentscheidung gegenstandslos. Entscheidet das **Beschwerdegericht** zunächst über den Aufschub, so ist diese Entscheidung unanfechtbar, soweit nicht die weitere Beschwerde zulässig ist (§ 310 Abs. 1)[20].

---

[15] HK-*Rautenberg*[3] 5; *Ellersiek* 160; *Meyer-Goßner*[46] 2; KMR-*Plöd* 2.
[16] *Meyer-Goßner*[46] 2; KK-*Engelhardt*[4] 7; *Eb. Schmidt* 5.
[17] *Ellersiek* 160 f.
[18] SK-*Frisch* 10; KK-*Engelhardt*[4] 6; a. A LR-*Gollwitzer*[24] 7; HK-*Rautenberg*[3] 7; *Meyer-Goßner*[46] 3.
[19] *Meyer-Goßner*[46] 3.
[20] KK-*Engelhardt*[4] 11; HK-*Rautenberg*[3] 10; *Meyer-Goßner*[46] 4; KMR-*Plöd* 6; SK-*Frisch* 15; *Eb. Schmidt* 4.

§ 308

(1) ¹Das Beschwerdegericht darf die angefochtene Entscheidung nicht zum Nachteil des Gegners des Beschwerdeführers ändern, ohne daß diesem die Beschwerde zur Gegenerklärung mitgeteilt worden ist. ²Dies gilt nicht in den Fällen des § 33 Abs. 4 Satz 1.
(2) Das Beschwerdegericht kann Ermittlungen anordnen oder selbst vornehmen.

Entstehungsgeschichte. Die jetzige Fassung beruht auf Art. 4 Nr. 34 des 3. StrÄndG 1953[1]. Absatz 1 Satz 2 wurde durch das Gesetz vom 19.1.1964 (BGBl. I 1067) eingefügt (Angleichung an § 33 Abs. 4). Bezeichnung bis 1924: § 350.

Übersicht

	Rdn.
I. Verfahren des Beschwerdegerichts	
1. Verfahrensgrundregeln	1
2. Rechtliches Gehör	2
3. Entscheidung zum Nachteil	6
4. Beschwerdegegner	7
a) Beschwerde der Staatsanwaltschaft	8
b) Beschwerde des Beschuldigten	9
c) Beschwerde eines Dritten	10
5. Mitteilung der Beschwerde	
a) Der volle Inhalt der Beschwerde	11
b) Form der Mitteilung	12
c) Frist	13
d) Hinweise	14
6. Gegenerklärung	15
7. Ausnahmen von der Anhörung	16
II. Eigene Ermittlungen des Beschwerdegerichts	
1. Prüfung von Amts wegen	18
2. Umfang der Ermittlungen	19
3. Beschränkung der Sachaufklärung	
a) Beschwerdegegenstand	20
b) Weitergehende Einschränkungen	21
III. Rechtsbehelfe	
1. Gegenvorstellung bei vorbereitenden Entscheidungen	22
2. Nachholung des rechtlichen Gehörs	23

I. Verfahren des Beschwerdegerichts

1. Verfahrensgrundregeln. Das Beschwerdegericht gestaltet sein Verfahren nach **1** pflichtgemäßem Ermessen unter Berücksichtigung des jeweiligen Verfahrenszwecks und der Verfahrensgrundregeln der §§ 308 f. Neben dem geltenden Grundsatz der Amtsaufklärung gem. § 308 Abs. 2 und der Befugnis zu einer eigenen Sachentscheidung gem. § 309 Abs. 2 beachtet das Beschwerdegericht insbesondere, den Verfahrensbeteiligten in angemessener Weise rechtliches Gehör zu gewähren (§ 308 Abs. 1). Die Befugnis zu einer Aussetzung der Vollziehung der angefochtenen Entscheidung ist in § 307 Abs. 2 geregelt, wobei diese nicht exklusiv nur dem Beschwerdegericht, sondern auch dem Erstrichter zusteht[2]. Nur das Beschwerdegericht darf hingegen wegen des gesetzlich abgesicherten Devolutiveffekts in § 306 Abs. 2 Hs. 2 in allen Fällen entscheiden, soweit der Beschwerde nicht vollständig durch den iudex a quo abgeholfen worden ist, insbesondere darf auch nur das Beschwerdegericht über die Zulässigkeit einer Beschwerde entscheiden[3]. Das Beschwerdegericht prüft von Amts wegen seine **örtliche und sachliche Zuständigkeit**[4].

---

[1] Begr. BTDrucks. II 3731, dazu *Röhl* MDR **1955** 522.
[2] Dazu § 307, 1 ff.
[3] Dazu Vor § 304, 9; § 304, 1; § 306, 10, 18, 22; vgl. auch § 305, 3 und § 304, 40.
[4] Vor § 304, 19 ff.

2. Rechtliches Gehör. § 308 Abs. 1 S. 1 sichert die **Anhörung des Gegners des Beschwerdeführers**, sofern das Beschwerdegericht die angefochtene Entscheidung zu seinem Nachteil ändern will. Die Neufassung des Jahres 1953 trägt dem Gebot des Art. 103 Abs. 1 GG und der verfahrensrechtlichen Stellung der Staatsanwaltschaft Rechnung[5], wobei sich allerdings die gesetzliche Regelung hier mit der in Art. 103 Abs. 1 GG nicht vollständig deckt[6]. Die Verletzung des § 308 Abs. 1 S. 1 verstößt daher meist, aber nicht immer gegen Art. 103 Abs. 1 GG[7]. Die Vorschrift soll zunächst verhindern, daß der Beschwerdegegner, ohne zum **Beschwerdevorbringen** gehört worden zu sein, durch die Beschwerdeentscheidung benachteiligt wird. Darf ausnahmsweise in den Fällen des § 33 Abs. 4 S. 1 ohne vorherige Anhörung des Beschwerdegegners entschieden werden, so ist die Gewährung des rechtlichen Gehörs gem. **§ 311a nachzuholen**, wenn nicht die weitere Beschwerde zulässig ist (§ 310). Für die Staatsanwaltschaft als Vertreterin des öffentlichen Interesses bleibt die zusätzliche Anhörung gem. § 309 Abs. 1[8].

Die Anhörung der Beschwerdegegner zur Beschwerde ist nicht vom Vorbringen oder Vorhandensein neuer Tatsachen oder Beweismittel oder von einer Rechtsänderung abhängig. Sie ist auch **bei unverändertem Sachverhalt** vorgeschrieben[9]. Insoweit geht § 308 Abs. 1 S. 1 über das verfassungsrechtlich gem. Art. 103 Abs. 1 GG gesicherte rechtliche Gehör hinaus[10]. Daß auch sonst nicht – unabhängig von der vorgeschriebenen Mitteilung des Beschwerdevortrags gem. § 308 Abs. 1 S. 1 – unter Verwendung von neuen **Tatsachen** oder **Beweisergebnissen zum Nachteil** entschieden werden darf, zu denen sich die zum Nachteil betroffenen Verfahrensbeteiligten nicht vorher äußern konnten, folgt wiederum **unmittelbar aus Art. 103 Abs. 1 GG**[11] bzw. § 33 Abs. 2 und 3 und nicht aus dem Wortlaut des § 308 Abs. 1 S. 1. Wird der Beschwerde nicht vollständig stattgegeben, muß entsprechend auch **der Beschwerdeführer** zum Vorbringen der anderen Verfahrensbeteiligten und zum Beweisergebnis gehört werden[12].

Die **Fürsorgepflicht und der fair-trial-Grundsatz**, aber auch Gesichtspunkte der **Zweckmäßigkeit** können zudem gebieten, auf **(neue) rechtliche Gesichtspunkte** hinzuweisen, etwa wenn diese Anlaß zu ergänzendem Tatsachenvortrag geben können oder bei schwierigen Rechtsfragen. § 309 Abs. 1 schreibt zudem die – über § 308 Abs. 1 S. 1 hinausgehende – Anhörung der Staatsanwaltschaft „in geeigneten Fällen" vor (vgl. auch § 33 Abs.2)[13]. In Zweifelsfällen sollte grundsätzlich eine Anhörung der betroffenen Verfahrensbeteiligten erfolgen.

Vor Erlaß der Entscheidung muß das Beschwerdegericht **prüfen**, ob allen Verfahrensbeteiligten das **rechtliche Gehör in ausreichendem Maße** gewährt worden ist[14]. Das rechtliche Gehör muß auch bei der Verwendung gerichtskundiger Tatsachen gewährt werden[15]. Wenn ein Verfahrensbeteiligter die Akten einsehen konnte, bedeutet das noch nicht, daß er Gelegenheit hatte, sich zu der Beschwerde zu äußern. Umgekehrt kann der

---

[5] Die frühere Fassung, die die Anhörung in das Ermessen des Beschwerdegerichts stellte, genügte dem Art. 103 Abs. 1 GG nicht.
[6] KK-*Engelhardt*[4] 1; SK-*Frisch* 7; *Meyer-Goßner*[46] 1; HK-*Rautenberg*[3] 1.
[7] BVerfGE **7** 109, 111; **9** 89, 105; **11** 29 f; **17** 188, 190; 197 f; 262, 264; **19** 32, 36; **36** 85, 88; vgl. *Arndt* NJW **1959** 6; *Dahs* (Rechtl. Gehör) 4; *Röhl* MDR **1955** 522, 524; NJW **1964** 273, 276; *Wersdörfer* NJW **1954** 377; *v. Winterfeld* NJW **1961** 849, 851.
[8] § 309, 3.
[9] Vgl. BVerfGE **17** 188, 190; *Ellersiek* 180; *Meyer-Goßner*[46] 1; HK-*Rautenberg*[3] 1; SK-*Frisch* 7.
[10] *Meyer-Goßner*[46] 1; SK-*Frisch* 7.
[11] SK-*Frisch* 8; KK-*Engelhardt*[4] 7. Zum Grundsatz des rechtlichen Gehörs vgl. LR-*Rieß* Einl. H 71 ff mit weit. Nachw.
[12] Vgl. BVerfGE **6** 12, 14; SK-*Frisch* 8; KK-*Engelhardt*[4] 8.
[13] Zur Reichweite des § 309 Abs. 1 und zum Verhältnis zu § 33 Abs. 2 siehe § 309, 3.
[14] BVerfGE **36** 85, 88.
[15] Vgl. BVerfGE **10** 177, 183; **12** 110, 113; BGHSt **6** 292, 296; vgl. auch LR-*Gollwitzer* § 244, 227 ff, 234; § 261, 25 mit weit. Nachw.

Anspruch auf rechtliches Gehör verletzt sein, wenn das Gericht die Akteneinsicht unberechtigt verweigert hat oder wenn es in der Sache entscheidet, bevor es über den Antrag auf Gewährung der Akteneinsicht befunden hat[16]. Das **Recht der Verteidigung auf Akteneinsicht nach § 147** ist verfassungsrechtlich und nach der EMRK gestützt sowohl auf den Grundsatz des rechtlichen Gehörs als auch auf das fair-trial-Prinzip. In Haftsachen etwa muß die Verteidigung daher über die gleichen Informationen verfügen wie das über die Haft entscheidende Gericht, um eine wirksame Verteidigung vornehmen zu können[17].

3. Entscheidung zum Nachteil. Die **Mitteilung an den Beschwerdegegner** ist nur notwendig, wenn das Gericht die angefochtene Entscheidung in irgend einem Punkt **zu seinem Nachteil** ändern will. Wird die Beschwerde verworfen, ist eine Anhörung entbehrlich und würde das Verfahren nur unnötig verzögern[18]. Als **Nachteil** ist jede Beeinträchtigung der vom Beschwerdegegner vertretenen Verfahrensinteressen anzusehen[19], ferner sonstige Belastungen, vor allem auch wirtschaftlicher Art, die ihm aus der Beschwerdeentscheidung erwachsen, wie etwa eine ungünstige Kostenentscheidung[20]. Ein Nachteil für Staatsanwalt oder Nebenkläger soll auch schon in der Erschwerung der Strafverfolgung liegen können[21]. Beispielsweise kann die Aufhebung eines Haftbefehls mangels dringendem Tatverdacht einen „Nachteil" für den Nebenkläger darstellen und seine **Anhörung erforderlich** machen, obwohl der Nebenkläger nicht berechtigt wäre mangels Beschwer, gegen die Aufhebungsentscheidung (weitere) Beschwerde einzulegen[22]. Für die Staatsanwaltschaft jedenfalls liegt ein Nachteil mit jeder Entscheidung zugunsten des Beschwerdeführers vor[23]. Ein Nachteil kann mithin darin liegen, daß das Beschwerdegericht seine die Beschwerde verwerfende Entscheidung auf neue, der Beschwerde entnommene Tatsachen stützen will[24].

4. Beschwerdegegner. Die Mitteilung der Beschwerde (einschließlich Begründung) soll sichern, daß der Beschwerdegegner in angemessener Weise Stellung nehmen kann. Somit ist die Möglichkeit der Einwirkung auf das Beschwerdeverfahren hinreichend gesichert und gewährleistet insoweit seinen Anspruch auf rechtliches Gehör[25]. Dies spricht dafür, den Begriff **Gegner** gem. § 308 Abs. 1 S. 1 (verfassungskonform) weiter auszulegen als bei § 303[26]. Man wird darunter jeden Verfahrensbeteiligten zu verstehen haben, der durch die vom Beschwerdeführer erstrebte Beschwerdeentscheidung in seinen

---

[16] BVerfGE **18** 399, 404 ff; vgl. auch OLG Frankfurt NStZ-RR **2002** 306 (Übermittlung einer Ablichtung der Antragsschrift der Staatsanwaltschaft vor der Entscheidung).
[17] Siehe näher bei LR-*Lüderssen* § 147, 1 ff, 77 ff mit weit. Nachw.
[18] KK-*Engelhardt*[4] 3; SK-*Frisch* 13; *Meyer-Goßner*[46] 3; HK-*Rautenberg*[3] 3.
[19] HK-*Rautenberg*[3] 3; KK-*Engelhardt*[4] 4; *Meyer-Goßner*[46] 3.
[20] SK-*Frisch* 14; KMR-*Plöd* 3.
[21] KMR-*Plöd* 3; SK-*Frisch* 14.
[22] Vgl. OLG Frankfurt StV **1995** 594; § 304, 50 mit weit. Nachw.; § 310, 17.
[23] *Meyer-Goßner*[46] 3; SK-*Frisch* 14.
[24] Vgl. KK-*Engelhardt*[4] 4 ff, wonach nicht jede Änderung der Begründung einen Nachteil darstellt; *Meyer-Goßner*[46] 3; SK-*Frisch* 15; a. A HK-*Rautenberg*[3] 3.

[25] Ob die Staatsanwaltschaft Anspruch auf rechtliches Gehör nach Art. 103 Abs. 1 GG hat, war strittig, vgl. *Eb. Schmidt* Nachtr. I § 33, 16; *Meyer-Goßner*[46] Einl. 27 und LR-*Rieß* Einl. H 79 hingegen anerkennen zutreffend nur ein verfahrensrechtlich gesichertes Recht auf Anhörung. Im Ergebnis ist der Streit hier unerheblich, da sich die Pflicht zur Anhörung der Staatsanwaltschaft unmittelbar aus § 308 Abs. 1 ergibt. Die Verpflichtung des Gerichts zu einer verfassungsmäßigen Verfahrensgestaltung und zur Anhörung der Staatsanwaltschaft besteht unabhängig von einer angeblichen Grundrechtsfähigkeit, vgl. zutreffend *Ellersiek* 181; ein Recht auf Verfassungsbeschwerde für die Staatsanwaltschaft wäre absurd, vgl. ausf. *Rüping* (Gehör) 142 f mit weit. Nachw.
[26] *Ellersiek* 180; SK-*Frisch* 9; HK-*Rautenberg*[3] 2.

rechtlichen Interessen beeinträchtigt sein kann und wegen des ihm drohenden verfahrensrechtlichen Nachteils Grund haben kann, sich gegen die Beschwerde auszusprechen, ohne Rücksicht auf seine sonstige Stellung im Verfahren[27].

8 **a) Bei einer Beschwerde der Staatsanwaltschaft** ist typischerweise Gegner der Beschuldigte, dessen Verteidiger als Träger einer selbständigen Verfahrensrolle und als bevollmächtigter Vertreter[28] und auch der gesetzliche Vertreter (§ 298), da sonst der Zweck der gesetzlichen Vertretung, die Wahrung der Rechte des Vertretenen, nicht gewährleistet ist[29].

9 **b)** Bei einer **Beschwerde des Beschuldigten** ist trotz § 309 Abs. 1, der zusammen mit § 308 Abs. 1 auszulegen ist, die Staatsanwaltschaft Gegner, sofern diese am Verfahren beteiligt ist[30]. Gegner einer Beschwerde des Beschuldigten sind zudem der Privatkläger oder Nebenkläger[31].

10 **c)** Bei **Beschwerde eines Dritten** (z. B. Zeugen, Beschlagnahmebeteiligte, vgl. § 304 Abs. 2) richtet es sich nach dem Beschwerdegegenstand, wer als Gegner in Betracht kommt. Bei der Beschwerde eines Zeugen oder Sachverständigen ist die Staatsanwaltschaft immer Gegner des Beschwerdeführers. Aber auch der Beschuldigte kann Gegner sein, wenn die Beschwerdeentscheidung auch seine Verfahrensinteressen berührt[32], zum Beispiel wenn ein nicht genügend entschuldigter Zeuge gegen die Ordnungsstrafe und die ihm auferlegten Verfahrenskosten Beschwerde eingelegt hat[33]. Soweit die Interessen sonstiger Verfahrensbeteiligter (z. B. Nebenbeteiligte) betroffen sind, muß auch ihnen die Möglichkeit zu einer Stellungnahme eröffnet werden.

5. Mitteilung der Beschwerde

11 **a) Der volle Inhalt der Beschwerde** muß dem Gegner mitgeteilt werden[34], nicht nur die Tatsache der Einlegung, sondern auch die rechtlichen Ausführungen des Beschwerdeführers, denn nur auf dieser Informationsgrundlage ist eine angemessene Gegenerklärung denkbar und das notwendige Mindestmaß an rechtlichem Gehör i. S. v. § 308 Abs. 1 S. 1 (über Art. 103 Abs. 1 GG hinausgehend) gewahrt. Wird eine weitere Begründung der Beschwerde nachgereicht, muß dazu der Beschwerdegegner gehört werden[35], auch wenn sich ihr Inhalt in einer vermeintlichen bloßen Wiederholung des früheren Vorbringens erschöpft[36]. Haben bereits die Staatsanwaltschaft oder das Erstgericht – wozu dieses bei Nichtabhilfe nicht verpflichtet ist, was jedoch zur Vorbereitung einer (Nicht-)Abhilfeentscheidung zweckmäßig gewesen sein kann[37] – die Beschwerde dem Gegner

---

[27] KK-*Engelhardt*[4] 2; *Meyer-Goßner*[46] 2; vgl. § 33, 18 ff.
[28] SK-*Frisch* 11; KK-*Engelhardt*[4] 2, KMR-*Plöd* 2.
[29] *Ellersiek* 180; *Pfeiffer*[4] 2; HK-*Rautenberg*[3] 2; SK-*Frisch* 11; KK-*Engelhardt*[4] 2; *Meyer-Goßner*[46] 2; a. A KMR-*Plöd* 2; *Eb. Schmidt* Nachtr. I 2.
[30] KK-*Engelhardt*[4] 2; KMR-*Plöd* 2; *Meyer-Goßner*[46] 2; HK-*Rautenberg*[3] 2; SK-*Frisch* 10. Bei Beschwerden gegen Beschlüsse nach § 148a ist die Staatsanwaltschaft nicht zu beteiligen, sie ist nicht Gegner; vgl. BayObLG MDR 1979 862 f.
[31] *Meyer-Goßner*[46] 2; HK-*Rautenberg*[3] 2; SK-*Frisch* 10; KK-*Engelhardt*[4] 2; KMR-*Plöd* 2; *Eb. Schmidt* Nachtr. I 2; Voraussetzung ist allerdings, daß der Nebenkläger durch den Beschwerdegegenstand in eigenen Verfahrensinteressen nachteilig betroffen wird. Diese Betroffenheit ist großzügiger auszulegen als die Beschwer als Zulässigkeitsvoraussetzung zur Beschwerdeeinlegung, § 304, 50; § 308, 6; § 310, 17.
[32] KK-*Engelhardt*[4] 2; *Meyer-Goßner*[46] 2; HK-*Rautenberg*[3] 2; SK-*Frisch* 12; KMR-*Plöd* 2; *Eb. Schmidt* 3; Nachtr. I 2.
[33] BayVerfGH JR **1966** 195.
[34] BVerfGE **11** 29 f; **17** 188, 190.
[35] HK-*Rautenberg*[3] 4; KK-*Engelhardt*[4] 7; *Meyer-Goßner*[46] 4; KMR-*Plöd* 4.
[36] A. A *Ellersiek* 182.
[37] Zur Gewährung rechtlichen Gehörs vor einer (Nicht-)Abhilfeentscheidung siehe § 306, 11, 15, 18; insofern unklar SK-*Frisch* 16 und § 306, 17.

mitgeteilt, ist dem Anliegen des § 308 Abs. 1 S. 1 Genüge getan, eine nochmalige Mitteilung ist nicht notwendig[38]. Grundsätzlich sollte auch eine **eventuelle Stellungnahme der Staatsanwaltschaft** zu einer Beschwerde – hier nicht im Sinne einer Gegenerklärung des Beschwerdegegners, sondern entweder als Ergänzung der eingelegten Beschwerde oder in der Funktion des neutralen Verfahrensbeteiligten (§ 309 Abs. 1)[39] – dem Beschwerdegegner mitgeteilt werden.

b) Die **Form der Mitteilung** ist nicht ausdrücklich in § 308 Abs.1 vorgeschrieben. **12** Mündliche oder fernmündliche Mitteilungen erscheinen heute regelmäßig als unzureichend, zumal die Beschwerde auf jeden Fall in schriftlicher bzw. beurkundeter Form vorliegt (§ 306 Abs. 1) und eine **Übersendung in Kopie oder per Telefax** technisch unproblematisch und zudem in eiligen Fällen am ehesten zeitsparend ist. Würde sich das Gericht in Eilfällen gleichwohl für eine bloße (fern-) mündliche Mitteilung entscheiden, bedürfte es einer ausreichenden Dokumentation (Aktenvermerk), wann und was an wen mitgeteilt wurde[40]. Es liegt auf der Hand, daß sowohl die zutreffende mündliche Wiedergabe des Beschwerdevorbringens durch das Gericht oder seine Geschäftsstelle ungesichert und schwer nachweisbar ist als auch die Aufnahme des Gesagten durch den Zuhörenden problematisch sein kann. Es ist angesichts der heutigen technischen Möglichkeiten bei allen Gerichten, beispielsweise ein Telefaxgerät zu benutzen, höchst unzweckmäßig und praktisch nicht mehr vertretbar, auf (fern-)mündliche Mitteilungen im Falle des § 308 Abs. 1 S. 1 zurückzugreifen. Geboten ist daher grundsätzlich, dem Gegner eine Abschrift der Beschwerde zur Erklärung zu übersenden[41]. Eine Zustellung ist nicht vorgeschrieben, jedoch muß der **Nachweis rechtzeitigen Zugangs** gesichert sein[42], was auch durch eine rückgabepflichtige Empfangsbestätigung geschehen kann. Das Gericht ist verpflichtet, sich von der Gewährung des rechtlichen Gehörs vor der Entscheidung zu überzeugen[43]. Hierzu kann auch die **Gewährung von Akteneinsicht an die Verteidigung gem. § 147** gehören[44].

c) Frist. Der Gegner muß sich sachgemäß äußern können. Daher muß zwischen **13** Mitteilung und Entscheidung eine **angemessene Frist** liegen, die alle dem Gericht erkennbaren, für die Interessenwahrung bedeutsamen Umstände des Adressaten berücksichtigt, nicht zuletzt auch die Erschwernisse einer Haft. Die Frist wird mit der Mitteilung bestimmt, doch ist auch eine spätere Fristsetzung oder Verlängerung einer Frist möglich. Bei **nicht angemessener Frist** ist der **Anspruch auf rechtliches Gehör verletzt**[45], ebenso liegt aber ein Verstoß gegen § 308 Abs. 1 vor[46].

d) Hinweise. Ein Hinweis, daß die Beschwerde zum Zwecke der Gegenerklärung mit- **14** geteilt wird, ist nicht vorgeschrieben, aber zweckmäßig, wenn sich dies nicht bereits aus der Fristsetzung ergibt. Über **rechtliche Erwägungen des Beschwerdegerichts** braucht der Gegner im allgemeinen nicht belehrt zu werden[47]. Die Fürsorgepflicht kann indes gebieten, auf neue rechtliche Gesichtspunkte hinzuweisen, wenn diese Anlaß zu ergänzendem Tatsachenvortrag geben können[48].

---

[38] KK-*Engelhardt*[4] 9; *Meyer-Goßner*[46] 4; HK-*Rautenberg*[3] 4; *Pfeiffer*[4] 3; *Eb. Schmidt* 6.
[39] § 309, 3.
[40] Vgl. dazu noch LR-*Gollwitzer*[24] 12 Fn. 35.
[41] Vgl. *Ellersiek* 182; SK-*Frisch* 18; HK-*Rautenberg*[3] 5.
[42] BVerfGE **36** 85, 88 (bei fehlendem Nachweis ist Art. 103 Abs. 1 GG verletzt); *Pfeiffer*[4] 3; SK-*Frisch* 18; HK-*Rautenberg*[3] 5; *Meyer-Goßner*[46] 4.
[43] Vgl. § 308, 5.
[44] § 308, 5 mit weit. Nachw.
[45] BVerfGE **4** 190, 192; **24** 23, 25; vgl. BVerfG MDR **1988** 553; vgl. § 306, 7 f.
[46] KK-*Engelhardt*[4] 11; SK-*Frisch* 19.
[47] *Meyer-Goßner*[46] 4.
[48] SK-*Frisch* 17; KK-*Engelhardt*[4] 7; vgl. auch OLG Celle NJW **1956** 268 f; § 308, 4.

15 6. Die **Gegenerklärung** kann wie die Beschwerde **schriftlich oder zur Niederschrift** der Geschäftsstelle abgegeben werden. Dem Beschwerdeführer muß sie mitgeteilt werden, wenn dies zur Wahrung seines Anspruchs auf rechtliches Gehör erforderlich ist, im wesentlichen wenn entscheidungsrelevante neue Tatsachen oder Beweismittel vorgebracht werden[49]. Grundsätzlich sollten aber substantiierte **staatsanwaltliche Gegenerklärungen** dem Beschwerdeführer mitgeteilt werden, auch wenn sie lediglich rechtliche Erwägungen (einschließlich der Würdigung von Tatsachen und Beweisen) enthalten, um Gelegenheit zur abschließenden Stellungnahme zu geben.

16 7. **Ausnahmen von der Anhörung** gem. § 308 Abs. 1 S. 1 sind schon verfassungsrechtlich unter bestimmten Umständen zulässig[50]. § 308 Abs. 1 S. 2 läßt die Ausnahme für das Beschwerdeverfahren unter den in § 33 Abs. 4 Satz 1 angeführten Voraussetzungen[51] ausdrücklich zu. Die Beschwerdeentscheidung über die Anordnung der Untersuchungshaft (auf die Beschwerde der Staatsanwaltschaft hin) oder andere dringliche Maßnahmen können demnach ohne vorherige Anhörung des Beschwerdegegners ergehen, wenn **anders der Zweck der Maßnahme gefährdet** wäre[52]. Die Anhörung ist in diesen Fällen nachzuholen (§ 311a), wenn nicht die weitere Beschwerde gem. §§ 304, 310 Abs. 1 zulässig ist.

17 Ist eine Anhörung unmöglich, weil der **Beschwerdegegner nachweisbar flüchtig** ist, kann ebenfalls ohne Anhörung entschieden werden[53]. Eine Mitteilung an den Verteidiger kommt gleichwohl in Betracht, wenn der Zweck der mit der Beschwerde anvisierten Maßnahme nicht entsprechend § 33 Abs. 4 S. 1 entgegensteht[54]. Bei Beschwerdeverfahren gegen **Maßnahmen gem. §§ 148a, 148 Abs. 2** wird die Staatsanwaltschaft nicht gehört, um das Verschwiegenheitsgebot des Gerichts in diesem gesetzlichen Sonderfall nicht zu verletzen[55].

II. Eigene Ermittlungen des Beschwerdegerichts

18 1. **Prüfung von Amts wegen.** Das Beschwerdegericht prüft den Sachverhalt von Amts wegen und **ohne Bindung an Anträge** in tatsächlicher und rechtlicher Hinsicht[56]. Es besteht beispielsweise keine Pflicht, Beweisanträge zu bescheiden. Bei Zweifeln an der tatsächlichen Entscheidungsgrundlage kann eine richtige Rechtsanwendung jedoch nur gewährleistet sein, wenn die zweifelhaften Tatsachen überprüft und ggfs. entsprechende Ermittlungen durch das Beschwerdegericht durchgeführt werden[57]. Die Möglichkeit zu eigenen Ermittlungen hat ergänzenden Charakter, um eine angemessene Sach- und Rechtsprüfung beschleunigt durchführen zu können und vermeidbare Zurückverweisungen und damit Verzögerungen zu verhindern. Der Sinn und eine gewisse Beschränkung des § 308 Abs. 2 liegen in der Beschleunigung und Effektuierung des Verfahrens.

---

[49] Vgl. oben § 308, 2; KK-*Engelhardt*[4] 8; *Meyer-Goßner*[46] 4; HK-*Rautenberg*[3] 7; SK-*Frisch* 20.
[50] Vgl. etwa BVerfGE **7** 95, 98; **9** 89, 95, 98, 101 ff.
[51] Wegen der Einzelheiten vgl. LR-*Wendisch* § 33, 40 ff.
[52] SK-*Frisch* 21; *Ellersiek* 184; KK-*Engelhardt*[4] 13; *Meyer-Goßner*[46] 5; KMR-*Plöd* 4; § 33, 40.
[53] OLG Hamburg MDR **1979** 865; KK-*Engelhardt*[4] 14 f; *Meyer-Goßner*[46] 5; SK-*Frisch* 22.
[54] OLG Stuttgart NStZ **1990** 247 f.
[55] SK-*Frisch* 23; vgl. LR-*Lüderssen* § 148a, 10; vgl. schon § 306, 25.
[56] *Meyer-Goßner*[46] 6; *Pfeiffer*[4] 4; HK-*Rautenberg*[3] 10; KMR-*Plöd* 5.
[57] SK-*Frisch* 28; *Ellersiek* 191; OLG Hamburg StV **2002** 317.

2. Den **Umfang der Ermittlungen** und die Art ihrer Vornahme bestimmt das Beschwerdegericht grundsätzlich nach seinem pflichtgemäßen Ermessen[58]. Die Ermittlungen können **im Wege des Freibeweises** geführt werden[59]. Die Grundsätze der Hauptverhandlung (z. B. Unmittelbarkeit und Mündlichkeit) gelten nicht[60]. Das Gericht kann je nach Verfahrensstand Vernehmungen und andere Ermittlungen durch den beauftragten oder ersuchten Richter veranlassen oder selbst vornehmen und auch mündliche Erklärungen von Verfahrensbeteiligten entgegen nehmen[61]. Es kann auch die Staatsanwaltschaft – oder in Eilfällen unmittelbar die Polizei, diese aber nur als Hilfsbeamte der Staatsanwaltschaft gem. § 152 GVG – ersuchen, ergänzende Ermittlungen durchzuführen[62]. Da es sich bei einem solchen Ersuchen jedoch nicht um die Vollstreckung einer Entscheidung im Sinne des § 36 Abs. 2 S. 1 handelt, ist die Staatsanwaltschaft als eine unabhängige Behörde nur im Rahmen der Amtshilfegrundsätze verpflichtet, derartigen Ersuchen zu entsprechen[63]. Die Staatsanwaltschaft kann andererseits auch während des Beschwerdeverfahrens eigene Ermittlungen durchführen und deren Ergebnis dem Gericht zur Kenntnis bringen, das diesen Sachverhalt – nach ggfs. erneuter Anhörung anderer Verfahrensbeteiligter – bei seiner Entscheidung berücksichtigen muß[64].

3. Beschränkung der Sachaufklärung

a) **Beschwerdegegenstand.** Das Recht des Beschwerdegerichts zur eigenen Sachaufklärung erstreckt sich nur auf den **Gegenstand der Beschwerde**[65]. Zudem ist die Möglichkeit der **Teilanfechtung** und ihre Konsequenzen für das Beschwerdegericht zu berücksichtigen[66]. Nur in diesem Rahmen ist das Beschwerdegericht zu eigener Sachaufklärung befugt. Es kann z. B. der Staatsanwaltschaft die Ermittlungen nicht dadurch aus der Hand nehmen, daß es im Rahmen des Beschwerdeverfahrens neue, bisher nicht in das Verfahren einbezogene Sachverhaltskomplexe aufzuklären versucht, auf die sich die staatsanwaltschaftlichen Ermittlungen noch nicht erstreckten[67]. Ähnlich ist das Beschwerdegericht beschränkt bei Beschwerdeverfahren während laufender Hauptverhandlung, eine Beweiserhebung über die Beweisaufnahme darf nicht stattfinden[68].

b) **Weitergehende Einschränkungen** der Nachprüfung bestehen nur in Ausnahmefällen. So sind bei § 305a Abs. 1 S. 2, bei § 453 Abs. 2 S. 2 und bei § 59 Abs. 2 S. 2 JGG zwar die Befugnisse des Beschwerdegerichts auf die Nachprüfung der Gesetzmäßigkeit beschränkt[69], das Beschwerdegericht kann jedoch bei begründeter Beschwerde selbst entscheiden und könnte hierfür auch eigene Ermittlungen anstellen[70]. Auch besteht eine Bindung des Beschwerdegerichts an die Urteilsfeststellungen im Sonderfall der Kostenbeschwerde gem. § 464 Abs. 3 Satz 2[71].

---

[58] HK-*Rautenberg*[3] 10; SK-*Frisch* 30.
[59] KMR-*Plöd* 5; HK-*Rautenberg*[3] 10; SK-*Frisch* 30.
[60] *Ellersiek* 176; zur Schriftlichkeit des Verfahrens mit Ausnahmen § 309, 1 f.
[61] § 309, 2.
[62] HK-*Rautenberg*[3] 11; zur Anwendung der Amtshilfegrundsätze bei Beweisaufnahmen durch die Staatsanwaltschaft oder Polizei (unter Beachtung der Leitungsbefugnis der Staatsanwaltschaft) siehe zutreff. LR-*Rieß* § 202, 14 f; weiter *Meyer-Goßner*[46] 6 und Einl. 44.
[63] KMR-*Plöd* 5; SK-*Frisch* 30.
[64] OLG Frankfurt GA **1986** 230, 233; SK-*Frisch* 31; KMR-*Plöd* 5.
[65] KK-*Engelhardt*[4] 17 f; *Meyer-Goßner*[46] 6; vgl. *Haft* wistra **1994** 170, 172 f; KG StV **1993** 252 f; vgl. auch § 304, 2; § 309, 8; § 310, 4 ff.
[66] Vor § 304, 16 ff; § 304, 59.
[67] § 309, 8 ff, 12.
[68] Ausf. § 304, 33 mit weit. Nachw.
[69] Ausf. § 304, 30 ff mit weit. Nachw.
[70] Hier wird sich allerdings oft die Zurückverweisung empfehlen, vgl. OLG Frankfurt NStZ-RR **1998** 126; § 309, 7, 13 ff.
[71] Näher zur Kostenbeschwerde bei § 304, 34, 35 ff; zur Bindung des Beschwerdegerichts LR-*Hilger* § 464, 60 ff.

III. Rechtsbehelfe

22 **1. Gegenvorstellung bei vorbereitenden Entscheidungen.** Weist das Gericht einen Antrag auf die Benutzung eines bestimmten Aufklärungsmittels durch einen besonderen Beschluß und nicht erst in der Beschwerdeentscheidung zurück, so steht dieser besondere Beschluß in einem so engen Zusammenhang mit der eigentlichen Beschwerdeentscheidung, daß er nur zusammen mit dieser und im gleichen Umfang wie sie angefochten werden kann (§ 310). Es liegt nahe, in einem solchen (in der Praxis seltenen) Fall **§ 305 entsprechend anzuwenden** (auch in Fällen einer zulässigen weiteren Beschwerde gem. § 310 Abs. 1) mit der Folge, daß selbstverständlich jederzeit das Beschwerdegericht die eigene Entscheidung – insbesondere auf Gegenvorstellung hin – abändern kann[72]. Im übrigen handelt es sich formell – wenn Beschwerde gegen eine solche vorbereitende Entscheidung des Beschwerdegerichts (vor der eigentlichen Beschwerdeentscheidung) eingelegt ist – um eine **weitere Beschwerde**, die außer in Haft- und Unterbringungssachen gem. § 310 Abs. 2 unzulässig ist[73].

23 **2. Nachholung des rechtlichen Gehörs.** Die frühere Streitfrage, ob bei Verletzung des rechtlichen Gehörs nach § 308 Abs. 1 S. 1 oder in Fällen des § 33 Abs. 4 S. 1 die weitere Beschwerde eröffnet sein muß, ist durch die Existenz der §§ 33a, 311a bedeutungslos geworden[74]. Für die Fälle einer unanfechtbaren Beschwerdeentscheidung, die ohne Mitteilung der Beschwerde an den Beschwerdegegner i. S. v. § 308 Abs. 1 S. 1 zu dessen Nachteil ergangen ist, ist § 311a einschlägig und das Beschwerdegericht kann auf Antrag oder von Amts wegen eine nachträgliche Anhörung durchführen und ggfs. neu entscheiden. Für andere Fälle des nicht gewährten rechtlichen Gehörs vor nachteiliger, unanfechtbarer Entscheidung ist gem. § 33a zu verfahren[75]. Macht eine „weitere Beschwerde" – außer in Haft- und Unterbringungssachen gem. § 310 Abs. 1 – die Verletzung des rechtlichen Gehörs geltend, ist die Sache unter Verwerfung der weiteren Beschwerde dem für das Verfahren nach §§ 33a, 311a zuständigen Beschwerdegericht zurückzureichen[76].

§ 309

(1) Die Entscheidung über die Beschwerde ergeht ohne mündliche Verhandlung, in geeigneten Fällen nach Anhörung der Staatsanwaltschaft.
(2) Wird die Beschwerde für begründet erachtet, so erläßt das Beschwerdegericht zugleich die in der Sache erforderliche Entscheidung.

Bezeichnung bis 1924: § 351.

Übersicht

	Rdn.
1. Schriftliches Verfahren und Ausnahmen	1
2. Anhörung der Staatsanwaltschaft beim Beschwerdegericht	3
3. Nicht stattgebende Entscheidung des Beschwerdegerichts	
a) Verwerfung als unzulässig oder als unbegründet	4
b) Erledigungserklärung	6
4. Erlaß der in der Sache erforderlichen Entscheidung	

---

[72] KMR-*Plöd* 6; HK-*Rautenberg*[3] 12.
[73] KK-*Engelhardt*[4] 19; SK-*Frisch* 35.
[74] Vgl. LR-*Gollwitzer*[22] 8; § 311a, 1.
[75] SK-*Frisch* 26; KK-*Engelhardt*[4] 15.
[76] OLG Karlsruhe Justiz **1974** 98; KMR-*Plöd* 6; SK-*Frisch* 26.

Zweiter Abschnitt. Beschwerde § 309

	Rdn.		Rdn.
a) Grundsätzliche Pflicht zur eigenen Entscheidung	7	c) Zurückverweisung	13
b) Beschwerdegegenstand	8	d) Weitere Beispiele für Sachentscheidung oder Zurückverweisung	
aa) Konkreter Gegenstand der Erstentscheidung	9	aa) Nichteröffnung des Hauptverfahrens	17
bb) Beschwerdebegehren und Teilanfechtung	11	bb) Verfall der Sicherheit	18
cc) Entscheidungsreife und ergänzende Ermittlungen	12	cc) Haftbeschwerde	19
		e) Wirkung der Entscheidung	20
		5. Verschlechterungsverbot	21

1. Schriftliches Verfahren und Ausnahmen. Über die Beschwerde wird regelmäßig **1** nach Aktenlage und ggfs. nach weiteren Ermittlungen und Anhörungen der Verfahrensbeteiligten ohne mündliche Verhandlung entschieden[1]. Vor diesem Hintergrund ist auch die sorgfältige Beachtung des rechtlichen Gehörs – gewährleistet durch § 308 Abs. 1 S. 1, § 33 Abs. 3 und Art. 103 Abs. 1 GG, abgesichert durch §§ 311a, 33a – besonders bedeutsam für das Beschwerdeverfahren[2]. Eine **mündliche Verhandlung** im Beschwerdeverfahren ist nur ausnahmsweise vorgesehen, nämlich obligatorisch – soweit nicht der Beschwerdeführer verzichtet hat[3] – bei der Beschwerde gegen den **Verfall einer Sicherheit** gem. § 124 Abs. 2 S. 3 und fakultativ – allein nach Ermessen des Gerichts, auch nach Antrag[4] – bei der **Haftbeschwerde** gem. § 118 Abs. 2. Im Falle einer mündlichen Verhandlung orientiert sich das Verfahren an der Vorschrift zur mündlichen Haftprüfung gem. § 118a bzw. an den Vorschriften zur Hauptverhandlung[5].

Das Beschwerdegericht darf aber im Rahmen seiner Ermittlungen gem. § 308 Abs. 2 **2** Zeugen und Sachverständige mündlich vernehmen und auch mündliche Erklärungen der Verfahrensbeteiligten entgegennehmen[6]. Demnach ist es konsequent, **ausnahmsweise** auch **mündliche Verhandlungen** im Beschwerdeverfahren zuzulassen, wenn dies **zweckmäßig** ist und dem **Beschleunigungsgebot** entspricht. Auf diese Weise kann im Einzelfall insbesondere **das rechtliche Gehör** der Verfahrensbeteiligten optimiert und das Verfahren effektiver gestaltet werden. Der Wortlaut des § 309 Abs. 1 ist daher einschränkend so zu verstehen, daß das Verfahren lediglich im Grundsatz ohne mündliche Verhandlung stattfindet, diese aber nicht unzulässig ist[7].

2. Anhörung der Staatsanwaltschaft bei dem Beschwerdegericht. Unabhängig von der **3** Anhörung der Staatsanwaltschaft als Gegner des Beschwerdeführers gem. § 308 Abs. 1 S. 1 ist die Staatsanwaltschaft (bei dem Beschwerdegericht)[8] **als Vertreterin des öffentlichen Interesses** nach dem Ermessen des Gerichts („in geeigneten Fällen") anzuhören gem. § 309 Abs. 1, insoweit handelt es sich um eine Lockerung des Grundsatzes in § 33 Abs. 2[9]. In Ergänzung der Anhörungsrechte der Staatsanwaltschaft als Beschwerdefüh-

---

[1] Vgl. BGHSt **13** 102, 108.
[2] Vgl. *Ellersiek* 178.
[3] HK-*Lemke*³ § 124, 15; LR-*Hilger* § 124, 41; *Paeffgen* NStZ **1997** 118; *Meyer-Goßner*⁴⁶ 10; **a. A** entgegen dem Wortlaut (verzichtbar, wenn die Entscheidung des Gerichts nicht beeinflußt werden kann): OLG Hamm NJW **1996** 736, 737; NStZ-RR **1996** 270, 271; OLG Stuttgart MDR **1987** 867.
[4] LR-*Hilger* § 118, 3.
[5] Zum Verfahren LR-*Hilger* § 118a, 1 ff und § 124, 43 ff.
[6] HK-*Rautenberg*³ 1; *Ellersiek* 177; KK-*Engelhardt*⁴ 2; *Meyer-Goßner*⁴⁶ 1; KMR-*Plöd* 1; vgl. allg. *Eb. Schmidt* § 308, 2.
[7] SK-*Frisch* 2 mit weit. Nachw.
[8] *Pfeiffer*⁴ 1; *Meyer-Goßner*⁴⁶ 2; SK-*Frisch* 3 f.
[9] HK-*Rautenberg*³ 2; KK-*Engelhardt*⁴ 3; *Meyer-Goßner*⁴⁶ 2; einschr. *Ellersiek* 189 f, der für eine regelmäßige Anhörung der Staatsanwaltschaft gem. § 33 Abs. 2 plädiert; zu beachten ist der Sonderfall des Verfahrens nach § 148a, 148 Abs. 2, bei dem keine Anhörung der Staatsanwaltschaft stattfindet, § 308, 17; § 306, 25.

rerin oder Beschwerdegegnerin[10] dürfte für die Anhörung gem. § 309 Abs. 1 kein bedeutender Anwendungsbereich verbleiben[11]. In der Praxis wird die Staatsanwaltschaft (bei dem Beschwerdegericht) ohnehin dadurch in das Beschwerdeverfahren eingeschaltet, daß die Akten regelmäßig von dem Erstrichter über sie dem Beschwerdegericht vorgelegt werden[12]. Dadurch besteht bereits hinreichend die Möglichkeit, im Rahmen der §§ 145, 146 GVG auf das Verfahren Einfluß zu nehmen[13]. Insoweit kann ein geeigneter Fall im Sinne der zusätzlichen Anhörung gem. § 309 Abs. 1 nur selten vorliegen, beispielsweise wenn das Beschwerdegericht auf **(neue) rechtliche Gesichtspunkte** hinweisen möchte[14]. Für den Nebenkläger oder andere Verfahrensbeteiligte gilt § 309 Abs. 1 jedenfalls nicht, da diese nicht als Sachwalter des öffentlichen Interesses, sondern in eigenem Interesse an dem Verfahren beteiligt sind[15].

3. Nicht stattgebende Entscheidungen des Beschwerdegerichts

4 a) **Verwerfung als unzulässig oder als unbegründet.** Der die Beschwerde verwerfende **Beschluß** ist zu **begründen** (§ 34)[16] und bekanntzumachen (§ 35 Abs. 2), unabhängig davon, ob die Beschwerde aus formalen oder inhaltlichen Gründen verworfen wird.

5 Die Beschwerde ist als **unzulässig** zu verwerfen, wenn die Voraussetzungen für eine Sachentscheidung fehlen. Die **Zulässigkeit einer Beschwerde** setzt allgemein voraus (1) eine prozessual beachtliche Entscheidung[17], (2) Schriftform und den richtigen Adressaten[18], (3) die Statthaftigkeit der Beschwerde (kein gesetzlicher Ausschluß)[19], (4) Beschwer durch die Erstentscheidung und Aktivlegitimation[20] und (5) keinen Rechtsmittelverzicht oder -rücknahme[21]. Diese rechtlichen Formalien müssen erfüllt sein, um durch das Beschwerdegericht eine Sachprüfung und -entscheidung (über die **Begründetheit der Beschwerde**) herbeizuführen. Möglicherweise kommt auch eine Umdeutung in einen zulässigen Rechtsbehelf in Betracht[22]. Hält das Beschwerdegericht die angefochtene Entscheidung für sachlich richtig, so verwirft es die Beschwerde als **unbegründet**.

6 b) **Erledigungserklärung.** In Fällen einer prozessualen Überholung oder sonstigen **Erledigung während des Beschwerdeverfahrens** ist die Beschwerde ohne Kostenentscheidung für erledigt zu erklären[23]. Unabhängig davon bleiben nach der neueren Rechtsprechung des Bundesverfassungsgerichts Beschwerden zulässig, soweit das Erfordernis eines effektiven Rechtsschutzes gem. Art. 19 Abs. 4 GG dem Betroffenen das Recht gibt, in Fällen tiefgreifender, tatsächlich jedoch nicht mehr fortwirkender Grundrechtseingriffe die Berechtigung des Eingriffs gerichtlich klären zu lassen[24].

---

[10] Dazu § 308, 2 ff.
[11] Die zusätzliche Regelung des unveränderten § 309 Abs. 1 wird verständlich vor dem Hintergrund des bis 1953 geltenden § 308 Abs. 1 a. F., der die Anhörung des Beschwerdegegners nur in das Ermessen des Gerichts stellte und gegen Art. 103 Abs. 1 verstoßen hat, vgl. § 308, 2; zur früheren Erklärung des Unterschiedes zwischen § 308 Abs. 1 und § 309 Abs. 1 vgl. LR-*Gollwitzer*[22] 4.
[12] § 306, 25.
[13] SK-*Frisch* 4.
[14] Zur Möglichkeit solcher Hinweise an andere Verfahrensbeteiligte siehe § 308, 4, 14.
[15] Vgl. zum Nebenkläger *Ellersiek* 190.
[16] *Ellersiek* 198; *Meyer-Goßner*[46] 1; zu den Anforderungen an eine ordnungsgemäße Begründung OLG Düsseldorf StV **1986** 376 (bei nachträglicher Gesamtstrafe); **1991** 521 mit Anm. *Schlothauer*; KG StV **1986** 142; *Meyer-Goßner/Appl* 295, 315 Rdn. 875.
[17] § 304, 3 ff.
[18] § 304, 13 ff.
[19] § 304, 17 ff.
[20] § 304, 41 ff.
[21] § 304, 58 f.
[22] Vor § 304, 49 ff.
[23] § 304, 56, 53 ff; SK-*Frisch* § 304, 53; Vor § 296, 174; KK-*Ruß*[4] Vor § 296, 8; *Meyer-Goßner*[46] Vor § 296, 17 jeweils mit weit. Nachw.
[24] Vgl. ausführlich Vor § 304, 68 ff mit weit. Nachw.; § 304, 53 ff.

4. Erlaß der in der Sache erforderlichen Entscheidung

a) Grundsätzliche Pflicht zur eigenen Entscheidung. Ist die **Beschwerde begründet**, so 7
hat das Beschwerdegericht grundsätzlich selbst eine neue, „in der Sache erforderliche"
Entscheidung zu erlassen (§ 309 Abs. 2) **unter Abänderung oder Aufhebung der angefochtenen Entscheidung**[25]. Im Interesse der Verfahrensbeschleunigung soll das Beschwerdegericht grundsätzlich an Stelle des Erstgerichts selbst entscheiden[26]. Hierbei kann das Beschwerdegericht auch nach eigenem Ermessen entscheiden, da es eine umfassende Entscheidungskompetenz hat[27]. Hat der Gesetzgeber die Nachprüfungsbefugnis des Beschwerdegerichts beschränkt, wie bei § 305a Abs. 1 S. 2, § 453 Abs. 2 S. 2 und § 59 Abs. 2 S. 2 JGG, so muß es sich zwar bei der Prüfung der Begründetheit der Beschwerde an diesen Maßstab halten. Erweist sich die Beschwerde aber als begründet, d. h. die Vorentscheidung als gesetzwidrig, so ist es bei der von ihm zu treffenden Sachentscheidung frei, auch wenn sich eine Zurückverweisung in manchen Fällen empfehlen dürfte[28].

b) Beschwerdegegenstand. Unter **Sache** im Sinne des Absatzes 2 ist nicht (notwendig) 8
der gesamte, durch den angefochtenen Beschluß des Erstrichters betroffene Prozeßstoff
zu verstehen, sondern nur der Teil des Prozeßstoffs, der den **Beschwerdegegenstand**
bildet[29].

aa) Konkreter Gegenstand der Erstentscheidung. Zunächst kann der konkrete Gegen- 9
stand der angefochtenen Entscheidung nur ein (kleiner) Teil des insgesamt betroffenen
Prozeßstoffs sein. Der **konkrete Gegenstand der Erstentscheidung** ist aber immer (auch)
Beschwerdegegenstand, während der insgesamt betroffene Prozeßstoff mit dem Beschwerdegegenstand zusammenfallen kann, aber nicht muß. Wenn der **Erstrichter** erkennbar noch **keine Sachentscheidung** getroffen hat, also der konkrete Gegenstand dieser Entscheidung beispielsweise begrenzt war auf eine Zulässigkeitsproblematik, ist der Beschwerdegegenstand nicht die mögliche Sachentscheidung, sondern nur die prozessuale Vorfrage. Hier gebietet die Anerkennung der originären Zuständigkeit des unteren
– oft sachnäheren – Gerichts, dieses zunächst eine Sachentscheidung treffen zu lassen,
ggfs. auch nach eigenen Ermittlungen, die es für erforderlich hält. Nur auf diese Weise
ist auch gewährleistet, daß der von der Strafprozeßordnung vorgesehene Instanzenzug
des Beschwerdeverfahrens praktisch umgesetzt wird[30]. Die Möglichkeit der Abhilfe
gem. § 306 Abs. 2 stellt keinen Ausgleich für den vorgesehenen Devolutiveffekt der
Beschwerde dar, wie sich aus der Konzeption der §§ 304 ff grundsätzlich ergibt[31]. Demnach ist für eine abschließende Sachentscheidung des Beschwerdegerichts grundsätzlich
erforderlich, daß auch das Erstgericht bereits eine, zumindest partielle Sachentscheidung
getroffen hatte[32]. Auf die Entscheidungsreife[33] kommt es dann (noch) nicht an, weil die
Zurückverweisung – zur Sachentscheidung – bereits zu erfolgen hat unabhängig von der
Frage, welche Punkte formeller oder materieller Art noch zu klären sind. Bei Berücksichtigung bestimmter Ausnahmekonstellationen ist durch diese Verfahrensweise auch

---

[25] RGSt **59** 241, 242 f; KK-*Engelhardt*[4] 9; *Meyer-Goßner*[46] 9.
[26] Vgl. BGH NJW **1964** 2119; OLG Bremen MDR **1963** 335; KK-*Engelhardt*[4] 6; *Meyer-Goßner*[46] 4, 7.
[27] Zu den Fällen einer vorzugswürdigen Zurückverweisung in bestimmten Fällen näher § 309, 13 ff.
[28] Vgl. OLG Frankfurt NStZ-RR **1998** 126 (bei § 453 Abs. 2 S. 2); SK-*Frisch* 19 ff; KK-*Fischer*[4] 453, 8; HK-*Julius*[3] 453, 8; vgl. § 305a, 6; § 309, 13 ff.
[29] RGSt **19** 332, 337; BayObLGSt **3** 328, 329; *Ellersiek* 193; KK-*Engelhardt*[4] 12; *Eb. Schmidt* 4; vgl. auch § 310, 10 ff mit weit. Nachw.
[30] Vgl. SK-*Frisch* 14; *Ellersiek* 194, 195; OLG Düsseldorf StV **1986** 376; OLG Frankfurt NJW **1983** 2399 f (bei Wiederaufnahmeverfahren); differenz. *Hanack* JZ **1967** 223 ff.
[31] A.A noch LR-*Gollwitzer*[24] 13.
[32] OLG Frankfurt NJW **1983** 2399, 2400 (bei Wiederaufnahmeverfahren).
[33] Dazu unten § 309, 12.

§ 309 Drittes Buch. Rechtsmittel

dem allgemeinen Beschleunigungsgebot hinreichend Genüge getan, zumal das Erstgericht im Rahmen seiner originären Zuständigkeit oftmals sachnäher und somit schneller arbeiten kann[34].

10 Ausnahmen (von der Zurückverweisung) sind **in Eilfällen** oder auch **auf ausdrücklichen Antrag des Beschwerdeführers** trotz nicht vorhandener Sachentscheidung denkbar, wenn eine Zurückverweisung dem Anliegen des Beschwerdeführers auf zügige Sachentscheidung erkennbar zuwider laufen würde. Dies gilt aber nur bei Entscheidungsreife in der Sache, auch wenn noch ergänzende eigene Ermittlungen gem. § 308 Abs. 2 notwendig wären (beispielsweise bei eiligen Ermittlungsmaßnahmen zugunsten der Staatsanwaltschaft oder bei Haftentscheidungen – Verschonung, Aufhebung – zugunsten des Beschuldigten)[35].

11 **bb) Beschwerdebegehren und Teilanfechtung.** Der Beschwerdegegenstand wird im übrigen bestimmt von der **Beschwer** durch die angefochtene Entscheidung und durch das – mitunter wirksam beschränkte – Beschwerdebegehren umrissen. Das Beschwerdegericht **darf** aber – ohne Beachtung eines Verschlechterungsverbots, von bestimmten Ausnahmen abgesehen[36] – über den **gesamten Prozeßstoff** entscheiden, der auch **konkreter Gegenstand der Entscheidung des Erstrichters** war, soweit nicht eine **wirksame Beschränkung der Beschwerde** auf abtrennbare Punkte des erstinstanzlichen Prozeßstoffs gegeben ist[37].

12 **cc) Entscheidungsreife und ergänzende Ermittlungen.** Der – ggfs. wirksam beschränkte – erstinstanzliche Prozeßstoff (Beschwerdegegenstand) muß entscheidungsreif sein, sonst kann eine **Entscheidung in der Sache** nicht ergehen. Das Beschwerdegericht hat zur Beschleunigung und Abkürzung des Verfahrens die Möglichkeit, nach pflichtgemäßem Ermessen ergänzende eigene Ermittlungen gem. § 308 Abs. 2 anzuordnen oder vorzunehmen, ohne etwa in das der Staatsanwaltschaft obliegende Ermittlungsverfahren oder in eine laufende Hauptverhandlung (vgl. § 305) über den Beschwerdegegenstand hinaus einzugreifen[38]. Neue Erkenntnisse aus solchen Ermittlungen unterfallen dann auch dem Begriff des Beschwerdegegenstandes, über den zu entscheiden ist. Zugleich besteht aber **bei fehlender Entscheidungsreife** auch die **Möglichkeit** für das Beschwerdegericht, **die Sache an das untere Gericht zurückzuverweisen**, denn der Sinn des Beschwerderechtszuges liegt nicht in der Durchführung eigener Ermittlungen, sondern in der Überprüfung gerichtlicher Entscheidungen mit der Möglichkeit gem. § 308 Abs. 2, für diese Überprüfung notwendige ergänzende Ermittlungen durchzuführen. Entsprechend wird das Beschwerdegericht nach pflichtgemäßem Ermessen zu entscheiden haben, ob Entscheidungsreife gegeben bzw. durch ergänzende Ermittlungen – ohne in andere Kompetenzen substantiell einzugreifen – zügig erreichbar ist. Das Beschleunigungsgebot ist insoweit eine Maßgabe für das Beschwerdegericht für die Beurteilung, ob eigene ergänzende Ermittlungen sinnvoll sind oder eine Zurückverweisung notwendig ist. Keinesfalls darf das Verfahren durch eigene Ermittlungen des Beschwerdegerichts stärker verzögert werden (z. B. wegen Terminschwierigkeiten) als dies bei Zurückverweisung bis zu einer Sachentscheidung zu erwarten ist.

13 **c) Zurückverweisung.** In den bezeichneten Fällen ist es nicht nur zulässig, sondern ggfs. geboten, daß das Beschwerdegericht von einer eigenen Sachentscheidung absieht und den **angefochtenen Beschluß aufhebt unter Zurückverweisung zur Entscheidung in der**

---

[34] Vgl. die gegenteilige, hier aber nicht überzeugende Argumentation von *Hanack* JZ **1967** 223 f.
[35] Vgl. KG StV **1986** 142.
[36] Siehe Vor § 304, 13 ff und § 309, 21 f.
[37] Zur Teilanfechtung/Beschränkung Vor § 304, 14 f.
[38] § 308, 20.

Sache an den Erstrichter. Darüber hinaus bleiben Fälle der mangelnden Entscheidungsbefugnis des Erstgerichts oder des Beschwerdegerichts[39]. Das Beschwerdegericht muß zurückverweisen, wenn es für die Sachentscheidung **nicht zuständig** ist, oder wenn es sonst rechtlich nicht in der Lage ist, an Stelle des Erstrichters die Sachentscheidung zu treffen[40]. Wenn der Erstrichter für die Sachentscheidung **örtlich nicht zuständig** war und das tatsächlich zuständige Gericht nicht zum Bezirk des Beschwerdegerichts gehört, entfällt auch eine Zurückverweisung, vielmehr ist der Beschluß aufzuheben und eine eigene Sachentscheidung abzulehnen mangels Zuständigkeit[41]. Umfaßt der Bezirk des Beschwerdegerichts dagegen auch den Bezirk des zuständigen Erstgerichts, dann ist das Beschwerdegericht an der Sachentscheidung nach Maßgabe der dargelegten Voraussetzungen nicht gehindert[42].

Das vollständige **Fehlen einer sachlichen Begründung** des angefochtenen Beschlusses – einschließlich der Abhilfeentscheidung – kann zumindest zur **Rückgabe der Akten zum Zwecke der Nachholung** dieser Begründung bzw. des Abhilfeverfahrens führen, um dem Beschwerdegericht Gelegenheit zu geben, die der angefochtenen Entscheidung zugrundeliegenden Erwägungen zur Kenntnis zu nehmen und überprüfen zu können. Dies ist unabdingbar, wenn das Beschwerdegericht – eingeschränkt durch § 305a Abs. 1 S. 2 oder § 453 Abs. 2 S. 2 – die Gesetzmäßigkeit der Erstentscheidung zu prüfen hat[43]. Eine förmliche Zurückverweisung zur erneuten Sachentscheidung (unter Aufhebung der ersten) erscheint hingegen nicht erforderlich. Trotz fehlender sachlicher Begründung kann das Erstgericht eine Sachentscheidung getroffen haben und Entscheidungsreife, ggfs. nach ergänzenden Ermittlungen gem. § 308 Abs. 2, vorliegen, so daß einer Sachentscheidung des Beschwerdegerichts im übrigen nichts entgegen steht. **14**

Wenn das Verfahren vor dem Erstgericht mit einem so **schwerwiegenden Verfahrensfehler** behaftet ist, daß nicht mehr von einem ordnungsgemäßen Verfahren gesprochen werden kann, weil sich die Entscheidung des Erstgerichts nicht als Entscheidung des zuständigen Organs qualifiziert[44], kommt oft eine Zurückverweisung in Betracht. Dies wird angenommen, wenn das Erstgericht nicht entscheidungsbefugt war, weil ein ausgeschlossener Richter (§ 22) mitgewirkt[45] oder verfahrensrechtlich gebotene (mündliche) Anhörungen unterblieben sind[46]. **15**

Berücksichtigt man die auf **Verfahrensbeschleunigung** abstellende Zielrichtung der §§ 308 Abs. 2, 309 Abs. 2, aber auch anderer Beschwerdevorschriften wie der Abhilfebefugnis des Erstrichters, ist der Gesichtspunkt des Verfahrensmangels aber nur ausnahmsweise, in gleichsam nicht heilbaren Fällen ausschlaggebend[47]. Wenn eine erstinstanzliche Sachentscheidung vorliegt und eine Sache entscheidungsreif ist, gibt § 309 Abs. 2 dem Beschwerdegericht die regelmäßige **Befugnis und Verpflichtung zu einer eige-** **16**

---

[39] Zur örtlichen und sachlichen Zuständigkeit des Beschwerdegerichts Vor § 304, 19 ff.
[40] Vgl. BGH NStZ **1992** 508; SK-*Frisch* 19; KK-*Engelhardt*[4] 11; *Eb. Schmidt* 6.
[41] BGHSt **23** 79, 82; KG StV **1998** 384 mit krit. Anm. *Fröhlich* NStZ **1999** 585; *Meyer-Goßner*[46] 6; KK-*Engelhardt*[4] 10.
[42] OLG Nürnberg StraFo. **2000** 280 f; KG NStZ **1994** 255 (entgegen OLG Hamburg NStZ **1991** 356); *Meyer-Goßner*[46] 6; HK-*Rautenberg*[3] 7; SK-*Frisch* 18.
[43] BGHSt **34** 392 f; BGH Beschluß vom 30.08.1994 (5 StR 480/94); Beschluß vom 05.02.1997 (5 StR 96); Beschluß vom 07.08.2001 (4 StR 266/01).
[44] Vgl. *Hanack* JZ **1967** 223 ff; *Meyer-Goßner*[46] 8 mit weit. Nachw.
[45] OLG Bremen NJW **1966** 605; OLG Saarbrücken NJW **1966** 167; dagegen KK-*Engelhardt*[4] 11.
[46] BGH NStZ **1995** 610, 611; OLG Rostock NStZ-RR **2000** 14, 15; OLG Frankfurt NStZ-RR **1996** 91, 92; **1998** 77; OLG Karlsruhe StV **1997** 314, 315; OLG Düsseldorf NStZ **1988** 243; **1993** 406, 407; StV **1995** 538; NJW **2002** 2963, 2964 f (auch zur Bindungswirkung einer zurückverweisenden Beschwerdeentscheidung); OLG Schleswig bei *Ernesti/Lorenzen* SchlHA **1984** 97, 107, 108.
[47] BGHSt **8** 194, 195 (Ausschluß eines Rechtsanwalts als Verteidiger).

nen Sachentscheidung über den Beschwerdegegenstand. Die **Alternative einer Zurückverweisung** gilt nur **für die bezeichneten Ausnahmefälle**. Fördert die Aufhebung und Zurückverweisung den Fortgang des Gesamtverfahrens, weil das Beschwerdegericht die für eine eigene Sachentscheidung notwendigen Tatsachen gem. § 308 Abs. 2 erst ermitteln müßte, während der Erstrichter zugleich mit diesen Ermittlungen das Verfahren auch im übrigen weiterbetreiben kann, dann ist es wie bereits dargelegt geboten, **zum Zwecke der Verfahrensbeschleunigung zurückzuverweisen**[48]. Entsprechend kann eine Sachentscheidung des Beschwerdegerichts ausnahmsweise zu einer sachwidrigen Trennung zusammengehörender Strafsachen führen, etwa bei einer Teilanfechtung oder bei nicht beschwerdeführenden Mitangeklagten, oder wenn sich die Beschwerde gegen das Unterlassen einer Entscheidung wendet[49], und insoweit eine Zurückverweisung unter dem Aspekt der Beschleunigung des Gesamtverfahrens opportun sein. Die Unterscheidungen sind insbesondere von Bedeutung, wenn das Erstgericht vor Weiterführung des ihm obliegenden Verfahrens nur eine formelle Vorfrage – ohne jedwede Sachentscheidung zu treffen – verneint hat, oder trotz einer partiellen Sachentscheidung (durch Verneinung materiell-rechtlicher Voraussetzungen oder anderer Vorfragen) die Sachentscheidung insgesamt noch nicht entscheidungsreif ist[50].

d) Weitere Beispiele für Sachentscheidung oder Zurückverweisung

17   **aa) Nichteröffnung des Hauptverfahrens.** Hat das Erstgericht die Eröffnung des Hauptverfahrens in der Sache zu Unrecht abgelehnt (§§ 204, 210 Abs. 2), besteht für das Beschwerdegericht die ausdrückliche Befugnis, den „in der Sache erforderlichen" Eröffnungsbeschluß zu erlassen[51]. Hatte sich das Erstgericht in einem Ablehnungsbeschluß jedoch auf die Entscheidung einer Vorfrage beschränkt, kommt es dann zunächst darauf an, ob das Erstgericht überhaupt schon eine, zumindest partielle Sachentscheidung getroffen hat. Das bereits in der Vorauflage thematisierte Beispiel – Beschwerde gegen Nichteröffnungsbeschluß wegen Unzuständigkeit – ist einerseits problematisch und andererseits gleichwohl anschaulich. Problematisch ist das Beispiel, da in einem solchen Fall nach zutreffender Ansicht keine Entscheidung gem. §§ 204, 210 Abs. 2 über die Nichteröffnung getroffen wurde, sondern lediglich eine Entscheidung über die Unzuständigkeit, welche auch keine Rechtskraft erlangt und mit einfacher Beschwerde anfechtbar ist[52]. Insofern bleibt dem Beschwerdegericht ersichtlich nur die rechtliche Möglichkeit einer Zurückverweisung an das Erstgericht (zur Entscheidung über die Eröffnung), soweit es die Beschwerde für begründet hält[53] oder die Verwerfung[54]. Dennoch veranschaulicht dieses Beispiel, daß die Entscheidungskompetenz des Beschwerdegerichts auf den Beschwerdegegenstand begrenzt bleiben muß und das Beschwerdegericht nicht eine vom Erstgericht noch gar nicht getroffene Sachentscheidung immer

---

[48] Noch einschr. LR-*Gollwitzer*[24] 17.
[49] *Meyer-Goßner*[46] 5; vgl. zur Untätigkeitsbeschwerde Vor § 304, 31; § 304, 7 ff. Auch hier darf bei Entscheidungsreife das Beschwerdegericht eine ihm mögliche Sachentscheidung selbst zu treffen, jedoch wird dies eher nicht angezeigt sein; § 304, 11.
[50] Wo hier die Grenze verläuft, wird nicht einheitlich beantwortet; vgl. unten zu weiteren Beispielen § 309, 17 ff; HK-*Rautenberg*[3] 7 etwa sieht die Möglichkeit einer Zurückverweisung durch das Beschwerdegericht nur in einem praktischen Fall, wenn nämlich das Beschwerdegericht rechtlich an einer Sachentscheidung gehindert wäre (d. h. insbesondere bei Un-

zuständigkeit); KK-*Engelhardt*[4] 11 f betont ebenfalls die grundsätzliche Befugnis zum Durchentscheiden, auch wenn die Beschwerde nur eine Vorfrage betraf; undeutlich LR-*Gollwitzer*[24] 8; vgl. SK-*Frisch* 17 ff.
[51] Vgl. zu Entscheidungsmaßstab und Umfang der Beschwerdeentscheidung gem. § 210 Abs. 2 und 3 LR-*Rieß* § 210, 19 ff.
[52] Vgl. LR-*Rieß* § 204, 6 f; § 210, 29 ff, jeweils mit weit. Nachw., auch zur Gegenmeinung.
[53] LR-*Rieß* § 210, 33 f.
[54] LR-*Rieß* § 210, 35.

ersetzen (also durchentscheiden) darf. Würde man also mit der Gegenmeinung[55] im Falle einer Unzuständigkeitsentscheidung zugleich eine Nichteröffnungsentscheidung gem. §§ 204, 210 Abs. 2 für gegeben sehen, dürfte das Beschwerdegericht gleichwohl nicht über die Eröffnung (in der Sache durch-) entscheiden, da sich sowohl das Erstgericht als auch auf dieser Grundlage des konkreten erstinstanzlichen Prozeßgegenstandes (Unzuständigkeit) das Beschwerdeverfahren ausschließlich mit einer isolierten formellen Vorfrage befassen. Folglich kann auch nicht die – noch gar nicht vorgenommene – Prüfung einer Sachentscheidung Gegenstand der Beschwerde sein. Eine Sachentscheidung des Beschwerdegerichts würde nämlich nicht die getroffene Entscheidung einer ersten Instanz aufheben und korrigieren, sondern das Beschwerdegericht würde von vornherein anstatt des Erstrichters in der Sache entscheiden. Dies wäre auch im Hinblick auf die nur eingeschränkt zulässige weitere Beschwerde gem. § 310 Abs. 1 und somit einen effektiven Rechtsschutz problematisch. Entsprechend bleibt auch, wenn man mit der Gegenmeinung im Falle einer Unzuständigkeitsentscheidung zugleich eine Nichteröffnungsentscheidung gem. §§ 204, 210 Abs. 2 sieht, für das Beschwerdegericht nur die Zurückverweisung (zur Sachentscheidung), soweit die Beschwerde begründet wäre[56].

bb) Verfall der Sicherheit. Hat das Erstgericht mit der Begründung, für die Sachentscheidung unzuständig zu sein, abgelehnt, über den Verfall einer Sicherheit gem. § 124 Abs. 1 zu entscheiden, darf das Beschwerdegericht bei begründeter (sofortiger) Beschwerde der Staatsanwaltschaft nicht selbst die Sachentscheidung über den Verfall treffen. Beschwerdegegenstand ist alleine die Frage der Zuständigkeit, denn nur darüber hat der Erstrichter faktisch entschieden. Es muß an das Erstgericht zur Sachentscheidung über den Verfall zurückverwiesen werden[57]. Wenn das Erstgericht indessen zu Unrecht den Verfall abgelehnt und somit sachlich entschieden hat, darf das Beschwerdegericht selbst den Verfall der Sicherheit (als Beschwerdegegenstand) als in der Sache erforderliche Entscheidung aussprechen. **18**

cc) Haftbeschwerde. Grundsätzlich muß das Beschwerdegericht den Haftbefehl selbst erlassen, wenn die Beschwerde gegen die Ablehnung des Erlasses einer solchen Anordnung begründet ist[58]. Die Sache ist jedoch an den Erstrichter zurückzuverweisen, wenn das Verfahren mit einem schwerwiegenden Verfahrensmangel behaftet sei, etwa wenn der Haftbefehl nicht den Anforderungen des § 114 Abs. 2 entspricht, zumal das Beschwerdegericht ohne diese Voraussetzungen nur schwerlich den Vorwurf feststellen könnte[59]. Bei einer **Haftbeschwerde während laufender Hauptverhandlung** ist zu berücksichtigen, daß die Ausführungen des Erstgerichts nur beschränkt auf Rechtsfehler und Vertretbarkeit der Entscheidung hin überprüfbar sind[60]. **19**

e) Wirkung der Entscheidung. Wenn das Beschwerdegericht die Entscheidung des Erstgerichts abändert oder aufhebt, so tritt diese neue Entscheidung an die Stelle der ersten. Sie ist vom Erstgericht dem weiteren Verfahren in gleicher Weise wie die ursprüngliche Erstentscheidung zugrunde zu legen[61]. Das Erstgericht ist – anders als bei § 358 Abs. 1 – nicht an die Rechtsauffassung der Beschwerdeentscheidung förmlich, ggfs. aber inhaltlich gebunden[62]. Die Beschwerdeentscheidung wirkt in der Regel **für und** **20**

---

[55] Z. B. KK-*Tolksdorf*[4] § 199, 4; *Pfeiffer*[4] § 204 1; *G. Schäfer*[6] 777.
[56] BGHSt **43** 122, 124; KK-*Tolksdorf*[4] 8.
[57] *Ellersiek* 193.
[58] Vgl. LR-*Hilger* § 120, 33 ff.
[59] OLG Düsseldorf StV **1996** 440 ff; OLG Hamm StV **2000** 153 ff.
[60] § 304, 33 mit weit. Nachw.
[61] SK-*Frisch* 26.
[62] Vgl. OLG Düsseldorf NJW **2002** 2963, 2964 f; KK-*Engelhardt*[4] 12; *Meyer-Goßner*[46] 10; *Meyer* NStZ **1987** 25, 27; *Mohrbotter* ZStW **84** (1972) 612, 621, 624; a. A SK-*Frisch* 17, 27.

gegen alle Verfahrensbeteiligte wie die ursprüngliche Entscheidung. Die veränderte prozessuale Lage, die durch die Entscheidung des Beschwerdegerichts entsteht, müssen auch die Prozeßbeteiligten hinnehmen, die nicht Beschwerde eingelegt haben. Wenn allerdings der Inhalt der angefochtenen **Entscheidung teilbar** ist, kann sich auch die Wirkung der Beschwerdeentscheidung auf den oder die betroffenen Verfahrensbeteiligten beschränken, wie etwa bei Kostenentscheidungen[63]. Bei Beschlüssen, deren Inhalt einer materiellen Rechtskraft fähig ist, kann die Bestandswirkung des Beschlusses, der im Verhältnis zu einem Beschuldigten unangefochten bleibt, dazu führen, daß die erfolgreiche Anfechtung nur für oder gegen einen von mehreren Beschuldigten wirkt. In solchen Fällen kommt eine entsprechende Anwendung des § 357 in Betracht, beispielsweise wenn die nachträgliche Berichtigung eines Eröffnungsbeschlusses nur von einem der davon betroffenen Angeklagten angefochten worden ist[64].

21 5. **Verschlechterungsverbot.** Die entsprechende Anwendung der §§ 331, 358 Abs. 2, 373 Abs. 2 ist im Beschwerdeverfahren grundsätzlich nicht vorgesehen. Allein aus rechtsstaatlichen Gründen ist sie nicht geboten, denn das Verschlechterungsverbot ist dem Rechtsstaat nicht eigentümlich, es bedeutet nur eine „Rechtswohltat", auf dessen gesetzliche Sicherung kein unabdingbarer verfassungsrechtlicher Anspruch besteht[65].

22 **Ausnahmsweise** greift das Verschlechterungsverbot bei den Beschlüssen ein, die ähnlich einem Urteil das Verfahren durch eine Sachentscheidung abschließen sowie bei sonstigen Beschlüssen, welche Rechtsfolgen **endgültig** festlegen und einer (beschränkten) materiellen Rechtskraft fähig sind. Seine Anwendung kommt vor allem bei den Beschlüssen in Betracht, welche das Ausmaß der Rechtsfolgen, wie etwa die Strafhöhe, betreffen. So werden §§ 331, 358 Abs. 2 entsprechend anzuwenden sein bei der Bildung einer Gesamtstrafe oder bei Beschlüssen, die Ordnungsmittel festsetzen. Kein Raum ist dagegen für das Verschlechterungsverbot, soweit Rechtsfolgen von Gesetzes wegen unter dem **Vorbehalt einer nachträglichen Änderung** auch zu Lasten des Betroffenen stehen, allerdings nur in diesem normativ begrenzten Rahmen[66]. Schließlich hat das Beschwerdegericht eine wirksame Beschränkung der Beschwerde zu beachten[67]. Aus Gründen einer **fairen Verfahrensgestaltung** kann es geboten sein, den Beschwerdeführer vor einer „verschlechternden" Entscheidung nochmals anzuhören bzw. ihm Gelegenheit zur Rücknahme des Rechtsmittels zu geben.

§ 310

(1) Beschlüsse, die von dem Landgericht oder von dem nach § 120 Abs. 3 des Gerichtsverfassungsgesetzes zuständigen Oberlandesgericht auf die Beschwerde hin erlassen worden sind, können, sofern sie Verhaftungen oder die einstweilige Unterbringung betreffen, durch weitere Beschwerde angefochten werden.

(2) Im übrigen findet eine weitere Anfechtung der auf eine Beschwerde ergangenen Entscheidungen nicht statt.

---

[63] KK-*Engelhardt*[4] 14.
[64] KK-*Engelhardt*[4] 14; OLG Bremen NJW **1958** 432 mit Anm. *Eb. Schmidt* JR **1958** 191, der im Ergebnis zustimmend mit Recht darauf hinweist, daß die Frage der Zulässigkeit des Berichtigungsbeschlusses hier ohne Rücksicht auf die Beschwerde im weiteren Verfahren von Amts wegen hätte geprüft werden müssen, da es sich um die Zuständigkeit des Gerichts und damit um eine in jeder Lage des Verfahrens von Amts wegen zu prüfende Verfahrensvoraussetzung gehandelt hat.
[65] Ausf. Vor § 304, 13 ff.
[66] Vor § 304, 15 mit weit. Nachw.; vgl. § 305a, 7.
[67] Vor § 304, 16 ff; § 304, 59.

Zweiter Abschnitt. Beschwerde **§ 310**

Entstehungsgeschichte. Durch Art. 2 Nr. 28 AGGewVerbrG wurde die weitere Beschwerde auf die einstweilige Unterbringung ausgedehnt. Die 2. VereinfVO hat 1942 die weitere Beschwerde abgeschafft; durch das VereinhG wurde sie 1950 wieder eingeführt und erhielt die im wesentlichen noch heute geltende Fassung. Das Gesetz vom 8. 9. 1969 hat die weitere Beschwerde gegen die Beschwerdeentscheidungen der nach § 120 Abs. 3 zuständigen Oberlandesgerichte eingeführt[1]. Bezeichnung bis 1924: § 352.

Übersicht

	Rdn.		Rdn.
1. Verfahren und Zuständigkeiten		a) Allgemeines	29
a) Grundsatz der Unanfechtbarkeit von Beschwerdeentscheidungen	1	b) Verhaftung	
		aa) Haftbefehl (Untersuchungshaft)	30
b) Zuständigkeiten	3	bb) Beschluß über Außervollzugsetzung des Haftbefehls	32
c) Verfahren	5	cc) Überhaft	34
2. Unzulässigkeit einer weiteren Beschwerde		dd) Anfechtung einzelner Auflagen bei Außervollzugsetzung	35
a) Anfechtungen einer Beschwerdeentscheidung	6	ee) Anfechtung einzelner Maßnahmen des Vollzugs	37
b) Zuständigkeit des Beschwerdegerichts	9	ff) Verfall einer Sicherheit	38
c) Beschwerdegegenstand	10	gg) Ungehorsamshaft	39
d) Einheitliche Bewertung für alle Verfahrensbeteiligte	14	hh) Haftanordnungen gegen Zeugen	41
e) Beschwerdeberechtigte		ii) Sicherungshaftbefehl	44
aa) Allgemein	15	jj) Verhaftung zum Zwecke der Strafvollstreckung	45
bb) Beschwerdegegner	16		
cc) Staatsanwaltschaft	18	c) Einstweilige Unterbringung	46
3. Zulässigkeit der weiteren Beschwerde (§ 310 Abs. 1)			

1. Verfahren und Zuständigkeiten

a) Grundsatz der Unanfechtbarkeit von Beschwerdeentscheidungen. Der Grundsatz 1 des Beschwerdeverfahrens, daß Entscheidungen des Beschwerdegerichts nicht mehr anfechtbar sind, ist in § 310 Abs. 2 geregelt und wird durch die in Absatz 1 erwähnten Ausnahmen (Verhaftungen und einstweilige Unterbringungen betreffend) bestätigt. Die Masse der Beschwerdesachen soll folglich nach dem **Willen des Gesetzgebers** aus Gründen der **Prozeßbeschleunigung und Verfahrensökonomie** in zwei Rechtszügen, also mit der Beschwerdeentscheidung des Landgerichts oder des Oberlandesgerichts, beendet und weiterer Anfechtung entzogen sein[2]. Regelmäßig endet das Beschwerdeverfahren daher mit dem Beschluß des Beschwerdegerichts („auf die Beschwerde hin").

Die **Ausnahmeregelung** des § 310 ist wegen der schwerwiegenden Bedeutung der dort 2 genannten Freiheitsentziehungen – mit häufig nicht mehr rückgängig zu machenden und damit endgültigen Folgen **für den Beschuldigten** – geschaffen worden[3] und **keiner erweiternden Auslegung** fähig[4]. Insofern ergeben sich auch – trotz des offen gebliebenen Wortlauts in Absatz 1 – **erhebliche Bedenken**, das Rechtsmittel der weiteren Beschwerde gegen für den Beschuldigten günstige Beschwerdeentscheidungen (Verhaftungen und einstweilige Unterbringungen betreffend) auszudehnen auf die **Staatsanwaltschaft**[5]. Die

---

[1] Zur Gesetzesentwicklung vgl. *Giesler* 135.
[2] SK-*Frisch* 2; *Ellersiek* 87.
[3] Vgl. Mat. *Hahn* 249; *Giesler* 134; *Ellersiek* 87.
[4] BVerfGE **48** 367, 376.
[5] Entgegen der noch h.M, siehe unten § 310, 18 ff.

grundsätzlich restriktive Auslegung und Handhabung der weiteren Beschwerde hat der Gesetzgeber dadurch bestätigt, daß er die Nachholung einer unterbliebenen Anhörung in §§ 33a, 311a besonders geregelt und nicht – wie seinerzeit teilweise gefordert – als neuen Grund für die weitere Beschwerde eingeführt hat[6].

3   **b) Zuständigkeiten.** § 310 Abs. 1 betrifft Beschwerdeentscheidungen des Landgerichts und nur in den Sonderfällen des § 120 Abs. 3 auch die des Oberlandesgerichts. **Gericht der weiteren Beschwerde** gegen Beschwerdeentscheidungen des Landgerichts ist das **Oberlandesgericht** (§ 121 Abs. 1 Nr. 2 GVG). Bei Beschwerdeentscheidungen der Staatsschutzstrafkammern (§ 74a Abs. 3, 73 Abs. 1 GVG) entscheidet über die weitere Beschwerde das Landeshauptstadt-Oberlandesgericht gem. §§ 120 Abs. 4, 120 Abs. 1, dessen Stelle in Bayern das Bayerische Oberste Landesgericht einnimmt (§ 120 Abs. 4, 5 GVG, § 9 EGGVG, Art. 11 Abs. 2 Nr. 1 bayer. AGGVG)[7]. Stammt jedoch die angefochtene Erstentscheidung vom Landgericht und hat das Oberlandesgericht als Beschwerdegericht entschieden, so ist eine weitere Beschwerde (an das Bayerische Oberste Landesgericht oder den Bundesgerichtshof) nicht zulässig.

4   Eine **Sonderregelung** gilt nur für **Staatsschutzsachen** im Sinne des § 120 Abs. 1 und 2 GVG. Nur in den in § 120 Abs. 3 GVG aufgeführten Fällen der **Beschwerdeentscheidungen des Landeshauptstadt-Oberlandesgerichts** (§ 120 Abs. 1, 2 und § 73 Abs. 1; § 169 Abs. 1 S. 1 und § 304 Abs. 5, in Bayern des Bayerischen Obersten Landesgerichts) ist die weitere Beschwerde zulässig nach Maßgabe des § 310 Abs. 1, d. h. auch nur Verhaftungen und einstweilige Unterbringungen betreffend. Nach § 135 Abs. 2 GVG entscheidet der **Bundesgerichtshof** über eine weitere Beschwerde gegen diese Beschwerdeentscheidungen der Landeshauptstadt-Oberlandesgerichte (in Bayern: des Bayerischen Obersten Landesgerichts).

5   **c) Verfahren.** Es gelten die allgemeinen Vorschriften der §§ 304 ff, insbesondere der §§ 306 bis 309. Bei Einlegung zur Niederschrift der Geschäftsstelle ist jedoch die Zuständigkeit des Rechtspflegers nach § 24 Abs. 1 Nr. 1 Buchst. b) RpflG zu beachten. Über die **Abhilfe** einer weiteren Beschwerde (§ 306 Abs. 2) entscheidet das Beschwerdegericht als iudex a quo[8]. Über **Zulässigkeit und Begründetheit** entscheidet bei nicht vollständiger Abhilfe immer das für die weitere Beschwerde zuständige **Rechtsmittelgericht als iudex ad quem**, also entweder das Oberlandesgericht oder der Bundesgerichtshof[9]. Für die Nachholung des rechtlichen Gehörs gelten ebenfalls die §§ 33a, 311a. Bei Unzulässigkeit der weiteren Beschwerde kann die **Gegenvorstellung**, ggfs. im Wege der Umdeutung, der geeignete Rechtsbehelf zur nochmaligen Überprüfung der getroffenen Entscheidung durch das Beschwerdegericht (Landgericht oder Oberlandesgericht) sein[10].

2. Unzulässigkeit einer weiteren Beschwerde

6   **a) Anfechtung einer Beschwerdeentscheidung.** Mit Ausnahme der Fälle des § 310 Abs. 1 sind alle Entscheidungen gem. § 310 Abs. 2 unanfechtbar, die **auf eine Beschwerde ergangen** sind. Es muß eine Erklärung eines Verfahrensbeteiligten vorausgegangen sein,

---

[6] Giesler 137; SK-Frisch 2.
[7] BayRS 300 – 1 – 1 – J; vgl. BGHSt **28** 103 ferner Sprau/Vill Justizgesetze in Bayern AGGVG Art. 11, 21.
[8] HK-Rautenberg[3] 10; SK-Frisch 30; KK-Engelhardt[4] 13; Meyer-Goßner[46] 10; siehe dazu § 306, 9 ff. Ob gegen die Abhilfeentscheidung erneut das Rechtsmittel der weiteren Beschwerde eröffnet ist, entscheidet sich nach den allgemeinen Kriterien.
[9] Vgl. § 306, 13, 22.
[10] Siehe zur Gegenvorstellung Vor § 304, 47 mit weit. Nachw.; zur Umdeutung einer unzulässigen Beschwerde z. B. in eine Gegenvorstellung Vor § 304, 49 ff; vgl. § 306, 8, 9.

die zutreffend als Beschwerde ausgelegt und behandelt wurde[11], andernfalls fehlt es an einer Beschwerdeentscheidung[12]. Die Entscheidung des Landgerichts, das rechtsirrig annimmt, der Beschuldigte habe Beschwerde eingelegt, wird dadurch noch nicht – zu einer der weiteren Anfechtung entzogenen – Beschwerdeentscheidung[13].

Gleiches gilt, wenn das **Berufungsgericht** auf eine erfolglose Berufung hin eine Annexentscheidung des Erstgerichts geändert hat, auch wenn Beschwerde eingelegt worden war, denn die aus Anlaß der Berufung ergangene Entscheidung – z. B. gem. § 268a – wird durch § 310 Abs. 2 der Anfechtung nicht entzogen[14]. Entscheidet das Berufungsgericht in einer bei ihm anhängigen Sache über die Aufrechterhaltung oder Aufhebung einer vom Amtsgericht ausgesprochenen vorläufigen Entziehung der Fahrerlaubnis, so entscheidet es vom Zeitpunkt der Vorlage der Akten gemäß § 321 an nicht als Beschwerdegericht[15]. Die Anfechtung einer solchen Entscheidung ist keine (unzulässige) weitere Beschwerde[16]. Eine **Beschwerdeentscheidung** liegt dagegen vor, wenn sich das Rechtsmittel auch auf die Annexentscheidung des Erstgerichts erstreckte und das Berufungsgericht darüber ausdrücklich – z. B. nach vorheriger Verwerfung der Berufung wegen Unzulässigkeit – als Beschwerdegericht entschieden hat[17]. **7**

Nimmt das Landgericht seine Beschwerdeentscheidung auf Grund von **Gegenvorstellungen** zurück und ersetzt sie durch eine neue Entscheidung, so ist auch diese auf die Beschwerde hin ergangen und nur unter den Voraussetzungen des Absatzes 1 mit weiterer Beschwerde anfechtbar[18]. Wendet sich die Beschwerde dagegen nicht gegen die Sachentscheidung, sondern allein gegen die Zulässigkeit der nachträglichen Abänderung, so kann darin ein neuer Beschwerdegegenstand liegen[19]. **8**

b) Zuständigkeit des Beschwerdegerichts. Voraussetzung für die Unzulässigkeit einer weiteren Beschwerde ist, daß das zuständige Beschwerdegericht entschieden hat[20]. Hat das Amtsgericht eine Entscheidung getroffen, für die es nicht zuständig war, dann ist die auf Beschwerde hin ergangene Entscheidung des Landgerichts **entsprechend der wahren Rechtslage** als eine Entscheidung der ersten Instanz mit Beschwerde anfechtbar[21]. Die wahre Rechtslage ist auch maßgebend, wenn das Landgericht der irrigen Meinung war, es entscheide als Gericht der ersten Instanz, weil das Amtsgericht nicht zuständig gewesen sei, denn der Rechtsirrtum des Gerichts kann keine dritte Instanz eröffnen[22]. Hat das **Landgericht** jedoch irrigerweise **statt des zuständigen Amtsgerichts** die Erstentscheidung erlassen, dann ist seine Entscheidung trotzdem **keine Beschwerdeentscheidung**. Im übrigen mangelt es hier bereits an der notwendigen Einlegung einer Beschwerde, auf die hin die Entscheidung ergangen ist[23]. Diese ist somit anfechtbar, auch wenn die Voraussetzungen für eine weitere Beschwerde gem. § 310 Abs. 1 nicht gegeben wären[24]. Keine **9**

---

[11] OLG Köln MDR **1980** 600.
[12] OLG Köln MDR **1980** 600; OLG Stuttgart Justiz **1971** 270, 271.
[13] KK-*Engelhardt*[4] 3; *Meyer-Goßner*[46] 2; SK-*Frisch* 5, 10; § 304, 63 mit weit. Nachw.
[14] SK-*Frisch* 5 f; KK-*Engelhardt*[4] 7; KMR-*Plöd* 2.
[15] Vgl. § 304, 68; dagegen OLG Stuttgart NStZ **1990** 141, 142; OLG Hamm NJW **1969** 149, 150; KMR-*Plöd* 2.
[16] SK-*Frisch* 6; OLG Hamm VRS **21** (1961) 283; **49** (1975) 111, 112; str. vgl. LR-*Schäfer* § 111a, 94.
[17] Vgl. OLG Stuttgart NStZ **1990** 141.
[18] OLG Köln GA **1962** 381; *Rieß* NStZ **1985** 473, 474; SK-*Frisch* 15.
[19] OLG Oldenburg NStZ **1985** 473 mit krit. Anm. *Rieß*; aber auch OLG Frankfurt NJW **1980** 1808; SK-*Frisch* 15.
[20] SK-*Frisch* 7 f; HK-*Rautenberg*[3] 5; *Meyer-Goßner*[46] 2; OLG Hamm NJW **1972** 1725 f; OLG Karlsruhe Justiz **1977** 23, 24.
[21] OLG Düsseldorf NStZ-RR **2001** 111, 112 mit weit. Nachw.; *Ellersiek* 90; KK-*Engelhardt*[4] 3; *Meyer-Goßner*[46] 2.
[22] OLG Hamm GA **1972** 186; KK-*Engelhardt*[4] 4; *Meyer-Goßner*[46] 2; SK-*Frisch* 10; HK-*Rautenberg*[3] 5.
[23] SK-*Frisch* 10; vgl. KK-*Engelhardt*[4] 3.
[24] HK-*Rautenberg*[3] 5; vgl. OLG Celle NdsRpfl. **1952** 19.

§ 310   Drittes Buch. Rechtsmittel

Beschwerdeentscheidung liegt auch vor, wenn weder das Amtsgericht bei seiner Erstentscheidung noch das Landgericht bei seiner Entscheidung zuständig waren [25].

10   c) **Beschwerdegegenstand.** Eine gem. § 310 Abs. 2 unzulässige weitere Beschwerde liegt nur vor, wenn zwei Rechtszüge über **den gleichen Beschwerdegegenstand** vorausgegangen sind. Die Entscheidung, deren Überprüfung erstrebt wird, muß den gleichen Verfahrensgegenstand betreffen wie die Entscheidung des Erstrichters [26], soweit der zu überprüfende Vorgang ebenfalls Gegenstand des vorangegangenen Beschwerdeverfahrens gewesen ist [27]. Dabei ist alleine maßgebend, ob der Beschwerdegegenstand in den beiden Vorinstanzen mitzuentscheiden gewesen wäre und nicht, ob er auch tatsächlich mitgeprüft worden ist [28]. Die Voraussetzung des gleichen Beschwerdegegenstandes liegt auch vor, wenn das Beschwerdegericht nach eigenen Ermittlungen abweichende oder weitergehende Feststellungen getroffen [29] hat oder wenn es andere Rechtsnormen anwendet [30] oder eine andere Sachentscheidung (erstmals) trifft [31].

11   Wenn das Beschwerdegericht eine **Formalentscheidung des Erstgerichts** über die Unzulässigkeit durch eine eigene Sachentscheidung ersetzt und nicht – entgegen der hier gegebenen Empfehlung einer Entscheidung gem. § 309 Abs. 2, von Eilfällen abgesehen [32] – an das Erstgericht zurückverwiesen hat, ist dennoch von einer Beschwerdeentscheidung auszugehen, die nicht über den Prozeßstoff der ersten Instanz hinaus gegangen ist [33]. Ob eine „auf die Beschwerde hin" ergangene Entscheidung über den gleichen Beschwerdegegenstand vorliegt, richtet sich demnach nicht allein nach dem Instanzenzug. Es ist unter **Würdigung der gesamten Prozeßlage** zu beurteilen [34]. Die Entscheidungsformel des Beschwerdegerichts gibt hierfür zwar in der Regel wichtige Anhaltspunkte, sie kann aber nicht in allen Fällen maßgebend sein [35].

12   Entscheidungen, die einen erstmals im Beschwerdeverfahren angefallenen und **selbständigen Verfahrensgegenstand** betreffen, sind allerdings nicht „auf Beschwerde hin" ergangen, so daß eine (einfache) Beschwerde gegen diese Art der Erstentscheidung zulässig bleibt [36].

13   **Beispiele.** Ein **anderer Beschwerdegegenstand** – und damit kein Fall der Unzulässigkeit der Beschwerde nach § 310 Abs. 2 – wird angenommen bei Beschlüssen des Beschwerdegerichts, die zwar im Beschwerdeverfahren ergehen, die aber nicht durch die Beschwerde, sondern durch einen neuen, von der Beschwerde unabhängigen (also nicht nur zu deren Durchführung gestellten unselbständigen) Antrag [37] des Beschwerdeführers

---

[25] OLG Frankfurt NJW **1980** 1808.
[26] OLG Hamm NJW **1970** 2127, 2128; OLG Schleswig bei *Lorenzen* SchlHA **1987** 117, 120; *Ellersiek* 88; *Giesler* 135; KK-*Engelhardt*[4] 3; *Meyer-Goßner*[46] 2; KMR-*Plöd* 1; *Eb. Schmidt* 1.
[27] Zu der Problematik des Beschwerdegegenstands vgl. § 309, 8 ff.
[28] SK-*Frisch* 12 f.
[29] HK-*Rautenberg*[3] 3; SK-*Frisch* 12; OLG Hamm GA **1976** 58.
[30] Vgl. OLG Hamm NJW **1970** 2127; OLG Neustadt JZ **1952** 310; NJW **1957** 1082; SK-*Frisch* 12; HK-*Rautenberg*[3] 3.
[31] OLG Köln NStZ-RR **2002** 244; OLG Bremen NStZ **1986** 524; OLG Schleswig bei *Lorenzen* SchlHA **1987** 120; SK-*Frisch* 12 f.
[32] Siehe § 309, 9 f.
[33] SK-*Frisch* 13.
[34] OLG Nürnberg NStZ-RR **1999** 53; *Meyer-Goßner*[46] 2; HK-*Rautenberg*[3] 2.
[35] KK-*Engelhardt*[4] 3; KMR-*Plöd* 1; a. A OLG Schleswig SchlHA **1950** 17. Dem Gericht ist allerdings für den dort entschiedenen Fall zuzustimmen, daß dadurch, daß sich das Beschwerdegericht in den Gründen seiner Entscheidung mit einer nicht zur Beschwerde gehörenden und seiner Entscheidung nicht unterstehenden Frage (hier Wiedereinsetzung) befaßt, seine Entscheidung noch nicht den Charakter einer Beschwerdeentscheidung verliert.
[36] HK-*Rautenberg*[3] 3; SK-*Frisch* 14; *Meyer-Goßner*[46] 3; KMR-*Plöd* 2.
[37] *Meyer-Goßner*[46] 3. Etwas anderes gilt für Anträge, die die Beschwerdeentscheidung nur vorbereiten sollen, wie etwa den Antrag auf Beiziehung bestimmter Aufklärungsmittel KG JR **1969** 194; KK-*Engelhardt*[4] 6.

oder seines Gegners ausgelöst werden[38] oder durch sonst ein erst **während des Beschwerdeverfahrens eintretendes neues Ereignis**, wie etwa eine während des Beschwerdeverfahrens eintretende **Amnestie**. Der Beschluß, das Verfahren fortzuführen, den das Beschwerdegericht auf Grund eines erst im Beschwerdeverfahren erlassenen Straffreiheitsgesetzes antragsgemäß erläßt, ist keine „auf die Beschwerde hin" erlassene Entscheidung, sondern eine im Beschwerdeverfahren getroffene neue Entscheidung, die auf einem neuen Antrag beruht und deshalb mit Beschwerde angefochten werden kann[39]. Eine unzulässige weitere Beschwerde liegt aber vor, wenn das Erstgericht die Anwendung eines Straffreiheitsgesetzes übersehen hatte[40]. Stellt das Beschwerdegericht unter **Aufhebung des Einstellungsbeschlusses** nach § 206a das Verfahren vorläufig nach § 205 ein, ist die Anfechtung zulässig und keine weitere Beschwerde[41]. Gleiches gilt für die Entscheidung über einen erstmals in der Beschwerdeinstanz gestellten Antrag auf **Beiordnung eines Verteidigers**[42]. Gegen den Einstellungsbeschluß, den ein Landgericht im Beschwerdeverfahren nach § 383 Abs. 2 S. 3 erläßt, ist keine (weitere) Beschwerde statthaft, wenn die Zurückweisung der **Privatklage** Beschwerdegegenstand ist[43]. Die **Kostenentscheidung** des Beschwerdegerichts ist – auch wenn sie Änderungen enthält – als Teil der Beschwerdeentscheidung der (weiteren) Beschwerde nicht gesondert zugänglich[44].

d) Einheitliche Bewertung für alle Verfahrensbeteiligte. Ob „eine auf Beschwerde hin erlassene Entscheidung" vorliegt, ist für alle Verfahrensbeteiligte einheitlich zu beurteilen. Für den Beschwerdegegner, der **erstmals durch die Entscheidung des Beschwerdegerichts beschwert** wird, eröffnet dieser Umstand keinen neuen Beschwerdezug[45]. Die relevanten Anhörungsvorschriften des Beschwerdeverfahrens (§ 308 Abs. 1 S. 1, § 33 Abs. 3, Art. 103 Abs. 1 GG) gewährleisten eine hinreichende Beteiligung des Beschwerdegegners, zusätzlich abgesichert durch die nachträglichen Möglichkeiten der §§ 311a, 33a. Eine **(weitere) Beschwerde ist unzulässig**, wenn keine Ausnahme gem. § 310 Abs. 1 vorliegt.

14

e) Beschwerdeberechtigte

aa) Allgemein. Wie bereits dargelegt, gelten für das Verfahren der weiteren Beschwerde keine Besonderheiten, die §§ 304 ff finden Anwendung. Die Beschwerdeberechtigung und Aktivlegitimation sind wie bei jeder (einfachen oder sofortigen) Beschwerde im Rahmen der Zulässigkeit zu prüfen.[46] Zudem müssen die Voraussetzungen einer Ausnahme des § 310 Abs. 1 vorgetragen oder ersichtlich sein[47].

15

bb) Beschwerdegegner. Ob auch der Gegner des Beschwerdeführers in den Ausnahmefällen des Absatzes 1 die weitere Beschwerde einlegen kann[48], bestimmt sich nach

16

---

[38] OLG Celle GA **1970** 88.
[39] BayObLGSt **1949/51** 340, 341.
[40] OLG Neustadt NJW **1957** 1082.
[41] OLG Hamburg MDR **1978** 864; dagegen KK-*Engelhardt*[4] 6.
[42] OLG Bamberg NStZ **1985** 39 mit Anm. *Pöpperl*.
[43] BayObLGSt **1952** 94; OLG Hamburg NJW **1953** 1933 (L); OLG Neustadt JZ **1952** 310; OLG Schleswig SchlHA **1953** 103; KK-*Engelhardt*[4] 6; anders aber, wenn Beschwerdegericht nur mit Beschwerde gegen Ablehnung der Prozeßkostenhilfe befaßt war (BayObLGSt **1957** 40, 41).
[44] OLG Oldenburg NJW **1982** 2833; vgl. ferner OLG Oldenburg VRS **67** (1984) 125 (Auslagenentscheidung im Berufungsurteil).
[45] OLG Köln NStZ-RR **2002** 244, 245; OLG Frankfurt NStZ-RR **1996** 78 f; OLG Celle MDR **1996** 1284 f; OLG Bremen NStZ **1986** 524; OLG Celle MDR **1977** 74; OLG Düsseldorf NStZ **1982** 395; OLG Hamm GA **1962** 381, 382; **1976** 58; OLG Karlsruhe Justiz **1974** 98; *Ellersiek* 91; SK-*Frisch* 3; *Meyer-Goßner*[46] 1; HK-*Rautenberg*[3] 1.
[46] Dazu § 304, 46 ff.
[47] Dazu unten § 310, 29 ff.
[48] Dies ohne Differenzierung behauptend die h. M, z. B. *Meyer-Goßner*[46].

allgemeinen Kriterien der Zulässigkeit[49]. Unabhängig von der Frage, ob der Beschwerdegegner im Rahmen von § 308 Abs. 1 S. 1 angehört oder ihm sonst rechtliches Gehör gem. § 33 Abs. 3 bzw. Art. 103 Abs. 1 GG gewährt worden ist[50], ist für die Zulässigkeit einer weiteren Beschwerde zu prüfen, ob die allgemeinen Zulässigkeitsvoraussetzungen gem. § 304 vorliegen und darüber hinaus, ob die Voraussetzungen des Ausnahmetatbestandes gem. § 310 Abs. 1 gegeben sind.

17 Beispielsweise fehlt es grundsätzlich an der **Beschwer des Nebenklägers bei Haftentscheidungen**, da seine **Rechtsstellung als Nebenkläger nicht berührt** ist. Legt ein Beschuldigter folglich erfolgreich Haftbeschwerde gegen einen Haftbefehl des Amtsgerichts ein, steht dem Nebenkläger das Rechtsmittel der weiteren Beschwerde nicht zur Verfügung mangels Beschwer, da seine mit der Nebenklage wahrzunehmenden Interessen nicht betroffen sind[51].

18 cc) **Staatsanwaltschaft.** Trotz des Meinungsstandes in Rechtsprechung und Schrifttum[52] ist die Frage schwierig zu beantworten, ob die Staatsanwaltschaft berechtigt sein soll, **weitere Beschwerde** gegen eine Beschwerdeentscheidung **zu Lasten des Beschuldigten** einzulegen, in der beispielsweise der Erlaß eines Haftbefehls abgelehnt oder ein zuvor bestehender und erfolgreich mit der Haftbeschwerde angefochtener Haftbefehl aufgehoben worden ist. Die Beschwer der Staatsanwaltschaft steht außer Frage, denn diese darf als „Vertreterin der Rechtsordnung" jede Entscheidung als sachlich oder rechtlich unzutreffend beanstanden[53].

19 Problematisch ist der **Grundsatz der Unanfechtbarkeit von Beschwerdeentscheidungen** gem. § 310 Abs. 2, wenn nicht die speziellen Voraussetzungen des § 310 Abs. 1 vorliegen. Die Ausnahmeregelung (Verhaftung und einstweilige Unterbringung betreffend) ist **wegen der schwerwiegenden Bedeutung der dort genannten Freiheitsentziehungen** – mit häufig nicht mehr rückgängig zu machenden und damit endgültigen Folgen **für den Beschuldigten** – geschaffen worden[54]. Trotz des offen gebliebenen Wortlauts in Absatz 1 ist völlig unklar, aus welchen Gründen das Rechtsmittel der weiteren Beschwerde gegen für den Beschuldigten günstige Beschwerdeentscheidungen (Verhaftungen und einstweilige Unterbringungen betreffend) durch die Staatsanwaltschaft mit dem Ziel, eine ungünstigere Entscheidung zu erreichen, zulässig sein soll[55].

20 Nach dem ausdrücklichen **Willen des Gesetzgebers** sollte aus Gründen der **Prozeßbeschleunigung und Verfahrensökonomie** das Beschwerdeverfahren grundsätzlich in zwei Rechtszügen, also mit der Beschwerdeentscheidung des Landgerichts oder des Oberlandesgerichts, beendet und weiterer Anfechtung entzogen sein[56]. Unter diesem Aspekt

---

[49] OLG Bremen Rpfleger **1963** 15; *Ellersiek* 91.
[50] Die Pflicht zur Anhörung – oder die Praxis der Anhörung – gem. § 308 Abs. 1 S. 1 oder zur Gewährung rechtlichen Gehörs im Hinblick auf betroffene Verfahrensinteressen (Nachteil, § 33 Abs. 2 und 3, Art. 103 Abs. 1 GG) kann weitergehen als die Beschwerdeberechtigung bzw. die hierfür vorauszusetzende Beschwer als Voraussetzung einer zulässigen (weiteren) Beschwerde, vgl. schon bei § 308, 6.
[51] OLG Frankfurt StV **1995** 594; siehe bei § 304, 50.
[52] Vgl. bei SK-*Frisch* 22.
[53] Siehe § 304, 39 mit weit. Nachw.
[54] Vgl. Mat. *Hahn* 249; *Giesler* 134; *Ellersiek* 87; AK-*Renzikowski/Günther* 31.
[55] So die noch h. M: BGH **43** 262, 265 (ohne Begründung, mit Verweis auf BGHSt **37** 347, 348 und **36** 396, 398, jedoch mit ausdrücklicher Ausnahme bezüglich der – nach BGH nicht zulässigen – Anfechtung einer Ablehnungs- oder Aufhebungsentscheidung bei Erzwingungshaft, vgl. dazu näher § 310, 42); BGHSt **37** 347, 348 (ganz ohne Begründung); BGHSt **36** 396, 398 (ohne jede Begründung unter Verweis auf BGHSt **26** 270 f, dort ist § 310 gar nicht behandelt), sowie auf *Kleinknecht/Meyer-Goßner*[39] 8, dort wiederum ebenfalls kein Wort der Begründung); *Meyer-Goßner*[46] 8 (nach wie vor ohne jede Begründung, seinerseits aber verweisend auf BGHSt **36** 396, 398); HK-*Rautenberg*[3] 8 (ohne Begründung unter Verweis auf *Meyer-Goßner*[46] 8); OLG Köln StV **1994** 321, 323 (ohne Begründung als obiter dictum); SK-*Frisch* 22; *Wendisch* FS Dünnebier 239, 248; *Giesler* 138.
[56] SK-*Frisch* 2; *Ellersiek* 87.

ist festzustellen, daß ein zusätzlicher Rechtszug der weiteren Beschwerde zu Lasten des Beschuldigten diesem Anliegen widerstreitet. **Unstreitig ist auch, daß der historische Gesetzgeber die Ausnahmen** des § 310 Abs. 1 zugunsten des Beschuldigten – **wegen der schwerwiegenden Beeinträchtigungen**, die mit einer Verhaftung oder einstweiligen Unterbringung verbunden sind – vorgesehen hat. Konsequent ist daher auch, daß die **Staatsanwaltschaft zugunsten des Beschuldigten weitere Beschwerde** einlegen könnte, wobei vor Erhebung der öffentlichen Klage zudem § 120 Abs. 3 gilt und nach weitgehend anerkannter Rechtsprechung das Gericht im Stadium des Ermittlungsverfahrens an den Antrag der Staatsanwaltschaft insofern gebunden ist, daß darüber hinaus nicht in Grundrechte des Beschuldigten eingegriffen werden darf durch das Gericht (z. B. Bindung an Antrag auf Außervollzugsetzung des Haftbefehls)[57].

Auf Grundlage dieses historischen Willens des Gesetzgebers ist auch weitgehend anerkannt, daß die **Ausnahmen in Absatz 1 restriktiv zu handhaben** und das Gesetz insoweit **eng auszulegen** ist[58]. Vor diesem Hintergrund besteht folglich ein konkreter Begründungsbedarf, warum etwa die Staatsanwaltschaft zu Lasten des Beschuldigten zur weiteren Beschwerde berechtigt sein soll. Das **Argument**, der **Wortlaut** verbiete dies nicht[59], ist außerordentlich schwach vor dem Hintergrund der unbestrittenen Gesetzesentstehung und der konkreten Motive des Gesetzgebers[60]. Das **Argument**, die große Bedeutung einer Freiheitsentziehung könne auch in der **Bedeutung für das weitere Verfahren** liegen[61], verkehrt den Ansatz des historischen Gesetzgebers in sein Gegenteil[62]. Im übrigen hat der Gesetzgeber eine Formulierung (Verhaftungen oder die einstweilige Unterbringung betreffen) gewählt, die auch dem Wortsinn nach **nur bei Freiheitsentzug** gegeben ist und nicht umgekehrt bei Freilassung oder Nicht-Verhaftung[63]; allerdings ist dieses Argument gegen die h. M. nicht entscheidend, wenn auch dem schwachen Ansatz der Wortsinn-Auslegung der h. M. begegnend. Weitere Argumente für eine – gegen den historischen Willen des Gesetzgebers gerichtete, insoweit erweiternde – Auslegung zugunsten einer Befugnis der Staatsanwaltschaft zur weiteren Beschwerde sind nicht vorgetragen. Bereits insoweit ist die **h. M. nicht überzeugend** und widerspricht ihrem eigenen – insoweit einhelligen – Anliegen einer restriktiven Handhabung und Auslegung des § 310 Abs. 1. **21**

Interessant ist die Entwicklung der höchstrichterlichen Rechtsprechung im Zusammenhang der **Erzwingungshaft gem. § 70 Abs. 2 für Zeugen** (vgl. zudem §§ 95 Abs. 2 S. 1, 161a Abs. 2). Zutreffend wird Erzwingungshaft unter den **Begriff Verhaftung in § 304 Abs. 4 und 5 bzw. § 310 Abs. 1 subsumiert** im Hinblick auf die – dem Vollzug von Untersuchungshaft – vergleichbare Eingriffsintensität in die Freiheitssphäre des Betroffenen[64]. Aufgrund des Ausnahmecharakters der §§ 304 Abs. 4 und 5, 310 Abs. 1 haben sowohl der Bundesgerichtshof als auch das Oberlandesgericht Frankfurt am Main betont, daß **22**

---

[57] BGH NJW **2000** 967; *Pfeiffer*[4] § 120 3; *Nehm* FS Meyer-Goßner 278, 291; *Schlothauer* StV **2001** 462 (gegen OLG Düsseldorf StV **2001** 462); *Rinio* NStZ **2000** 547; a. A *Meyer-Goßner*[46] § 120, 13 mit weit. Nachw.
[58] Vgl. BGH bei *Pfeiffer/Miebach* NStZ **1986** 206, 208; SK-*Frisch* 16; *Meyer-Goßner*[46] 4; *Pfeiffer*[4] 4; HK-*Rautenberg*[3] 6; vgl. auch BGHSt **25** 120.
[59] *Kleinknecht* JR **1965** 474, 475; SK-*Frisch* 22.
[60] OLG Braunschweig JR **1965** 473, 474 (mit abl. Anm. *Kleinknecht*); *Ellersiek* 99.
[61] SK-*Frisch* 22; OLG Stuttgart JR **1967** 431; *Wendisch* FS Dünnebier 239, 248; LR-*Gollwitzer*[24] 12.
[62] Zutreffend *Ellersiek* 99; vgl. insoweit auch *Kleinknecht* JR **1965** 474, 475.
[63] Ebenso *Schlothauer/Weider*[3] 1069 mit Verweis auf den Wortlaut des § 305 S. 2.
[64] BGHSt **36** 192, 195 (unter Aufgabe von BGHSt **30** 52); BGHSt **43** 262 (unter Betonung, daß die Ablehnung oder Aufhebung nicht anfechtbar ist); OLG Frankfurt NStZ-RR **2000** 26; 382; KK-*Senge*[4] § 70, 15a; vgl. näher unten § 310, 42 mit weit. Nachw.

§ 310 Drittes Buch. Rechtsmittel

die **Anfechtung** einer Entscheidung, die die **Anordnung** von **Erzwingungshaft ablehnt oder aufhebt, nicht zulässig** ist[65]. Dem ist nicht nur im Zusammenhang der Anordnung von Erzwingungshaft vorbehaltlos zuzustimmen. Vielmehr entspricht der gedankliche Ansatz dem hier vertretenen Konzept der Auslegung des § 310 Abs. 2, daß zu Lasten des von der Freiheitsentziehung Betroffenen eine weitere Beschwerde grundsätzlich nicht zulässig ist.

23   Ein Argument (für die h. M.) könnte sein, daß die Erweiterung der **Beschwerdebefugnis** auf die Staatsanwaltschaft **in § 304 Abs. 4 und 5** sowie in § 310 Abs. 1 am gleichen Maßstab zu messen ist, wie dies im Zusammenhang der Auslegung des Begriffs Verhaftung bei außer Vollzug gesetzten Haftbefehlen auch zwischenzeitlich einhellige Meinung ist[66]. Allerdings greift diese Überlegung nicht im Hinblick darauf, daß der **Beschwerderechtszug im Grundsatz zwei Instanzen** vorsieht und die Einschränkungen des § 304 Abs. 4 und 5 insoweit bereits Ausnahmen von diesem Grundsatz darstellen. Aus dem Ausnahmekatalog des § 304 Abs. 4 geht zudem hervor, daß die **Staatsanwaltschaft grundsätzlich befugt** sein soll (z. B. zur Anfechtung des Nichteröffnungsbeschlusses § 304 Abs. 4 Nr. 2), in den bezeichneten Fällen Beschwerde einzulegen. Im übrigen hat der Gesetzgeber sich durch Einführung der weiteren Beschwerde (im Jahr 1969) gegen Beschwerdeentscheidungen des Landeshauptstadt-Oberlandesgerichts konkret festgelegt, in welchen speziellen Fällen einer Entscheidung des Oberlandesgerichts eine nochmalige (weitere) Beschwerdemöglichkeit gem. § 310 Abs. 1 bestehen soll, nämlich während des Ermittlungsverfahrens in Staatsschutzsachen (§ 120 GVG). Im Unterschied zum Ausnahmekatalog des § 310 Abs. 1 sind die **Ausnahmen des § 304 Abs. 4 und 5** aus Sicht des Beschuldigten partiell von deutlich unterschiedlicher Eingriffsintensität, während **aus Sicht der Staatsanwaltschaft die wichtigsten Zwangsmaßnahmen zur Strafverfolgung** der (einmaligen) Beschwerde und somit zwei Instanzen unterliegen müssen, bei allem Vertrauen in die Obergerichte und die Qualität ihrer Entscheidungen[67]. Bei § 310 Abs. 1 steht folglich der Rechtsschutz des Beschuldigten bezüglich des Freiheitsentzugs im Zentrum der Vorschrift, bei § 304 Abs. 4 und 5 nur zum Teil, denn insgesamt handelt es sich um die notwendige Beschwerdefähigkeit wichtiger strafprozessualer Entscheidungen. Der **Anwendungsbereich des § 304 Abs. 4 und 5 und von § 310 Abs. 1** ist daher per se **nicht vergleichbar** und verfolgt unterschiedliche Zwecke, auch wenn der konkrete Begriff der Verhaftung in gleicher Weise auszulegen ist. Rückschlüsse auf die Beschwerdebefugnis der Staatsanwaltschaft gem. § 310 Abs. 1 ergeben sich daher nicht.

24   Gewichtig sind jedoch die **weiteren Argumente gegen die Auffassung der h. M.** Die Überlegung, eine Verhaftung könne dem Verfahren insgesamt in so erheblichem Maße dienen, daß eine weitere Beschwerde zulässig sein solle, geht rein praktisch ins Leere. Wenn Haftgründe bestünden, z. B. Flucht- oder Verdunkelungsgefahr, würde sich diese Gefahr mit hoher Wahrscheinlichkeit spätestens realisieren mit der Freilassung des Beschuldigten nach der für ihn günstigen Beschwerdeentscheidung (vgl. § 120 Abs. 2). Eine weitere Beschwerde der Staatsanwaltschaft könnte folglich nur sinnvoll sein, wenn zugleich der Vollzug der Aufhebungs- oder Außervollzugsetzungsentscheidung gem. § 307 Abs. 2 ausgesetzt würde. Diese logische Verknüpfung ist jedoch im Gesetz gerade nicht vorgesehen, weder im allgemeinen Beschwerdeverfahren noch im besonderen bei § 310 Abs. 1. Die **Bedeutung einer Verhaftung oder einstweiligen Unterbringung** ist aus Sicht der Staatsanwaltschaft **nicht erheblicher als andere Ermittlungsmaßnahmen**, die richterlich anzuordnen sind. Die Ausnahmen in § 310 Abs. 1 sind nur erklärbar und not-

---

[65] BGHSt **43** 262, 263, 265; OLG Frankfurt NStZ-RR **2000** 26, 27.
[66] § 310, 33; § 304, 74.
[67] § 304, 71.

wendig wegen der besonderen Beeinträchtigungen für den Beschuldigten, wie es der historische Gesetzgeber auch ausdrücklich gesehen hatte.

Ein **Vergleich mit anderen Verfahrenssituationen aus dem Bereich der Beschwerde** bestätigt diese Gedankenführung. Eine durch das Beschwerdegericht abgelehnte **Beschlagnahme angeblicher Beweismittel** (§§ 94, 98) oder von Gegenständen wegen eventuellen **Verfalls** oder einer **Einziehung** (§§ 111b, 111c) oder die Ablehnung des **dinglichen Arrestes** gem. § 111d sind für das weitere Verfahren und seine (Rechts-) Folgen ggfs. gravierender als eine vorübergehende Verhaftung oder Freilassung des Beschuldigten. Gleichwohl besteht hier nicht die Möglichkeit einer weiteren Beschwerde (aber etwa die Beschwerdemöglichkeit gem. § 304 Abs. 4 und 5). Nach § 210 Abs. 2 kann die Staatsanwaltschaft die **Nichteröffnung** einmalig mit sofortiger Beschwerde anfechten. Gegen die verwerfende, also den Nichteröffnungsbeschluß bestätigende Entscheidung des Beschwerdegerichts steht der Staatsanwaltschaft **ohne Zweifel keine weitere Beschwerde zu** (§ 310 Abs. 1). Dabei ist unbestreitbar, daß die Dimension und Rechtsfolge einer bestandskräftig abgelehnten Eröffnung des Hauptverfahrens weit über die Bedeutung einer – vom Beschwerdegericht aufgehobenen oder außer Vollzug gesetzten – Haftentscheidung hinaus geht[68]. **25**

Im übrigen kann die Staatsanwaltschaft **bei Hinzutreten neuer Umstände** jederzeit einen **neuen Antrag auf Erlaß eines Haftbefehls** (oder auf Wiederinvollzugsetzung eines bestehenden Haftbefehls) bei dem zuständigen Gericht stellen (vgl. § 126). Die Staatsanwaltschaft kann folglich jederzeit ihren wichtigen Rollen als „Herrin des Ermittlungsverfahrens" und als „Vertreterin der Rechtsordnung" nachkommen, ohne auf das Rechtsmittel der weiteren Beschwerde angewiesen zu sein. **26**

Ein Verletzung der „Waffengleichheit" zugunsten des Beschuldigten und zu Lasten der Staatsanwaltschaft kann in der fehlenden Befugnis der Staatsanwaltschaft zur weiteren Beschwerde (zu Lasten des Beschuldigten) auch nicht gesehen werden[69]. Zum einen gilt das **Prinzip der „Waffengleichheit" nicht allgemein im Beschwerdeverfahren**, wie beispielsweise § 46 Abs. 2 (Unanfechtbarkeit der gewährten Wiedereinsetzung) oder § 210 Abs. 1 (Unanfechtbarkeit der Eröffnungsentscheidung für den Angeklagten) belegen. Zum anderen wollte der **historische Gesetzgeber den Beschuldigten** bei Verhaftung und einstweiliger Unterbringung im speziellen **schützen** und diese substantielle Frage der Freiheitsentziehung – vor allem auch während des Ermittlungsverfahrens – einer doppelten gerichtlichen Kontrolle unterwerfen, einer Kontrolle, bei der die Staatsanwaltschaft im übrigen vollständig nach dem Prinzip der „Waffengleichheit" beteiligt ist als Beschwerdegegner (§§ 308 Abs. 1 S. 1, 309 Abs. 1). Im übrigen ist es nach allgemeiner Meinung nicht notwendig, die verfahrensspezifischen Unterschiede der Rollenverteilungen stets auszugleichen[70]. **27**

Zusammenfassend ist folglich – entgegen der h. M. – festzustellen, daß die Auslegung des § 310 ergeben muß, daß die **Staatsanwaltschaft nicht befugt** ist, eine **weitere Beschwerde zu Lasten des Beschuldigten einzulegen**. Anderes gilt bei § 304 Abs. 4 und 5[71]. **28**

---

[68] Vgl. ebenso OLG Braunschweig JR **1965** 473 f; *Ellersiek* 100.
[69] Zutreffend *Ellersiek* 100.
[70] BVerfGE **63** 45, 67; vgl. krit. zur Tragweite der „Waffengleichheit" LR-*Rieß* Einl. H 115 ff.
[71] Auch wenn der Begriff der Verhaftung in gleicher Weise ausgelegt wird, dazu unten § 310, 33; § 304, 74.

3. Zulässigkeit der weiteren Beschwerde (§ 310 Abs. 1)

29 **a) Allgemeines.** Zunächst sei nochmals auf die **allgemeinen Zulässigkeitsvoraussetzungen** der §§ 304 ff verwiesen, die auch für die weitere Beschwerde vorliegen müssen[72]. Bereits ausführlich ist dargelegt worden, aus welchen Gründen § 310 so ausgelegt werden muß, daß die **Staatsanwaltschaft** das Rechtsmittel der weiteren Beschwerde **nicht zu Lasten des Beschuldigten** einlegen darf[73]. Im wesentlichen handelt es sich bei der Möglichkeit der weiteren Beschwerde um ein zusätzliches Rechtsmittel für den Beschuldigten, um der großen Tragweite, die bei jedweder Haft der Entscheidung über den angeordneten Eingriff in die persönliche Freiheit des Beschuldigten zukommt, gerecht zu werden[74]. Die Ausnahmeregelung des Absatz 1 wurde dann später auf die **einstweilige Unterbringung** ausgedehnt. Wie ein wertender Vergleich der Kasuistik zeigt, ist die **Rechtsprechung zum Begriff der Verhaftung uneinheitlich und inkonsequent**. Nach dem Grundsatz der engsten Auslegung der Ausnahmevorschrift müßte man sich auf die ausdrücklich im Gesetz erwähnten Maßnahmen der Verhaftung (insbesondere Untersuchungshaft gem. §§ 112 ff) und der einstweiligen Unterbringung nach § 126a beschränken. Oder aber man legt § 310 Abs. 1 unter Verzicht auf diese – anhand der Kasuistik ersichtlich zu enge – Formalinterpretation so aus, daß **bei allen schwerwiegenden Eingriffen in die Freiheit** – Haft im weiteren Sinne, also Freiheitsentziehung i. S. des Art. 104 Abs. 2 GG – die weitere Beschwerde gegen Beschwerdeentscheidungen zulässig ist[75]. Einhellig ist das Meinungsbild in Rechtsprechung und Schrifttum, daß über solche die Freiheit entziehenden Maßnahmen hinaus **keine anderen Zwangsmaßnahmen** der Ausnahmevorschrift des § 310 Abs. 1 unterfallen und insoweit eine restriktive Auslegung geboten ist[76]. Für eine analoge Anwendung bleibt methodisch kein Raum (keine Gesetzeslücke), weil der Gesetzgeber den Beschwerderechtszug bewußt in der Weise geregelt hat, daß grundsätzlich nur zwei Instanzen gem. § 310 Abs. 2 gegeben sind, wenn nicht die genau bezeichneten Ausnahmen des Absatz 1 vorliegen[77]. Auch gegen eine Kostenentscheidung ist keine weitere Beschwerde eröffnet, das gilt auch für die Rechtsbeschwerde gem. der §§ 567 Abs. 3, 568 Abs. 2 und 3 ZPO[78].

b) Verhaftung

30 **aa) Haftbefehl (Untersuchungshaft).** Die Verhaftung im Sinne des § 310 Abs. 1 betreffen alle Beschlüsse, die unmittelbar zum Gegenstand haben, ob der Beschuldigte in Haft zu nehmen oder zu halten ist[79]. Die Herbeiführung oder Aufrechterhaltung der freiheitsentziehenden Maßnahme muß **unmittelbar Gegenstand der Beschwerdeentscheidung** sein. Die Unmittelbarkeit fehlt, wenn andere strafprozessuale Maßnahmen angefochten werden, auch wenn durch diese die tatsächlichen Voraussetzungen für die Anordnung der Untersuchungshaft geschaffen wurden[80]. Demnach besteht kein Zwei-

---

[72] § 304, 1 ff.
[73] § 310, 18 ff.
[74] LR-*Gollwitzer*[24] 11.
[75] Bedenken gegen die Uneinheitlichkeit der Rechtsprechung äußert auch *Ellersiek* 92 ff, der für einen weiteren Begriff der Verhaftung eintritt, der alle schwerwiegenden Eingriffe in die persönliche Freiheit umfaßt; ähnlich *Giesler* 147, 161.
[76] Vgl. zu § 304 Abs. 4 S. 2 Nr. 1 auch BGH StV **1995** 628.
[77] Vgl. BGH bei *Pfeiffer/Miebach* NStZ **1986** 206, 208; SK-*Frisch* 16; KMR-*Plöd* 3; vgl. § 304, 72 mit Beispielen nicht statthafter Beschwerden bei § 304 Abs. 4 und 5.
[78] BGHSt **48** 106; ausf. § 304, 39.
[79] So schon BayObLGSt **1** 366; **7** 297; OLG Königsberg DRiZ **1928** Nr. 760 (wegen Ablehnung eines Haftprüfungstermins); BGHSt **26** 270, 271; OLG Düsseldorf NJW **1977** 968; OLG Frankfurt NJW **1973** 209, 210; OLG Hamburg NJW **1963** 1167; vgl. etwa *Wendisch* FS Dünnebier 239, 242; KK-*Engelhardt*[4] 7.
[80] KG JR **1967** 192, Beschlagnahme von Belastungsmaterial, das den dringenden Tatverdacht und

fel, daß alle Entscheidungen eines Beschwerdegerichts über **die Verhängung und Vollstreckung von Untersuchungshaft** (Erlaß oder Aufrechterhaltung eines Haftbefehls gem. §§ 112 ff) dem Begriff der Verhaftung unterfallen[81]. Erstrebt man lediglich die Änderung einer rechtlichen Tatbewertung, ist der Bestand des Haftbefehls, d. h. die Verhaftung nicht betroffen[82].

Nach dem hier zur Beschwerdeberechtigung der Staatsanwaltschaft vertretenen Standpunkt (keine weitere Beschwerde gem. § 310 zu Lasten des Beschuldigten) sind Entscheidungen eines Beschwerdegerichts über die **Aufhebung oder Außervollzugsetzung eines Haftbefehls nicht anfechtbar** mit der weiteren Beschwerde zu Lasten des Beschuldigten, zumal auch dem Wortsinn nach eine Verhaftung nur bei Freiheitsentzug und nicht bei Freilassung oder Nicht-Verhaftung vorliegt[83]. **31**

bb) Beschluß über Außervollzugsetzung des Haftbefehls. Die vorherrschende Meinung in der Rechtsprechung[84] und das gesamte Schrifttum[85] halten unter Berufung auf den Schutzzweck die Voraussetzung des Absatzes 1 (Verhaftungen betreffend) auch dann für gegeben, wenn es um **Erlaß** oder **Fortbestand eines Haftbefehls** oder Unterbringungsbefehls geht, der **gegenwärtig nicht vollzogen** wird. Die Klärung, ob der Rechtstitel für den Eingriff in die persönliche Freiheit zu Recht besteht, soll nicht bis zu seiner Vollstreckung aufgeschoben werden. Schon der **Bestand eines Haftbefehls** als solcher stellt eine **schwerwiegende Beeinträchtigung der persönlichen Freiheit** dar, denn auch die freiheitsbeschränkenden Auflagen eines außer Vollzug gesetzten Haftbefehls sind ein wesentlicher Eingriff[86]. **32**

Nach der zunehmend weniger vertretenen **Mindermeinung in der Rechtsprechung** der Oberlandesgerichte soll eine Verhaftung gem. § 310 Abs. 1 nur gegeben sein, wenn der unmittelbare Eingriff in die persönliche Freiheit durch Einsperren vollzogen wird[87]. Bei **33**

---

damit die Anordnung der Untersuchungshaft rechtfertigte; *Ellersiek* 92. Ob sich das Unmittelbarkeitserfordernis auf den Bestand des Haftbefehls oder (noch enger) auf den faktischen Eingriff in die Freiheit durch Vollstreckung des Haftbefehls bezieht, ist eine weitere Frage, die unten behandelt wird im Zusammenhang außer Vollzug gesetzter Haftbefehle, § 310, 32 f, 35 f.

[81] BGHSt **30** 52, 53 f.
[82] OLG Hamburg NStZ **2001** 274.
[83] Wie hier *Ellersiek* 99 f; *Schlothauer/Weider*[3] 1069; zum Wortsinn-Argument in diesem Zusammenhang siehe § 310, 21; vgl. insgesamt zu den wenigen Argumenten (bei: Beschwerdeberechtigung der Staatsanwaltschaft) § 310, 23 ff; auf Grundlage der h. M ist darauf hinzuweisen, daß eine weitere Beschwerde der Staatsanwaltschaft jedenfalls dann unzulässig ist, wenn sie lediglich die Erweiterung des Tatvorwurfs bei einem bestehenden Haftbefehl erstrebt (BGHSt **37** 347) oder nur ein weiterer Haftgrund hinzutritt (BGH NStZ **2002** 445 mit abl. Anm. *Hilger*).
[84] KG NJW **1979** 2626 mit zust. Anm. *Kopp*; OLG Schleswig NJW **1981** 1523 (bei *Ernesti/Lorenzen* SchlHA **1982** 113, 124 unter Aufgabe von SchlHA **1979** 55); OLG Celle StV **1983** 466; OLG Hamburg NJW **1981** 834 (unter Aufgabe von JR **1978** 526); StV **1994** 323, 324; OLG Hamm NJW **1981** 294;

StraFo. **2002** 140; OLG Koblenz StV **1986** 442; NStZ **1990** 102; OLG Frankfurt StV **1989** 113, 114; OLG Köln StV **1994** 321 ff; ferner (zu § 304 Abs. 4 und 5) BGH NJW **1973** 664 (nicht vollst. abgedruckt in BGHSt **25** 120); BGHSt **26** 270 f; **29** 200, 202; **30** 52, 53 f; **34** 34; **47** 249.
[85] *Meyer-Goßner*[46] 7; SK-*Frisch* 21; *Pfeiffer*[4] 4; KMR-*Plöd* 5; AK-*Renzikowski/Günther* 17; LR-*Hilger* § 116, 39 ff, 43; KK-*Engelhardt*[4] 10 und § 304, 7; KK-*Boujong*[4] § 116, 26; SK-*Paeffgen* § 116, 24; AK-*Deckers* § 116, 12; *Schlothauer/Weider*[3] 778; LR-*Gollwitzer*[24] 13; *Schlüchter* 660.2; *Kopp* NJW 1979 2627; *Wendisch* FS Dünnebier 239, 247 ff sowie StV **1991** 220; *Paeffgen* NStZ **1990** 531, 536; **1995** 21 f; *Hohmann* NStZ **1990** 507 f; *Matt* NJW **1991** 1801; JA **1991** 85, 87; *Neuhaus* StV **1999** 340, 341 siehe dazu auch § 304, 74.
[86] BVerfGE **53** 152, 159 f (ausdrücklich für außer Vollzug gesetzten Haftbefehl).
[87] OLG Stuttgart MDR **1978** 953; OLG Nürnberg MDR **1980** 75; OLG München MDR **1980** 74 f; OLG Karlsruhe NStZ **1983** 41; OLG Düsseldorf (1. Senat) StV **1990** 309 f (unter Aufgabe von NJW **1980** 2426); (3. Senat) NStZ **1990** 248; OLG Zweibrücken StV **1991** 219 ff mit abl. Anm. *Wendisch*; MDR **1979**, 695, 696. OLG Bremen hat die frühere Auffassung (StV **1981** 131 mit abl. Anm. *Klawitter*) aufgegeben, StV **1997** 533; ebenso hat OLG Koblenz (1. Senat) seine frühere Auffassung (NStZ

einer Außervollzugsetzung sei der Beschuldigte nur durch die Auflagen beschwert und „seine persönliche Freiheit ... nicht tangiert"[88]. Diesem Ansatz ist bereits mit dem **Bundesverfassungsgericht** zu widersprechen, daß nämlich ein bestehender, wenn auch außer Vollzug gesetzter Haftbefehl mitsamt freiheitsbeschränkenden Auflagen eine **schwerwiegende Beeinträchtigung der Freiheitssphäre des Beschuldigten** bedeutet. Auch die sog. weniger einschneidenden Mittel nach § 116 sind im Lichte des Freiheitsgrundrechts gem. Art. 2 Abs. 2 zu sehen[89]. Dies gilt umso mehr unter dem Aspekt des dauernden Bedrohungspotentials durch den Bestand des Haftbefehls, der eine Invollzugnahme durch den zuständigen Richter (§ 126) laufend möglich erscheinen läßt[90]. Im übrigen hat sich der **Bundesgerichtshof** in seinen Entscheidungen zu § 304 Abs. 4 und 5 eindeutig dahingehend geäußert, daß zum einen die **Maßstäbe für § 304 Abs. 4 und 5 und § 310 Abs. 1 identisch** seien[91] und zum anderen die Anfechtung des Bestandes eines Haftbefehls auch zulässig sei, wenn dieser außer Vollzug gesetzt sei[92]. Zudem ist angesichts der zutreffenden neueren Rechtsprechung des Bundesverfassungsgerichts – zur nachträglichen Überprüfung eines erheblichen Grundrechtseingriffs trotz „prozessualer Überholung", um effektiven Rechtsschutz gem. Art. 19 Abs. 4 GG zu gewährleisten[93] – ohnehin die (nachträgliche) **Feststellung der Rechtswidrigkeit eines Haftbefehls** im Wege einer weiteren Beschwerde gem. § 310 Abs. 1 zu einem Zeitpunkt möglich, in dem dieser bereits aufgehoben und der Beschuldigte – auch ohne jedwede Auflage eines Haftverschonungsbeschlusses – auf freiem Fuß ist[94]. Demnach muß die dargestellte Mindermeinung zum heutigen Zeitpunkt als überholt und nicht mehr vertretbar angesehen werden, denn die Ablehnung eines Rechtsschutzes gegen den Bestand eines außer Vollzug gesetzten Haftbefehls ist absurd, wenn der Rechtsschutz sogar nachträglich gewährt werden muß – **auch nach Freilassung („prozessualer Überholung") aufgrund zwischenzeitlicher Aufhebung des Haftbefehls**.

34 cc) **Überhaft.** Gleiches gilt für die weitere Beschwerde eines **in anderer Sache in Strafhaft** (Überhaft) befindlichen Beschuldigten gegen den Haftbefehl[95]. Zwar wird dieser Haftbefehl nicht konkret vollzogen, jedoch sind die Konsequenzen des Untersuchungshaftbefehls für den Strafvollzug mit erheblichen Nachteilen verbunden (vgl. § 122 StVollzG)[96]. Ein Überhaftvermerk verhindert Vollzugslockerungen oder Hafturlaub. Eine Verlegung in den offenen Vollzug ist unmöglich und Entlassungsvorbereitungen sind problematisch, da ein konkreter Entlassungszeitpunkt nicht feststeht. Eine Reststrafenaussetzung gem. § 57 StGB ist in Gefahr[97]. Demnach muß die **weitere Beschwerde gegen den Bestand des Überhaftbefehls zulässig** sein, um die schwerwiegenden Beein-

---

[88] **1988** 327) aufgegeben, NStZ **1990** 102 mit zust. Anm. *Hohmann* 507 f, und sich der Meinung des 3. Senats OLG Koblenz angeschlossen (StV **1986** 442); gleiches gilt für OLG Hamburg (früher: JR **1978** 526 mit Anm. *Gollwitzer*) NJW **1981** 834; StV **1994** 323; vgl. auch die Nachweise bei *Matt* NJW **1991** 1801 und *Schlothauer/Weider*³ 778.
[88] OLG Zweibrücken MDR **1979** 695, 696.
[89] OLG Frankfurt StV **1989** 113, 114; OLG Koblenz NStZ **1990** 102; *Hohmann* NStZ **1990** 507 f; LR-*Hilger* § 116, 42 f.
[90] *Matt* NJW **1991** 1801, 1802; vgl. auch *Klawitter* StV **1981** 131 f; *Schlothauer/Weider*³ 778.
[91] BGHSt **30** 52, 53 f; ebenso OLG Frankfurt NStZ-RR **2000** 26 f.
[92] BGHSt **29** 200, 202 unter Bezugnahme auf BGHSt **25** 120 (nicht vollst.) bzw. NJW **1973** 664; vgl. auch BGHSt **26** 270 f.
[93] BVerfG NJW **1997** 2163; NJW **1998** 2131; NJW **1999** 273; vgl. umfassende Würdigung (bei prozessualer Überholung) Vor § 304, 63 ff und § 304, 44.
[94] OLG Celle NStZ-RR **2003** 177; OLG Düsseldorf StV **2001** 332; **a. A** OLG Hamm NJW **1999** 229.
[95] OLG Koblenz NStZ **1990** 102 mit zust. Anm. *Hohmann* 507 f; StV **1986** 442; OLG Stuttgart Justiz **1980** 208; SK-*Frisch* 21; *Meyer-Goßner*⁴⁶ 7.
[96] *Matt* NJW **1990** 1801, 1802; vgl. auch *Matt* JA **1991** 85, 89 f, dort im Zusammenhang des Haftprüfungsantrags bei Überhaft, vgl. zur h. M LR-*Hilger* § 117, 8 mit weit. Nachw.
[97] *Schlothauer/Weider*³ 688.

trächtigungen durch diesen durch nochmalige Überprüfung beseitigen zu können. Entsprechendes muß auch gelten, wenn der Beschuldigte **in anderer Sache in Untersuchungshaft** einsitzt, denn beispielsweise die Verteidigung gegen die Haftgründe ist jedenfalls erheblich beeinträchtigt durch das Bestehen eines anderen Haftbefehls (Überhaft).[98] Die Anordnung der Unterbrechung der Untersuchungshaft zum Vollzug einer Freiheitsstrafe kann dagegen nicht mit der (weiteren) Beschwerde angefochten werden[99], denn mit dieser sind oft Vorteile, jedenfalls keine eklatanten Nachteile verbunden, die der Anordnung des Freiheitsentzugs selbst vergleichbar wären[100].

dd) Anfechtung einzelner Auflagen bei Außervollzugsetzung. Bleibt der Beschuldigte 35 unabhängig vom Erfolg der Beschwerde in Freiheit, weil diese nicht den Bestand des Haftbefehls angreift, sondern nur die Aufhebung oder Lockerung einer Auflage oder Weisung zum Gegenstand hat, ist **sehr umstritten**, ob der Rechtsweg der weiteren Beschwerde eröffnet sein soll. Zum einen wird vertreten, eine solche (weitere) Beschwerde betreffe nur die Modalitäten des Lebens in Freiheit und nicht unmittelbar die Verhaftung im Sinne des § 310 Abs. 1[101] bzw. § 304 Abs. 4 und 5[102]. Die diametral entgegengesetzte Auffassung geht davon aus, daß jedwede Entscheidung gem. § 116 beschwerdetauglich sei, sowohl gem. § 304 Abs. 4 und 5 als auch bei § 310 Abs. 1[103]. Zustimmung verdient zunächst die Überlegung, daß eine **Anordnung**, welche **nur zum Schein als Auflage** eines Haftverschonungsbeschlusses erfolgt, selbständig anfechtbar sein muß mit der weiteren Beschwerde, weil ggfs. ein ansonsten offensichtlich rechtswidriger Zustand im Zusammenhang einer Haftentscheidung faktisch aufrecht erhalten würde[104].

Prinzipiell ist fraglich, ob überhaupt eine **wirksame Beschränkung** einer Beschwerde 36 dahingehend möglich ist, nur eine bestimmte Auflage anzufechten. Das Beschwerdegericht muß nämlich für eine sachgerechte Entscheidung bezüglich dieses Beschwerdebegehrens ohnehin den Bestand des Haftbefehls zunächst prüfen[105]. In der **Praxis** wird man das Problem dadurch umgehen können, den **Haftbefehl seinem Bestand nach anzugreifen und (nur hilfsweise) eine Änderung oder Aufhebung einzelner Auflagen begehren**[106]. Das Beschwerdegericht hat – auch bei weiterer Beschwerde – die Möglichkeit, gem. § 309 Abs. 2 eine eigene Sachentscheidung zu treffen und folglich auch einzelne Auflagen abzuändern, obwohl der Bestand des Haftbefehls im ganzen angefochten war (bzw. sein mußte, um nach der vorherrschenden Meinung das Rechtsmittel als zulässig anzusehen). Auch wird man in Rechnung stellen müssen, daß bestimmte Auflagen – z. B. eine zu hohe Sicherheitsleistung – rein faktisch zur Aufrechterhaltung oder Begründung des Freiheitsentzugs führen, wenn nämlich der Beschuldigte objektiv nicht in der Lage ist, die Auflage zu erfüllen[107]. In diesen Fällen ist es sachgerecht, den letztlich für den Freiheitsentzug ursächlichen Auflagenbeschluß auch gesondert mit der weiteren Be-

---

[98] SK-*Frisch* 21; *Schlothauer/Weider*[3] 685 ff, 692, 778; vgl. zu Rechtsbehelfen bei Überhaft *Hohmann* NJW **1990** 1649.
[99] *Wendisch* FS Dünnebier 239, 255.
[100] *Schlothauer/Weider*[3] 687 mit weit. Nachw.
[101] OLG Bremen StV **2001** 689; OLG Hamburg StV **1994** 323 f; OLG Koblenz StV **1986** 442; OLG Düsseldorf MDR **1988** 79; OLG Nürnberg MDR **1980** 75 (unter Aufgabe von MDR **1961** 619); KG NJW **1979** 2626 mit Anm. *Kopp*; OLG Frankfurt NJW **1973** 209, 210; StV **1989** 113, 114; SK-*Frisch* 20; KK-*Engelhardt*[4] 10; KK-*Boujong*[4] § 116, 25; *Ellersiek* 95; *Meyer-Goßner*[46] 7; LR-*Gollwitzer*[24] 13; *Wendisch* FS Dünnebier 239, 248 ff.
[102] BGHSt **25** 120 f; **34** 34, 36; *Ellersiek* 119 f; vgl. BGHSt **26** 270 f bestätigend für Auflagen nach § 119.
[103] SK-*Paeffgen* § 116, 22, 24; LR-*Hilger* § 116, 41 f; vgl. AK-*Deckers* § 116, 12 (Differenzierung schwer nachvollziehbar).
[104] OLG Hamm StV **2002** 315 (vorläufiges Berufsverbot als Haftverschonungsauflage).
[105] Vgl. OLG Nürnberg MDR **1961** 619, 620.
[106] *Matt* NJW **1991** 1801, 1803.
[107] Vgl. OLG Frankfurt NJW **1973** 209 f.

§ 310 Drittes Buch. Rechtsmittel

schwerde anfechten zu können, zumal zweifellos die Verhaftung betroffen ist. In allen Fällen, in denen das **„Ob" der Inhaftierung oder des Haftbefehls** mit dem **Beschwerdebegehren** faktisch erfaßt wird, ist jedenfalls eine Subsumtion unter den Begriff Verhaftung möglich und eine weitere Beschwerde gem § 310 Abs. 1 zulässig, gleiches gilt für § 304 Abs. 4 und 5. Dieser Standpunkt ist auch mit der Rechtsprechung des Bundesgerichtshofs insofern kompatibel, daß dort die isolierte Anfechtung eines Haftgrundes für unzulässig gehalten wird, wenn der Wegfall dieses Haftgrundes – bei erfolgreicher Beschwerde – nicht zur Entlassung aus der Untersuchungshaft führen kann [108].

37   ee) **Anfechtung einzelner Maßnahmen des Vollzugs.** Entscheidungen nach § 119 Abs. 6, die nur die **Art und Weise des Haftvollzugs** betreffen, die Frage des Freiheitsentzugs als solchen aber unberührt lassen, unterliegen de lege lata **nicht der weiteren Beschwerde** [109]. Der wesentliche Eingriff in die Freiheitssphäre des Beschuldigten erfolgt durch den zugrundeliegenden Haftbefehl, nicht durch das „Wie" der Vollziehung, auch wenn erhebliche Grundrechtseingriffe mit dem Vollzug selbst verbunden sind [110]. Dieser Rechtszustand ist für den Bereich der Untersuchungshaft unbefriedigend, weil eine einheitliche Rechtsanwendung nicht gewährleistet ist, obwohl es sich um tiefgreifende Beeinträchtigungen des Einzelnen handeln kann [111]. Gerichtliche Entscheidungen zur Strafvollstreckung gem. § 458 unterliegen jedoch zurecht nicht der Überprüfung einer weiteren Beschwerdeinstanz.

38   ff) **Verfall einer Sicherheit.** Die Beschwerdeentscheidung über den Verfall einer zur Verschonung von der Untersuchungshaft geleisteten Sicherheit unterfällt nicht dem Begriff „Verhaftung" und unterliegt somit nicht der weiteren Beschwerde, da die Entziehung der persönlichen Freiheit selbst nicht Gegenstand dieses Verfahrens ist [112].

39   gg) **Ungehorsamshaft.** Der Untersuchungshaft gleichgestellt ist die Haft nach § 230 Abs. 2, die gegen den ausgebliebenen Angeklagten verhängt werden darf [113]. Gleiches gilt für die Verhaftung nach § 236 [114] und § 329 Abs. 4 S. 1 [115]. Für die bloße Vorführung nach den §§ 134, 230 Abs. 2, 236, 329 Abs. 4 S. 1 gilt dies jedoch nicht [116], da der lediglich vorübergehende Eingriff in die Freiheitssphäre nicht einer Verhaftung gleichzusetzen ist und somit auch nicht eine Ausnahme gem. § 310 Abs. 1 vorliegt.

40   Entsprechendes gilt für das **Festhalten des Angeklagten** in der Hauptverhandlung nach § 231 Abs. 1 (zur Verhinderung seiner eigenmächtigen Entfernung).[117] Auch die Nichtgewährung sicheren Geleits gem. § 295 oder der Widerruf sind nicht mit der weite-

---

[108] BGHSt **34** 34, 36; ähnlich bei der Anfechtung von Maßnahmen nach § 119, vgl. BGHSt **26** 270 f; vgl. bei Hinzutreten eines Haftgrundes BGHSt **47** 249 mit abl. Anm. *Hilger* NStZ **2002** 445.

[109] BGHSt **26** 270 f; **30** 33; vgl. *Wendisch* FS Dünnebier 239, 254.

[110] *Matt* NJW **1991** 1801, 1803 mit weit. Nachw. zu der früher geltenden extensiven Auslegung, in der das „Wie" dem „Ob" gleichgeordnet wurde; vgl. auch SK-*Paeffgen* § 119, 82 und § 116, 24.

[111] Vgl. SK-*Paeffgen* § 119, 79, 82; vgl. auch § 116, 22; LR-*Hilger* § 119, 155, 159 mit Verweis auf § 116, 41 f; im Hinblick auf die hier geltend gemachten Bedenken ist daran zu denken, eine Zulassungs- oder Rechtsbeschwerde an das Oberlandesgericht für den Bereich des Untersuchungshaftvollzugs vorzusehen, um eine einheitliche Rechtsanwendung bei Entscheidungen gem. § 119 zu gewährleisten (vgl. z. B. §§ 116 ff StVollzG).

[112] KK-*Boujong*[4] § 124 13; *Meyer-Goßner*[46] 11; HK-*Lemke*[3] 15; vgl. die Bedenken bei LR-*Hilger* § 124, 47 und § 123, 29 f; *Wendisch* FS Dünnebier 255; a. A SK-*Paeffgen* § 124, 13.

[113] Vgl. OLG Düsseldorf StV **2001** 332; *Meyer-Goßner*[46] 5 und § 230, 25; HK-*Julius*[3] § 230, 10.

[114] LR-*Gollwitzer* § 236, 16 und § 230, 50 mit weit. Nachw.

[115] *Wendisch* FS Dünnebier 239, 254; LR-*Gössel* § 329, 94 mit Verweis auf LR-*Gollwitzer* § 230, 49 f; vgl. auch BVerfG NJW **2001** 1341, 1342.

[116] LR-*Gollwitzer* § 230, 50 mit weit. Nachw., § 236, 16; LR-*Hanack* § 134, 11; *Meyer-Goßner*[46] 5.

[117] KK-*Engelhardt*[4] 10; KMR-*Plöd* 4; *Eb. Schmidt* 4; *Schlüchter* 660.2.

ren Beschwerde anfechtbar. Der ggfs. gem. § 310 Abs. 1 beschwerdefähige Eingriff ist auch hier ein Haftbefehl[118].

hh) Haftanordnungen gegen Zeugen. Bei **Ordnungsungshaft** nach § 51 Abs, 1 S. 2 (bei unentschuldigtem Ausbleiben) oder § 70 Abs. 1 S. 2 (Zeugnisverweigerung) ist die **weitere Beschwerde nicht zulässig**, da es sich lediglich um eine Ersatzmaßnahme – trotz des Haftrahmens gem. Art. 6 EGStGB von 1 Tag bis zu 6 Wochen – für den Fall der Uneinbringlichkeit des Ordnungsgeldes handelt[119]. **41**

Anders liegt der Fall bei **Erzwingungshaft (Beugehaft)** gem. §§ 70 Abs. 2, 161a Abs. 2 (Zeugnisverweigerung, Haft bis zu sechs Monate), denn hierbei handelt es um eine originäre Haftmaßnahme, die in ihrer Eingriffsintensität dem Vollzug von Untersuchungshaft vergleichbar ist[120]. Im übrigen ist kein Grund ersichtlich, den Begriff der Verhaftung bei § 304 Abs. 4 und 5 in anderer Weise auszulegen als in § 310 Abs. 1[121]. Für die Herausgabeverweigerung gem. § 95 Abs. 2 S. 1 gelten die gleichen Regeln wie für § 70[122]. In diesen Fällen ist folglich die weitere Beschwerde gem. § 310 Abs. 1 (wie auch die Beschwerde gem. § 304 Abs. 4 und 5) zulässig. Wichtig ist in diesem Zusammenhang der ausdrückliche Hinweis, daß sowohl Bundesgerichtshof als auch das Oberlandesgericht Frankfurt am Main zurecht die Anfechtung einer Entscheidung, die die Erzwingungshaft ablehnt oder aufhebt, für unzulässig halten[123]. Dies entspricht der hier vertretenen Auslegung des § 310, daß die weitere Beschwerde unzulässig ist, soweit das Beschwerdebegehren auf eine Entscheidung zu Lasten des durch die Freiheitsentziehung Betroffenen hinausläuft[124]. **42**

Für die **Erzwingungshaft** nach § 96 OWiG wird die Zulässigkeit der weiteren Beschwerde zwar ebenfalls verneint[125], allerdings ist dies angesichts der möglichen Dauer von bis zu drei Monaten außerordentlich problematisch. Die Vergleichbarkeit dieser Erzwingungshaft mit der des § 70 Abs. 2 – und somit mit dem Freiheitsentzug bei Untersuchungshaft – legt nahe, auch gegen die Erzwingungshaft gem. § 96 OWiG als „Verhaftung" die weitere Beschwerde gem. § 310 Abs. 1 zuzulassen. **43**

ii) Sicherungshaftbefehl. Ebenfalls ist die weitere Beschwerde gegen den Sicherungshaftbefehl nach § 453c gegeben[126]. Der Verweis auf die Vorschriften zum Vollzug der Untersuchungshaft in § 453c legt dies nahe[127]. Die Gegenmeinung für die Unzulässigkeit einer weiteren Beschwerde stützt sich im wesentlichen auf das Argument, es handele sich um ein rechtskräftig abgeschlossenes Strafverfahren[128]. Der für den Jugendstrafvollzug **44**

---

[118] Vgl. LR-*Gollwitzer* § 295, 27 mit weit. Nachw.
[119] BGH NJW **1998** 467; OLG Frankfurt NStZ-RR **2000** 382; a. A *Ellersiek* 97 f, er hält die weitere Beschwerde für statthaft; vgl. auch LR-*Gollwitzer*[24] 17.
[120] BGHSt **36** 192, 195 (unter Aufgabe von BGHSt **30** 52); BGH NJW **1998** 467 (unter Betonung, daß die Ablehnung oder Aufhebung nicht anfechtbar ist); ebenso OLG Frankfurt NStZ-RR **2000** 26; 382; KK-*Senge*[4] § 70, 15a; SK-*Frisch* 26; vgl. dagegen noch OLG Hamm (1. Senat) NStZ **1992** 443 (gegen 3. Senat OLG Hamm 3 Ws 737/89, unter Verweis auf § 96 OWiG); ebenfalls abl. *Meyer-Goßner*[46] 5 und § 70, 20.
[121] Auf Grundlage der BGH-Rechtsprechung OLG Frankfurt NStZ-RR **2000** 26 f.
[122] *Ellersiek* 98 hält die weitere Beschwerde für statthaft.
[123] BGH NJW **1998** 467; OLG Frankfurt NStZ-RR **2000** 26, 27; ebenso § 310, 22; § 304, 74.
[124] Dazu ausführlich oben § 310, 18 ff.
[125] OLG Hamm NStZ **1992** 443; MDR **1974** 688; *Giesler* 144; *Göhler*[13] § 96 OWiG, 22; KK-*Engelhardt*[4] 10.
[126] OLG Hamburg NStZ-RR **2002** 381; zu beachten ist eine eventuelle Unzulässigkeit der (weiteren) Beschwerde neben der „Haftprüfung" nach Antrag auf Vorführung gem. § 115a Abs. 3 S. 1.
[127] OLG Braunschweig NStZ **1993** 604, 605; LR-*Wendisch* § 453c, 18; *Burmann* (Sicherungshaft) 118 ff; *Fischer* NStZ **1990** 52; *Paeffgen* NStZ **1990** 536; *Eisenberg* § 58 JGG, 25; vgl. schon *Matt* NJW **1991** 1801; *Wendisch* FS Dünnebier 239, 243 ff; *Ellersiek* 97.
[128] Vgl. etwa OLG Frankfurt NStZ-RR **2002** 15; OLG Karlsruhe NStZ **1983** 92, 93; OLG Düsseldorf

früher geltende § 61 Abs. 1 JGG a. F. ist mithin nur im Grundsatz übernommen und in mehrfacher Hinsicht durch Einschränkungen, Verschärfungen und strengere Förmlichkeiten modifiziert worden [129].

45   jj) Die **Verhaftung zum Zwecke der Strafvollstreckung** (§ 457) unterfällt als Maßnahme der Vollstreckungsbehörde – gem. § 451 die Staatsanwaltschaft – nicht dem Beschwerderechtsweg gem. der §§ 304 ff [130].

46   c) **Einstweilige Unterbringung.** Gegen die Anordnung der einstweiligen Unterbringung (§ 126 a) ist die weitere Beschwerde ausdrücklich gem. § 310 Abs. 1 zulässig. Da die vorläufige Einweisung nach § 81 bzw. § 73 JGG unerwähnt geblieben ist (im Unterschied zu § 304 Abs. 4 S. 2 Nr. 1), schließt die Rechtsprechung hieraus, daß diese erst nach Anhörung eines Sachverständigen ergehende, zeitlich begrenzte Maßnahme trotz des unmittelbaren Eingriffs in die persönliche Freiheit nicht die weitere Beschwerde eröffnet [131]. Im Hinblick auf die besonderen Anhörungspflichten gem. § 81 Abs. 1 und die aufschiebende Wirkung einer sofortigen Beschwerde gem. § 81 Abs. 4 ist diese Entscheidung des Gesetzgebers nachvollziehbar, jedenfalls nicht nicht im Wege der Auslegung oder Analogie korrigierbar [132].

47   Gegen die Anordnung der **vorläufigen Heimunterbringung** nach § 71 Abs. 2 JGG wird dagegen die weitere Beschwerde für zulässig erachtet, da ihr dieselbe Bedeutung beikommt wie der Verhaftung und der Unterbringung nach § 126a [133].

§ 311

(1) Für die Fälle der sofortigen Beschwerde gelten die nachfolgenden besonderen Vorschriften.
(2) Die Beschwerde ist binnen einer Woche einzulegen; die Frist beginnt mit der Bekanntmachung (§ 35) der Entscheidung.
(3) ¹Das Gericht ist zu einer Abänderung seiner durch Beschwerde angefochtenen Entscheidung nicht befugt. ²Es hilft jedoch der Beschwerde ab, wenn es zum Nachteil des Beschwerdeführers Tatsachen oder Beweisergebnisse verwertet hat, zu denen dieser noch nicht gehört worden ist, und es auf Grund des nachträglichen Vorbringens die Beschwerde für begründet erachtet.

Entstehungsgeschichte. Art. 8 Nr. 5 StPÄG 1964 hat bei Absatz 3 den Satz 2 angefügt. Der Wortlaut des neuen Satzes beruht auf einem Vorschlag des Rechtsausschusses des Bundestags [1]. Der frühere Absatz 2 Satz 2, der die Einlegung beim Beschwerdegericht zur Fristwahrung genügen ließ, ist durch Art. 4 Nr. 1 des Gesetzes zur Änderung

---

NStZ **1990** 251; KK-*Engelhardt*[4] 10; *Meyer-Goßner*[46] 5 und § 453c, 17; *Weidemann* 29 f; trotz „beachtlicher Gründe" der hier vertretenen Meinung SK-*Frisch* 25.
[129] LR-*Wendisch* § 453c, 18 mit weit. Nachw.
[130] Vgl. zur Anfechtung staatsanwaltlicher Entscheidungen Vor § 304, 41 ff, speziell als Strafvollstreckungsbehörde § 304, 44 f.
[131] OLG Hamm MDR **1984** 602; OLG Schleswig bei *Ernesti/Lorenzen* SchlHA **1986** 107, 108; *Meyer-*
Goßner[46] 6 und § 81, 28; SK-*Rogall* § 81, 59; LR-*Krause* § 81, 40 mit weit. Nachw.; *Wendisch* FS Dünnebier 239, 258 f; **a. A** *Giesler* 147; KK-*Engelhardt*[4] 11.
[132] SK-*Frisch* 28.
[133] *Eisenberg*[9] § 71 JGG, 16; KK-*Engelhardt*[4] 11; SK-*Frisch* 27; OLG Hamburg NJW **1963** 1167 f; vgl. *Giesler* 145; *Wendisch* FS Dünnebier 239, 257.

[1] BTDrucks. **IV** 1020, 29.

des Gesetzes über Ordnungswidrigkeiten, des Straßenverkehrsgesetzes und anderer Gesetze vom 7.7.1986 (BGBl. I 977) mit Wirkung vom 1.4.1987 aufgehoben worden mit Überleitungsvorschrift in Art. 6 Abs. 4 dieses Gesetzes.

Übersicht

	Rdn.		Rdn.
1. Begriff und Verfahren der sofortigen Beschwerde	1	4. Wochenfrist	7
2. Beispiele der sofortigen Beschwerde	5	5. Änderungs- und Abhilfeverbot	9
3. Einlegung	6	6. Abhilfe bei Verletzung des rechtlichen Gehörs	11
		7. Rechtskraft	14

1. Begriff und Verfahren der sofortigen Beschwerde. Für das Verfahren der sofortigen **1** Beschwerde gelten die allgemeinen Beschwerdevorschriften der §§ 304 ff. Auch hier ist eine **Begründung** nicht vorgeschrieben, aber grundsätzlich – auch noch nach fristwahrender Einlegung nachgereicht – zur Förderung des sachlichen Anliegens empfehlenswert, für die Staatsanwaltschaft ist Nr. 156 Abs. 1 RiStBV zu beachten[2]. Die sofortige Beschwerde unterscheidet sich von der einfachen (oder auch weiteren) Beschwerde durch die **Wochenfrist zur Einlegung** (§ 311 Abs. 2)[3] und durch das – abweichend von § 306 Abs. 2 – in § 311 Abs. 3 S. 1 ausgesprochene **Abhilfeverbot für den Erstrichter**, das nur durch Absatz 3 Satz 2 eine begrenzte Ausnahme erfährt.

Auch über die Unzulässigkeit einer (z. B. verspäteten) sofortigen Beschwerde darf **2** nicht das Erstgericht entscheiden, sondern nur das Beschwerdegericht[4]. Abgesehen von der Abhilfeausnahme gem. § 311 Abs. 3 S. 2 muß demnach **die sofortige Beschwerde immer dem Beschwerdegericht zur Entscheidung vorgelegt** werden (wegen des Abhilfeverbots gem § 311 Abs. 3 S. 1).

Die sofortige Beschwerde kommt **nur in den gesetzlich ausdrücklich vorgesehenen Fäl- 3 len** zur Anwendung. Das Gesetz sieht die sofortige Beschwerde in Fällen vor, die im Interesse der **Rechtssicherheit** eine schnelle und formell rechtskräftige Klärung erfordern[5]. Allein der **Wortlaut des Gesetzes**, nicht die Sache, ist entscheidend, ob die sofortige Beschwerde das einschlägige Rechtsmittel ist. Die Begrenzung der Anfechtungsmöglichkeit durch eine Wochenfrist ist grundsätzlich dem Gesetzgeber vorbehalten. Eine **entsprechende Anwendung** des § 311 auf ggfs. vergleichbare Fälle, in denen es sachdienlich sein könnte, nur die zeitlich begrenzte sofortige Beschwerde zuzulassen, ist **ausgeschlossen**[6]. Eine „weitere sofortige" Beschwerde gibt es nicht (vgl. § 310)[7].

Nicht ausgeschlossen ist, im Wege der **Auslegung bestimmter Vorschriften** die sofor- **4** tige Beschwerde gegen gerichtliche Entscheidungen als zutreffendes Rechtsmittel anzusehen. Im Falle selbständiger Kostenentscheidungen gem. § 464 Abs. 2 – beispielsweise nach § 473 Abs. 1 bei Rücknahme – ist die sofortige Beschwerde zulässig, wenn auch die Hauptentscheidung ohne das zurückgenommene Rechtsmittel anfechtbar gewesen wäre

---

[2] Zur Begründung einer Beschwerde und insbesondere zu (vom Gericht eingeräumten) Begründungsfristen siehe ausf. § 306, 6 ff.
[3] Die Einhaltung der Wochenfrist ist (eine besondere) Zulässigkeitsvoraussetzung der sofortigen Beschwerde, vgl. § 304, 15, 16.
[4] § 304, 1; § 306, 13, 22.
[5] Zur Möglichkeit nachträglicher Änderungen oder Aufhebung formell rechtskräftiger Beschlüsse Vor § 304, 55 ff.
[6] HK-*Rautenberg*[3] 3; KK-*Engelhardt*[4] 2; vgl. SK-*Frisch* 5; KMR-*Plöd* 1.
[7] Der Fall einer Entscheidung über den Verfall einer Sicherheit (§ 124) unterfällt nicht den Ausnahmen des § 310 Abs. 1, vgl. § 310, 38.

§ 311

(z. B. nicht bei § 304 Abs. 4 oder § 310 Abs. 2 oder § 55 Abs. 2 JGG)[8]. Die sofortige Beschwerde ist auch im Wege der Auslegung einschlägig bei § 453 Abs. 2 S. 3 für die Staatsanwaltschaft, soweit ihre Anträge bezüglich der dort erwähnten Maßnahmen – z. B. auf Bewährungswiderruf – abgelehnt werden[9], nicht aber bei „milderen" Anträgen, beispielsweise auf Verlängerung der Bewährungszeit[10].

5 **2. Beispiele der sofortigen Beschwerde.** Das Gesetz sieht sofortige Beschwerde vor in §§ 28 Abs. 2 S. 1, 46 Abs. 3, 81 Abs. 4 S. 1, 111g Abs. 2 S. 2, 111h Abs. 2 S. 2, 124 Abs. 2 S. 2, 138d Abs. 6 S. 1, 206a Abs. 2, 206b S. 2, 210 Abs. 2, 231a Abs. 3 S. 3, 270 Abs. 3 S. 2, 322 Abs. 2, 372 S. 1, 379a Abs. 3 S. 2, 383 Abs. 2 S. 3, 390 Abs. 4, 400 Abs. 2 S. 1, 408 Abs. 1 S. 1, 408 Abs. 2 S. 2, 411 Abs. 1 S. 1, 431 Abs. 5 S. 2, 440 Abs. 3, 441 Abs. 2, 444 Abs. 2 S. 2, 3, 453 Abs. 2 S. 3, 454 Abs. 3 S. 1, 462 Abs. 3 S. 1, 463, 463c Abs. 3 S. 2, 464 Abs. 3 S. 1; ob auch die Beschwerde gem. § 181 GVG eine sofortige Beschwerde ist, ist streitig[11]. Auch andere Gesetze, auf die die Strafprozeßordnung anwendbar ist (z. B. JGG, BRAGO), sehen die sofortige Beschwerde vor[12].

6 **3. Einlegung.** Die sofortige Beschwerde kann fristwahrend[13] nur **beim Erstgericht schriftlich oder zur Niederschrift der Geschäftsstelle** (§ 306 Abs. 1) eingelegt werden[14].

7 **4. Die Wochenfrist** wird nach § 43 berechnet. Sie beginnt mit der ordnungsgemäßen Bekanntmachung der anzufechtenden Entscheidung, also mit deren Verkündung in Anwesenheit des Beschwerdeführers[15] oder mit Zustellung. Bloße formlose Mitteilung genügt auch dann nicht, wenn sie nachgewiesen ist (§ 35 Abs. 2 S. 2)[16]. Die Beschwerdeerklärung muß spätestens **am letzten Tage der Frist bei dem Erstgericht** eingehen, sonst ist das Rechtsmittel unzulässig. Es gelten zudem die allgemeinen Vorschriften über die Wiedereinsetzung in den vorigen Stand bei Fristversäumnis (§§ 44 ff).

8 Die Frist des § 311 ist auch zu wahren, wenn nur die **Kostenentscheidung** oder eine **Annexentscheidung** des Strafurteils – für den Fall der Erfolglosigkeit des Rechtsmittels in der Hauptsache – angegriffen werden soll. Daher muß **innerhalb der Frist** erkennbar gemacht werden, daß auch der mit sofortiger Beschwerde anfechtbare Entscheidungsteil angegriffen werden soll[17]. Auch für die sofortige Kostenbeschwerde gilt die Wochenfrist.[18]

---

[8] OLG Hamm StV **1999** 667; OLG Jena NStZ-RR **1997** 287; OLG Stuttgart NStZ **1989** 548; NStZ **1985** 522; OLG Frankfurt NStZ **1988** 328 ff mit Anm. *Dörr/Taschke*; *Rieß/Hilger* NStZ **1987** 204, 206; LR-*Hilger* § 464, 30 f, 58; HK-*Krehl*[3] § 464, 9; *Meyer-Goßner*[46] § 464, 13, 16; SK-*Frisch* 6.

[9] OLG Düsseldorf NStZ-RR **2002** 28; OLG Zweibrücken NStZ-RR **1998** 93; OLG Stuttgart NStZ **1995** 53; OLG Hamm NStZ **1988** 291, 292; SK-*Frisch* 7; LR-*Wendisch* § 453, 30; *Meyer-Goßner*[46] § 453, 13.

[10] OLG Stuttgart NStZ **2000** 500.

[11] Vgl. BGH NJW **2001** 3275 f (zumindest vertretbar, keine sofortige Beschwerde anzunehmen mit der Folge der Abhilfemöglichkeit gem. § 306 Abs. 2); für die h. M. LR-*Wickern* § 181 GVG, 2 f, *Schiemann* NJW **2002** 112 f mit weit. Nachw.

[12] Dazu die Beispiele Vor § 304, 5.

[13] Die Einlegung beim Beschwerdegericht wahrt die Wochenfrist nicht, vgl. OLG Hamburg NJW **1999** 2607.

[14] Wegen der Einzelheiten § 306, 1 ff.

[15] BGHSt **6** 206, 207, KK-*Engelhardt*[4] 3; SK-*Frisch* 13; KMR-*Plöd* 4.

[16] OLG Celle StV **1994** 494; SK-*Frisch* 13; KK-*Engelhardt*[4] 3; *Meyer-Goßner*[46] 2; *Pfeiffer*[4] 2.

[17] BGHSt **25** 77; **26** 126; BayObLGSt **1973** 146 = JR **1974** 384 ff mit Anm. *Meyer*; OLG Frankfurt NJW **1974** 202; OLG Hamm NJW **1971** 444, 445; JMBlNW **1976** 67; vgl. *Seier* 43 ff, 52 ff und LR-*Hilger* § 464, 43 mit weit. Nachw. zum früheren Streit.

[18] § 304, 39 mit weit. Nachw. zum Streitstand, da manche Gerichte die zivilprozessuale Zweiwochenfrist annehmen. Entscheidend dürfte im praktischen Einzelfall die Belehrung gem. § 35a sein.

5. Änderungs- und Abhilfeverbot. In den Fällen der sofortigen Beschwerde darf das Erstgericht seine Entscheidung, abgesehen vom Sonderfall des Absatzes 3 Satz 2, grundsätzlich nicht ändern und der Beschwerde somit nicht abhelfen. Auch eine nachträgliche Ergänzung des Beschlusses, die sachlich einer Änderung gleichkäme, ist grundsätzlich nicht zulässig[19]. Dieses Änderungsverbot gilt nicht nur für die Entscheidungen des „Gerichts", sondern **für alle mit der sofortigen Beschwerde anfechtbaren Entscheidungen**, die in § 306 Abs. 2 und 3 erwähnt werden, also auch bei Entscheidungen des Vorsitzenden, des Richters im Vorverfahren oder des beauftragten oder ersuchten Richters.

Der **innere Grund des Änderungsverbotes** liegt darin, daß das Gesetz solche Beschlüsse und Verfügungen der sofortigen Beschwerde unterwirft, die wegen ihrer Verfahrensbedeutung der **formellen** – oder auch **materiellen** – **Rechtskraft fähig** sind[20]. In diesen Fällen kann das Erstgericht auch ohne Einlegung einer sofortigen Beschwerde grundsätzlich nicht seine Entscheidung nachträglich abändern oder aufheben, gleiches gilt für das Beschwerdegericht bezüglich seiner bereits getroffenen Entscheidung. Nur **ausnahmsweise und nicht zu Ungunsten des Betroffenen** können formell rechtskräftige Entscheidungen – und nur solche ohne materielle Rechtskraftwirkung – nachträglich, etwa auf Gegenvorstellung hin, **abgeändert** werden[21]. Entscheidungen mit materieller Rechtskraft sind Urteilen ähnlich und nur bei Vorliegen von Wiederaufnahmeumständen analog § 359 abänderbar[22].

6. Abhilfe bei Verletzung des rechtlichen Gehörs. Eine **Ausnahme** vom grundsätzlichen Abhilfeverbot im Verfahren der sofortigen Beschwerde läßt **Absatz 3 Satz 2** bei Verletzung des rechtlichen Gehörs zu. Wenn das Erstgericht zum Nachteil des Beschwerdeführers Tatsachen oder Beweisergebnisse verwertet hat, zu denen er noch nicht gehört worden ist, hat der Erstrichter der Beschwerde abzuhelfen, wenn er diese nun für begründet erachtet. Die **Verletzung des rechtlichen Gehörs ist Voraussetzung für die Abhilfebefugnis**, welche auch **nicht uneingeschränkt** besteht bei Vorliegen dieser Voraussetzung. Das Gericht entscheidet zwar in diesen Fällen nochmals auf Grundlage des gesamten unterbreiteten Prozeßstoffs. Eine Abhilfe kommt jedoch nur in Betracht, wenn die Tatsachen oder Beweisergebnisse, zu denen der Beschwerdeführer nicht angehört worden ist, nach dem Beschwerdevorbringen entweder tatsächlich oder rechtlich in anderer Weise zu würdigen oder zu beurteilen sind. Auch wenn der zu Unrecht nicht gehörte Beschwerdeführer die Richtigkeit der zu seinem Nachteil verwerteten Tatsachen oder Beweisergebnisse nicht bestreitet, können indes ihre Bedeutung und in dieser Folge auch andere Umstände für die Entscheidung nach dem Beschwerdevorbringen für den Beschwerdeführer günstiger zu bewerten sein[23].

Die Abhilfebefugnis besteht auch dann, wenn die Begründung für die Beschwerde erst **nach Ablauf der Beschwerdefrist** eingegangen ist[24]. Nach dem Sinn der Abhilfemöglichkeit bei Verletzung des rechtlichen Gehörs greift das Abhilfeverbot des Absatzes 3 Satz 1 auch nicht ein, wenn die sofortige Beschwerde die **Zulässigkeitserfordernisse nicht erfüllt**, insbesondere verfristet ist.[25] Eine andere Auslegung würde zu einem unbilligen

---

[19] Ellersiek 173; SK-*Frisch* 16; HK-*Rautenberg*[3] 6; *Meyer-Goßner*[46] 5.
[20] Ausf. Vor § 304, 55 ff, 62, 63.
[21] Vor § 304, 58 f, 62 f, 65.
[22] Vor § 304, 62.
[23] HK-*Rautenberg*[3] 7; SK-*Frisch* 19; KK-*Engelhardt*[4] 6.
[24] SK-*Frisch* 20; AK-*Renzikowski/Günther* 24; HK-*Rautenberg*[3] 8.
[25] KMR-*Plöd* 6; Ellersiek 173; Schlüchter 666. Dabei ist letztlich unerheblich, ob man in diesen Fällen die Abhilfebefugnis aus dem weit auszulegenden Absatz 3 Satz 2 herleitet oder mit einer analogen Anwendung des § 33a begründet, wie BGHSt 26

Ergebnis führen, wenn nicht eine Wiedereinsetzung gem. der §§ 44 ff. möglich ist. Die Verletzung des rechtlichen Gehörs könnte nämlich sonst nicht mehr geheilt werden, weil § 33a nur bei von Gesetzes wegen per se unanfechtbaren Entscheidungen eingreift und die Verfassungsbeschwerde mangels Erschöpfung des Rechtsweges – bei nicht rechtzeitiger Einlegung der sofortigen Beschwerde – nicht zulässig wäre[26]. Somit kann die **Verletzung des rechtlichen Gehörs durch den Erstrichter geheilt** und die aufgrund des Beschwerdevorbringens nunmehr für richtig gehaltene **Abhilfeentscheidung** getroffen werden, obwohl die (z. B. verfristete) sofortige Beschwerde durch das Beschwerdegericht als unzulässig hätte verworfen werden müssen.

13 Hält der Erstrichter die Voraussetzung der Verletzung rechtlichen Gehörs gem. § 311 Abs. 3 S. 2 für ein **Abhilfeverfahren** für gegeben und die Beschwerde nunmehr für sachlich begründet, dann hilft er ab. Der neue Beschluß ist den Beteiligten zuzustellen und tritt an die Stelle des ursprünglichen Beschlusses. Dieser ist erneut mit sofortiger Beschwerde anfechtbar, soweit die allgemeinen Zulässigkeitsvoraussetzungen erfüllt sind[27]. Die ursprüngliche sofortige Beschwerde wird, soweit ihr abgeholfen worden ist, gegenstandslos[28]. Ist zwar die Verletzung rechtlichen Gehörs gegeben, aber der Erstrichter nicht bereit der Beschwerde abzuhelfen, fertigt er einen Aktenvermerk oder erläßt sogar einen Nichtabhilfebeschluß, den er den Verfahrensbeteiligten zur Kenntnis bringt, und legt sodann die Akten dem Beschwerdegericht vor[29].

14 7. **Rechtskraft.** Wird die Erstentscheidung nicht mit sofortiger Beschwerde angefochten oder diese verworfen, so tritt **formelle Rechtskraft** ein. Eine ändernde Beschwerdeentscheidung ist sogleich rechtskräftig, weil ein Ausnahmefall des § 310 Abs. 1 nicht in Betracht kommt. Ob auch **materielle Rechtskraft** eingetreten ist, hängt von der Eigenart der Entscheidung ab[30].

§ 311a

(1) ¹Hat das Beschwerdegericht einer Beschwerde ohne Anhörung des Gegners des Beschwerdeführers stattgegeben, und kann seine Entscheidung nicht angefochten werden, so hat es diesen, sofern der ihm dadurch entstandene Nachteil noch besteht, von Amts wegen oder auf Antrag nachträglich zu hören und auf einen Antrag zu entscheiden. ²Das Beschwerdegericht kann seine Entscheidung auch ohne Antrag ändern.
(2) Für das Verfahren gelten §§ 307, 308 Abs. 2 und § 309 Abs. 2 entsprechend.

Entstehungsgeschichte. § 311a ist zusammen mit § 33a, § 308 Abs. 1 Satz 2 und § 311 Abs. 3 Satz 2 durch Art. 8 Nr. 6 StPÄG 1964 eingefügt worden. Die Fassung beruht auf einem Vorschlag des Rechtsausschusses des Bundestags[1].

127, 130 (nach wirksamer öffentlicher Zustellung eines Bewährungswiderrufsbeschlusses); OLG Düsseldorf NStZ **1992** 453, 454; OLG Karlsruhe Justiz **1974** 269, 270; HK-*Rautenberg*[3] 8; KK-*Engelhardt*[4] 7; SK-*Frisch* 20 (differenz. nach Verschulden an der Fristversäumnis); *Meyer-Goßner*[46] 6 (Zulässigkeit Voraussetzung für Abhilfe) und § 33a, 4 (analoge Anwendung des § 33a).
[26] Vgl. LR-*Wendisch* § 33a, 9 f mit weit. Nachw.
[27] SK-*Frisch* 21; *Meyer-Goßner*[46] 6; HK-*Rautenberg*[3] 8; *Pfeiffer*[4] 3.
[28] § 306, 19.
[29] Ausf. bei § 306, 14 ff.
[30] Zu Einzelheiten der nachträglichen Abänderungsmöglichkeiten trotz Rechtskraft Vor § 304, 55 ff, 62 f.
[1] BTDrucks. IV 1020, 29 f.

Übersicht

	Rdn.		Rdn.
1. Zweck der Vorschrift	1	e) Auf Antrag oder von Amts wegen	9
2. Unterschied von § 311a und § 33a	2	5. Verfahren	
3. Voraussetzungen des Nachverfahrens		a) Gelegenheit zur Äußerung	10
a) Unanfechtbarkeit der Beschwerdeentscheidung	4	b) Ermittlungen	11
		c) Keine aufschiebende Wirkung	12
b) Nichtanhörung des Beschwerdegegners	5	d) Auf Antrag	13
c) Nachteil	7	e) Kein Antrag	14
d) Keine Frist	8	6. Beschwerde	16

1. Zweck der Vorschrift. § 308 Abs. 1 Satz 2 gestattet dem **Beschwerdegericht**, ohne Anhörung des Beschwerdegegners zu dessen Nachteil zu entscheiden, wenn der Zweck der Anordnung durch die Anhörung gefährdet wäre (§ 33 Abs. 4 Satz 1). Um die auch verfassungsrechtlich gebotene **Nachholung des rechtlichen Gehörs** in diesen Fällen sicherzustellen, hat § 311a in Ergänzung des § 33a ein spezielles Nachverfahren innerhalb des Beschwerdeverfahrens geschaffen. § 311a eröffnet darüber hinaus allgemein dem Beschwerdegericht die Möglichkeit zur Nachholung einer aus sonstigem Grund unterbliebenen oder einer versehentlich unterlassenen Anhörung des Beschwerdegegners, wie sie in allen Beschwerdeverfahren gem. § 308 Abs. 1 S. 1 grundsätzlich zu erfolgen hat. Verstöße gegen diesen Grundsatz des rechtlichen Gehörs gem. § 308 Abs. 1 S. 1, das – abgesehen von den oben erwähnten Ausnahmefällen des § 33 Abs. 4 S. 1 – grundsätzlich vor der Beschwerdeentscheidung gewährt werden muß, können dadurch auf einfache Weise geheilt werden[2]. 1

2. Unterschied von § 311a und § 33a. Die Vorschrift des § 311a bezieht sich konkret auf die im Rahmen des Beschwerdeverfahrens gem. § 308 Abs. 1 grundsätzlich vorgesehene **Anhörung des Beschwerdegegners**. Diese Anhörung ist nicht vom Vorbringen oder Vorhandensein neuer Tatsachen oder Beweismittel oder von einer Rechtsänderung abhängig, sondern auch bei unverändertem Sachverhalt vorgeschrieben. Entsprechendes gilt folglich für § 311a, denn dort ist die **Nachholung der Anhörung des § 308 Abs. 1 S. 1** geregelt. Insoweit gehen § 308 Abs. 1 S. 1 und § 311a über das verfassungsrechtlich gem. Art. 103 Abs. 1 GG gesicherte rechtliche Gehör hinaus[3]. 2

Unabhängig von diesen speziellen Anhörungsvorschriften innerhalb des Beschwerdeverfahrens gelten die **allgemeinen Grundsätze** der verfassungsrechtlich gebotenen **Gewährung rechtlichen Gehörs**, insbesondere bei Verwendung von Tatsachen oder Beweisergebnissen zum Nachteil eines Betroffenen. Die rechtliche Notwendigkeit einer – je nach Verfahrenssituation zusätzlichen, z. B. nach Ermittlungen des Beschwerdegerichts gem. § 308 Abs. 2 – Anhörung folgt unmittelbar aus Art. 103 Abs. 1 GG bzw. § 33 Abs. 2 und 3. Die **Nachholung** einer in dieser Art unterbliebenen Anhörung ist in **§ 33a allgemein geregelt** und somit auch für das Beschwerdeverfahren[4]. Insoweit können die Anwendungsbereiche der §§ 311a, 33a identisch sein, aber auch nicht, entsprechend dem Verhältnis von § 308 Abs. 1 S. 1 einerseits und Art. 103 Abs. 1 GG bzw. § 33 Abs. 2 und 3 andererseits[5]. 3

---

[2] Die Subsidiarität der Verfassungsbeschwerde erfordert, daß die Möglichkeiten der §§ 33a, 311a vorher ausgeschöpft werden (BVerfGE **33** 192).
[3] § 308, 2 f mit weit. Nachw.
[4] *Ellersiek* 186; KK-*Engelhardt*[4] 1.
[5] Vgl. LR-*Wendisch* § 33, 1 f; § 33a 1 f.

3. Voraussetzungen des Nachverfahrens

4 **a) Unanfechtbarkeit der Beschwerdeentscheidung.** Wenn die Entscheidung des Beschwerdegerichts gem. § 310 Abs. 1 ausnahmsweise mit der weiteren Beschwerde anfechtbar ist, findet das Nachverfahren gem. § 311a nicht statt[6]. Der Mangel des nicht gewährten rechtlichen Gehörs kann nämlich durch das Rechtsmittel der weiteren Beschwerde vollständig geheilt werden, durch die Möglichkeit des Abhilfeverfahrens gem. § 306 Abs. 2 auch durch den iudex a quo.

5 **b) Nichtanhörung des Beschwerdegegners.** Der Gegner des Beschwerdeführers darf nicht angehört worden sein, entgegen dem Grundsatz gem. § 308 Abs. 1 S. 1. **Beschwerdegegner** ist hier im gleichen weiten Sinn zu verstehen wie bei § 308 Abs. 1[7]. Hierzu gehört jeder Verfahrensbeteiligte, der durch die Beschwerdeentscheidung in seinen rechtlichen Interessen beeinträchtigt sein und wegen des ihm drohenden verfahrensrechtlichen Nachteils Grund haben kann, sich gegen die Beschwerde auszusprechen. Auch die **Staatsanwaltschaft als Beschwerdegegner,** wenn sie vor der Entscheidung entgegen § 308 Abs. 1 S. 1 nicht gehört worden ist, darf sich auf § 311a zur Nachholung des Gehörs berufen[8]. Die gegenteilige Meinung[9] verkennt, daß § 311a – im Unterschied zu § 33a – nicht an das Grundrecht auf rechtliches Gehör gem. Art. 103 Abs. 1 geknüpft ist, sondern an die Anhörungspflicht gem. § 308 Abs. 1 S. 1 anschließt[10].

6 Bei im Beschwerdeverfahren erstmals erfolgten und vom Beschwerdegericht perpetuierten Verstößen gegen den Anspruch (des Beschwerdeführers) auf Gewährung rechtlichen Gehörs dienen die §§ 311a, 33a auch dazu, diesen Verstoß zu beheben und dem Betroffenen zudem die Möglichkeit zur Anrufung einer weiteren Instanz zu geben, wenn die Durchführung des Nachverfahrens aus formellen Gründen abgelehnt wird. Auf eine insoweit zulässige **Beschwerde gegen die Ablehnung des Nachverfahrens** – als neuem Beschwerdegegenstand – kann die Sache zur Gewährung des rechtlichen Gehörs an das ursprüngliche Beschwerdegericht zurückverwiesen werden. Grundsätzlich hat der **Beschwerdeführer** auch Anspruch, den vor der angefochtenen Maßnahme gestellten **Antrag der Gegenseite** (regelmäßig zumindest die Staatsanwaltschaft) mitsamt Begründung zur Kenntnis zu nehmen (vgl. aber auch § 147 Abs. 2), um eine angemessene Möglichkeit zur Beschwerdebegründung zu haben[11]. Wird dieses rechtliche Gehör nicht gewährt, ist das **Nachverfahren entsprechend der §§ 311a, 33a auch für den Beschwerdeführer anwendbar.**

7 **c)** Der **Nachteil** für den nicht gehörten Gegner des Beschwerdeführers muß grundsätzlich fortbestehen. Die **Grundsätze** der Rechtsprechung des Bundesverfassungsgerichts zur Gewährung effektiven Rechtsschutzes bei tiefgreifenden Grundrechtseingriffen trotz **prozessualer Überholung** sind jedoch **zu übertragen** und ein Nachteil ist anzunehmen, wenn ein solcher (tiefgreifender) Grundrechtseingriff[12] durch die Maßnahme erfolgt ist, ohne daß der Betroffene dazu vorher angehört worden ist[13]. Anderenfalls würde ein ggfs. rechtswidriger Grundrechtseingriff ohne jede (vorherige oder nachträgliche) Anhörung des Betroffenen Bestand haben und jegliche Verteidigung

---

[6] KMR-*Plöd* 1; *Meyer-Goßner*[46] 1; HK-*Rautenberg*[3] 5; *Pfeiffer*[4] 2.
[7] § 308, 7 ff.
[8] HK-*Rautenberg*[3] 4; KK-*Engelhardt*[4] 2; SK-*Frisch* 7.
[9] Die Anwendbarkeit auf die Staatsanwaltschaft verneinen *Ellersiek* 186; AK-*Renzikowski/Günther* 4; *Meyer-Goßner*[46] 1 und 33a, 3; *Pfeiffer*[4] 1; KMR-*Plöd* 2; vgl. dagegen § 308, 7 mit weit. Nachw.
[10] Zutreffend SK-*Frisch* 7.
[11] Vgl. OLG Frankfurt NStZ-RR **2002** 30 (Beschwerdebegründung sollte erfolgen, nachdem Antragsablichtung übermittelt ist).
[12] Dazu näher Vor 304, 69 ff; § 304, 54.
[13] KMR-*Plöd* 4; SK-*Frisch* 10 (noch ohne Bezug auf die neueren Entscheidungen des BVerfG); unklar *Meyer-Goßner*[46] 1; **a. A** HK-*Rautenberg*[3] 6.

gegen diesen Grundrechtseingriff verhindert werden können durch rechtsfehlerhafte Nichtanhörung entgegen § 308 Abs. 1 S. 1 oder bei angenommener Gefährdung des Zweckes der Maßnahme gem. §§ 308 Abs. 1 S. 2, 33 Abs. 4 S. 1[14].

d) Das Nachverfahren gem. § 311a ist an **keine Frist** gebunden[15]. **8**

e) Die nachträgliche Anhörung ist auf **Antrag oder von Amts wegen** durchzuführen. **9** Der Antrag des Beschwerdegegners ist nicht notwendige Voraussetzung des Verfahrens[16], sondern soll die Möglichkeit eröffnen, das Gericht auf eine übersehene Anhörung hinzuweisen. Die Nachholung ist von Amts wegen geboten, wenn das Beschwerdegericht erkennt, daß es ohne vorherige Gewährung des rechtlichen Gehörs entschieden hat[17]. Dies gilt insbesondere auch für die Fälle der Nichtanhörung gem. der §§ 308 Abs. 1 S. 2, 33 Abs. 4 Satz 1, in denen das Gericht von der vorherigen Anhörung des Beschwerdegegners bewußt abgesehen hat.[18]

5. Verfahren und Entscheidung

a) Dem benachteiligten Beschwerdegegner ist **Gelegenheit zur Äußerung** zu geben. **10** Sofern nicht bereits sein Antrag eine Gegendarstellung enthält, ist er von Amts wegen zur Stellungnahme aufzufordern. Diese Aufforderung kann zweckmäßigerweise mit einer angemessenen Frist verbunden werden[19] und in den Fällen des § 33 Abs. 4 S. 1 gleichzeitig mit der Beschwerdeentscheidung ergehen[20].

b) Ermittlungen. Soweit das neue Vorbringen dazu Anlaß gibt, kann das Beschwerde- **11** gericht in entsprechender Anwendung des § 308 Abs. 2 **Ermittlungen anordnen oder durchführen.** Hierbei ist zu beachten, daß zu einem neuen Beweisergebnis alle Beteiligten erneut anzuhören sind, denn das verfassungsrechtliche Gebot zur Gewährung rechtlichen Gehörs sowie § 33 Abs. 2 und 3 gelten auch für das Nachverfahren[21].

c) Keine aufschiebende Wirkung. Die Durchführung des Nachverfahrens hindert, wie **12** sich aus § 311a Abs. 2 und der entsprechenden Anwendbarkeit des § 307 ergibt, die **Vollstreckung** nicht. Das Beschwerdegericht und auch sein Vorsitzender können gemäß § 307 Abs. 2 anordnen, daß die Vollstreckung auszusetzen ist[22]. Die Anordnung wird mit Erlaß einer bestätigenden oder ändernden neuen Sachentscheidung von selbst gegenstandslos. Ergeht eine solche nicht, muß das Beschwerdegericht die Anordnung ausdrücklich aufheben[23].

d) Auf **Antrag** hat das Gericht **stets zu entscheiden.** Die Entscheidung ergeht durch **13** Beschluß, der begründet werden muß (§ 34). Ist ein Antrag gestellt, hält das Gericht auf Grund des Ergebnisses des Nachverfahrens die frühere Beschwerdeentscheidung entweder aufrecht oder es ändert sie – nach dem ausdrücklich für anwendbar erklärten § 309 Abs. 2 – entsprechend den Ergebnissen des Nachverfahrens ab[24]. Sind die Voraussetzungen für das Nachverfahren nicht gegeben, dann weist es den Antrag als unzulässig zurück[25].

---

[14] Vor § 304, 74; zu § 33a *Esskandari* StraFo. **1997** 289, 292 f.
[15] *Meyer-Goßner*[46] 1; SK-*Frisch* 12.
[16] KK-*Engelhardt*[4] 8; *Pfeiffer*[4] 3.
[17] HK-*Rautenberg*[3] 7.
[18] SK-*Frisch* 13.
[19] KK-*Engelhardt*[4] 10; HK-*Rautenberg*[3] 8.
[20] SK-*Frisch* 15; *Meyer-Goßner*[46] 2.
[21] *Ellersiek* 188.
[22] Diese Anordnung ist nicht selbständig beschwerdefähig, nachdem das Beschwerdeverfahren in der Hauptsache unanfechtbar ist; OLG Celle MDR **1996** 1284 f; SK-*Frisch* 23; HK-*Rautenberg*[3] 16; vgl. § 307, 9 mit weit. Nachw.; a.A *Meyer-Goßner*[46] 3; KK-*Engelhardt*[4] 14.
[23] HK-*Rautenberg*[3] 10; SK-*Frisch* 16; vgl. § 307, 8.
[24] Vgl. § 309, 7 ff.
[25] Vgl. § 309, 4.

14 e) **Kein Antrag.** Ist eine Nachtragsentscheidung nicht beantragt, braucht das Gericht das Nachverfahren nicht formell durch eine Entscheidung zu beenden, wenn die Anhörung ergeben hat, daß die getroffene Entscheidung zu Recht besteht. Ein **ausdrücklicher Ausspruch** darüber kann allerdings **zweckmäßig** sein. Dies gilt insbesondere, wenn das Beschwerdegericht nach § 307 Abs. 2 die Aussetzung der Vollstreckung angeordnet hatte. Dann muß die Vollstreckbarkeit durch eine Entscheidung des Gerichts wiederhergestellt werden[26], die zweckmäßigerweise auch zum Ausdruck bringt, daß die Beschwerdeentscheidung Bestand hat. Im Antrag auf nachträgliche Anhörung wird zudem regelmäßig zugleich ein Antrag auf neue Entscheidung liegen.

15 Ergibt sich dagegen, daß die ursprüngliche Beschwerdeentscheidung geändert werden muß, dann hat das Beschwerdegericht dies **von Amts wegen** auch **ohne Antrag** auszusprechen[27]. Wenn § 311a Abs. 1 S. 2 insoweit von „kann" spricht, regelt es nur die Befugnis des Gerichts zu dieser Maßnahme. Änderungen sind damit aber nicht in das freie Ermessen des Beschwerdegerichts gestellt, vielmehr ist dieses zur Änderung verpflichtet, wenn sich aufgrund der Nachholung des Gehörs ergibt, daß die ergangene Beschwerdeentscheidung fehlerhaft ist.

16 6. **Beschwerde.** Es gelten die allgemeinen Grundsätze. Die Ablehnung des Antrags, ein Nachholungsverfahren durchzuführen, ist mit einfacher Beschwerde anfechtbar und stellt einen selbständigen neuen Beschwerdegegenstand dar[28]. Soweit dagegen das Beschwerdegericht seine eigene Entscheidung sachlich überprüft und bestätigt oder ändert, betrifft die Entscheidung den gleichen Beschwerdegegenstand wie die ursprüngliche Beschwerdeentscheidung und ist ebenso wie diese unanfechtbar[29].

---

[26] § 307, 8.
[27] SK-*Frisch* 19; HK-*Rautenberg*[3] 13; KK-*Engelhardt*[4] 12.
[28] Vgl. OLG Frankfurt NStZ-RR **2002** 306; *Hanack* JR **1974** 113, 114 f; AK-*Renzikowski/Günther* 21; KK-*Engelhardt*[4] 13; *Meyer-Goßner*[46] 3; SK-*Frisch* 21.
[29] SK-*Frisch* 22; HK-*Rautenberg*[4] 15; KMR-*Plöd* 7; *Meyer-Goßner*[46] 3; KK-*Engelhardt*[4] 13; vgl. auch LR-*Wendisch* § 33a, 20 mit weit. Nachw.; OLG Frankfurt NStZ-RR **2003** 79; Bbg. VerfG NStZ-RR **2000** 172, 173.